Diseño de exposiciones

Alianza Forma

Diseño de exposiciones

Concepto, instalación y montaje

Segunda edición revisada y ampliada

Luis Alonso Fernández
Isabel García Fernández

Alianza Editorial

Primera edición: 2010
Tercera reimpresión: 2017

Calle Juan Ignacio Luca de Tena, 15; 28027 Madrid
www.alianzaeditorial.es
ISBN: 978-84-206-8889-3
Depósito legal: M- 44.397-2011
Printed in Spain

Índice

Listado de ilustraciones

Figuras

16. Partes de una vitrina.
17. Ejemplos de esquemas de trazados de raíles para sistemas de iluminación.
18. Posición correcta de un iluminante para la iluminación de objetos bidimensionales (IESNA, 1996: 23, lsd, 2009).
19. Iluminación de vitrinas (IESNA, 1996: 24, lsd, 2009).
20. Colocación de luminaria para evitar reflejos a los visitantes (IESNA, 1996: 58, lsd, 2009).
21. Iluminación de objetos tridimensionales (IESNA, 1996: 29, lsd, 2009).
22. Tipo de textos encontrados en una exposición (lsd, 2009).
23. Contraste de color y legibilidad (AAM, 1995: 27, lsd, 2009).
24. Diagrama del diseñador Herbert Bayer (revista P. M., 1939 basado en la idea del «campo de visión humana»).
25. Sección áurea.
26. Esquema gráfico del cono de visión y distancias.
27. Imagen corporativa del Museo Elder, Las Palmas de Gran Canaria.
28. Proceso de evaluación de exposiciones (esquema utilizado en el «Magíster en Museología y Exposiciones» de la UCM.

Fotos

1. «Una nueva mirada», Colección AENA. Ministerio de Fomento (Diseño y montaje: Intervento, s.l.).
2. Interior del Deustches Museum, Múnich (Foto: Isabel García).

3a y b. «Tesoros del Museo Arqueológico Nacional», MAN 2008 (Diseño: FRADE Arquitectos).

4. Exposición temporal «España en el Mediterráneo». Biblioteca Nacional, 2006-2007 (Diseño: FRADE Arquitectos).
5. Exposición permanente. Museo Zabaleta, 2008. (Diseño y montaje: Intervento s.l.).

6a y 6b. Exposición itinerante «Nuevas adquisiciones del Museo Arqueológico Nacional», MAN 2004 (Diseño: FRADE Arquitectos).

7a y 7b. Exposición sistemática. Museo de Arte Contemporáneo, Madrid. (Diseño: FRADE Arquitectos).

8a y 8b. Exposición ecológica «Álbum familiar», La Casa Encendida, 2008. (Diseño y montaje: Intervento, s.l.).

9a. *El Palacio de Cristal desde el nordeste*. Pinturas de gran envergadura de Dickinson en la *Great Exhibition* de 1851.

9b. *Interior del Palacio de Cristal*, 1851.

10. *Projet d'aménagement de la Grande Galerie du Louvre*, de Hubert Robert, 1796. Museo del Louvre. París.

11. Sala de *Las Meninas*, Museo del Prado. Madrid.

12a. *La tribuna de los Uffizi*, de Johan Zoffany, ca. 1772-1778. The Royal Collection, Reino Unido.

12b. La tribuna de los Uffizi en la actualidad.

38. Iluminación con luz natural. Pinakotheke der Moderne, Múnich. Foto: Isabel García.
39. Ejemplo de iluminación contextual. California Academy of Sciences.
40. Tipografía. Deutsches Museum, Múnich. Foto: Isabel García.
41. Panel explicativo. Pinakotheke der Moderne, Múnich. Foto: Isabel García.
42. Panel interactivo. Deutsches Museum, Múnich. Foto: Isabel García.
43 a. Audiovisuales. «Así se escribe la historia». Inéditos, 2008 (Montaje: Intervento, s.l.).
43 b. «Párpados y labios», Chen Chieh-Jen, Antigua Fábrica de Tabacos, PHE 04 (Montaje: Intervento s.l.).
44. Maqueta-diorama de la construcción de un puente, Deutsches Museum, Múnich. Foto: Isabel García.
45. Escenografía del trabajo en una mina, Deutsches Museum, Múnich. Foto: Isabel García.
46. Demostración en la sección de la tecnología cerámica, Deutsches Museum, Múnich. Foto: Isabel García.
47. Estructura novedosa de paneles. Creaciones Torero, Círculo de Bellas Artes (Diseño y montaje: Intervento, s.l.).
48 a, b y c. Soportes. Glyptotheka Múnich. Foto: Isabel García.
48d. Soportes. Exposición Palacio de Carlos V, La Alhambra (Diseño: FRADE Arquitectos).
49. Elementos de sujeción de obras bidimensionales.
50. Sección áurea aplicada a *Los fusilamientos de la Moncloa*, de Goya.
51 a y b. Detalles de montaje de la exposición «Filipinas. Puerta de Oriente. Desde Legazpi a Malaspina», Museo Nacional de Filipinas (FRADE Arquitectos).
52. En la articulación del espacio expositivo: se combina la disposición arquitectónica (suelos, techos, y ventanas), los elementos expositivos como paneles dispuestos en diversos ángulos, plataformas, bancos para el descanso, y vitrinas que marcan el circuito y crean el ritmo, a lo que también contribuye la distribución de las obras, Museo De Young, San Francisco, 2009.
53. En el diseño de la exposición se tiene en cuenta los modelos de composición, en los que destaca la direccionalidad. En este caso, las líneas diagonales aportan dinamismo y profundidad al espacio. Por otro lado, en la composición y lectura de la exposición interviene la colocación de los objetos que depende del interés, peso e impacto visual de las obras, su interrelación de valor comunicativo de las mismas y su relación con objetos similares en un vínculo de grupo o lugar. «España en el Mediterráneo», Biblioteca Nacional 2006-2007 (Diseño: FRADE Arquitectos).
54. Equilibrio simétrico. De acuerdo con la posición de un eje imaginario que divide el plano de exposición se equilibran las fuerzas y pesos visuales. *Interior del Nuevo Hermitage. La sala de la Escuela italiana*, Luigi Premazzi, 1858, Museo del Hermitage.

Introducción

El presente libro parte de la revisión, ampliación y actualización del texto que bajo el mismo título, *Diseño de Exposiciones. Concepto, instalación y montaje,* fue publicado por Alianza Editorial en su serie Materiales en el año 1999 —que contó con su última reimpresión en 2007—. Dado el interés del tema y conscientes de los cambios que han experimentado los campos de la museografía y el diseño de exposiciones se ha visto la necesidad de revisar los contenidos y presentarlos con un nuevo título. Gran parte de los textos se han respetado, conscientes de que el libro está basado fundamentalmente en el análisis del proceso de exposición y éste no ha cambiado. Por el contrario, las «modas» y las técnicas expositivas se renuevan cada vez más rápido produciendo importantes mejoras en los productos y en su aplicación al proyecto expositivo.

En el texto original comenzábamos señalando que en la década de los años ochenta se produjo un incremento muy significativo en el nacimiento de nuevos museos, que trajo como consecuencia una reavivación de los campos de la museología y la museografía, tendencia que ha seguido creciendo y renovándose a lo largo de la presente década del nuevo milenio.

La vitalidad en este campo se puede medir en muchas ocasiones a través de la controversia originada al abordar ciertas cuestiones sociales; los debates sobre los museos se centran actualmente en temas muy diferentes si se comparan con los de años pasados. Esto se debe a la modificación de mentalidad que conlleva un cambio sociocultural no necesariamente mejor que el de épocas anteriores. La educación o el recreo, el control de los contenidos por la cultura dominante, la implicación en temas antes considerados tabúes, el dominio de la tecnología o la reorganización del proceso de exposiciones son algunas de las cuestiones que los museos tienen que afrontar actualmente. Por otro lado, estamos profundizando en la comprensión del cómo y el porqué la gente se relaciona, responde y aprende con las exposiciones, lo que repercute positivamente en su organización.

Seguimos confirmando que las exposiciones se han convertido, en todo caso, en un fenómeno sociocultural insustituible entre las actividades habituales de los museos. Constituyen en nuestros días, tanto para la institución museística como para otras entidades y centros análogos (fundaciones, casas de cultura, galerías comerciales, ferias, etc.), un instrumento indispensable de presentación, interpretación y difusión de las colecciones, objetos de interés patrimonial y conceptos socioculturales. Ocupan en la vida contemporánea un lugar cada vez más importante, hasta el punto de revelarse muchas veces como un sismógrafo sociológico destacado a la hora de valorar las repercusiones que las instituciones culturales, comerciales o de ocio ejercen sobre el público de nuestro entorno.

Pero, al propio tiempo, la efervescencia de las exposiciones, que ha ocupado cerca de siglo y medio de una actividad creciente en los medios socioculturales modernos, resulta hoy en día un sensible termómetro de las más diversas reacciones surgidas para deplorar eventuales excesos; bien referidos a la saturación del público o a la sumisión del patrimonio a objetivos de puro espectáculo consumista, bien concernientes a los profesionales del medio, que a veces anteponen el énfasis de una instalación personalista a objetivas necesidades de difusión y comunicación socioculturales, con evidente menosprecio o en detrimento de los objetos expuestos. Problemas y preocupaciones que atañen sobre todo —aunque no solamente— al entorno occidental, el de las grandes ciudades europeas, norteamericanas o japonesas que forman parte de los circuitos privilegiados de exposiciones, especialmente de arte.

La actividad expositiva resulta cada vez más atrayente y demandada por el público, como una de las funciones esenciales que deben cumplir los museos y centros especializados en beneficio de la comunidad a la que sirven o de la sociedad en general. Como defiende la nueva museología, la exposición es uno de los más importantes útiles de diálogo y concienciación de que dispone el museólogo, un método de trabajo esencial de acercamiento y diálogo con la comunidad, dentro de la responsabilidad que les incumbe al museólogo y al museo de estudiar, preservar y difundir su patrimonio cultural.

Paralelamente a las cotas de interés y demanda públicas, las exposiciones han conseguido también en estas tres últimas décadas un desarrollo conceptual y técnico que requiere cada vez mayores esfuerzos materiales y humanos para la realización de proyectos cada vez más complejos. De ahí que hayan aparecido o se hayan potenciado dos fenómenos sociológicos muy significativos a causa de las exposiciones contemporáneas. Uno es el que podríamos llamar *efecto de la institución*, es decir, el renombre nacional e internacional adquirido con esta actividad por museos, centros especializados, palacios de ferias y congresos, galerías comerciales de arte, etc.; el otro es el *efecto de la profesión*, ese protagonismo a veces casi hegemónico dentro del fenómeno de las exposiciones que ha adquirido el comisario o *curator*, o el diseñador, y que a menudo suele presentarse como un profesional independiente o *free lance*, por decirlo con el término inglés más utilizado al respecto.

En la actividad del diseño se da cada vez más relevancia a los fenómenos de la interpretación y la comunicación gracias a una serie de acontecimientos o circunstancias; entre otras, el reconocimiento cada vez mayor a las posibilidades educativas del museo en función del público, a lo que se une una mayor ambición intelectual y la aplicación de los últimos avances de la tecnología al diseño de exposiciones, que permiten conseguir representaciones hiperrealistas en imágenes y sonido, así como la adopción de nuevos sistemas didácticos, como son, por ejemplo, los basados en sistemas interactivos. Todo ello tiene una única intención: conectar y comunicar con la audiencia de la manera más directa posible haciendo llegar el mensaje y que éste sea comprensible para todas las personas que visitan la exposición.

El diseño es un elemento esencial para el éxito de una exposición, y si en teoría existen muchos criterios y formas de diseñar una exposición, en la práctica los que condicionan los resultados positivos son la capacidad y la habilidad del diseñador para guiar y atraer la atención del público, y para que así pueda recibir mejor el mensaje.

Por otro lado, a la figura del diseñador de exposiciones —que es una realidad reciente— se le está exigiendo una profesionalización cada vez más rigurosa en contraste con la práctica común del pasado, donde las exposiciones eran diseñadas e instaladas por personas que apenas tenían conocimientos específicos sobre expotecnia en general o sobre aspectos propios de arte o diseño. Asimismo, advertimos la necesidad de cooperación y coordinación de los distintos individuos que trabajan en este campo (diseñadores, preparadores, técnicos, conservadores, etc.), procedan tanto de dentro como de fuera de los museos.

Así, estudiantes y licenciados universitarios y, en general, profesionales relacionados con la industria y gestión de la cultura están intensificando su preparación e irrupción cada vez mayor en el terreno de las exposiciones. Lo que implica un mayor estudio y perfeccionamiento del fenómeno expositivo a todos los niveles: conceptual, técnico, museográfico y de proyección sociocultural.

En numerosos países occidentales —especialmente, los anglosajones— existen desde hace décadas cursos, libros y manuales que introducen, informan y forman en esta actividad a los interesados. En España, en cambio (y en los países de lengua española en general), hasta hace poco tiempo no existían cursos para la formación de profesionales en esta materia, y falta todavía ese manual claro y conciso que proporcione esta posibilidad, a pesar de alguna que otra publicación reciente al respecto.

El público también ha cambiado. Ahora hay sectores más acostumbrados a visitar las exposiciones y con una formación más completa. Esto le permite asimilar más fácilmente los mensajes que provienen de distintas fuentes y relacionarlos dentro de la exposición de forma creativa. Lo que ha permitido, a su vez, una mayor libertad para el diseñador que huye de exposiciones demasiado lineales y simplistas.

Finalmente, debemos señalar que estamos en un período difícil para los museos y todo lo relacionado con las actividades culturales. Vivimos en una época de crisis donde se lucha con recursos muy limitados, pero en la que los gustos del público, muy influidos por el desarrollo tecnológico actual, buscan la espectacularidad en las exposiciones, lo que se hace más patente en las temporales. Éstas tienen que justificar su existencia en función de su relevancia social, que se mide no sólo por el número de visitantes, como se hacía antes, sino también por la calidad de la experiencia museológica, es decir, por la capacidad de reproducir y comunicar el mensaje llegando a los distintos tipos de público, empleando para ello las más diversas técnicas expositivas.

En un extremo de esta tendencia se sitúan las superexposiciones o *blockbuster exhibitions* («exposiciones bomba demoledora», nacidas en la década de los setenta en los Estados Unidos, y que han «contaminado» a todos los países de su área de influencia), cuyo perfil y organización suelen ser imitados por otros tipos de exposiciones cada vez más sofisticadas y ambiciosas, y cuyo gran presupuesto muy pocos museos pueden acometer, además de suponer, en la mayoría de los casos, importantes riesgos para los objetos patrimoniales y especialmente para las obras de arte.

Muchas exposiciones actuales son producidas, instaladas, montadas y administradas de forma independiente y patrocinadas por grandes compañías con recursos millonarios, de las que esperan sacar importantes beneficios. Si esto se generaliza, ¿podrá la sociedad actual cuestionarse seriamente cuál es la verdadera función de los museos? Pero mientras esto ocurre —si es que llega el caso—, museos e instituciones grandes y pequeñas, públicas y privadas, culturales o comerciales, han de enfrentarse con el proceso creativo de la organización de exposiciones para servir mejor al público, y donde educación y entretenimiento se combinen para obtener una experiencia enriquecedora.

Por ello, los autores del libro *Diseño de exposiciones. Concepto, instalación y montaje*, revisado y ampliado en esta nueva edición estábamos convencidos entonces y lo estamos ahora de que cubrirá sin lugar a dudas una laguna importante existente en la bibliografía en español, puesto que se plantea y se ofrece como un manual sencillo, riguroso y práctico. Nuestra experiencia con universitarios de especialidades tan diversas como Geografía e Historia, Bellas Artes, Arquitectura, Ciencias de la Información, Pedagogía, Diseño, etc., así como con profesionales de los museos, galerías de arte, casas de cultura, fundaciones, palacios de congresos y exposiciones, ampara la convicción de que podrán encontrarse en este manual aquellos conceptos fundamentales, tanto teóricos como prácticos que necesiten y que demanden su formación o su trabajo profesional.

Por último, queremos agradecer a Juan Pablo Rodríguez Frade, FRADE Arquitectos y a Miguel A. Rodríguez Lorite, Intervento, s.l., las fotos cedidas de sus interesantes y variados proyectos expositivos que ilustran muchos de los aspectos tratados en este libro. Igualmente destacamos el importante trabajo gráfico realizado por Gabriel Martínez y Sonia Díaz de lsd que se ha concretado en el diseño de muchos de los gráficos que se incluyen.

Luis Alonso Fernández
Isabel García Fernández

Madrid, enero de 2010

1
La exposición y sus tipologías

En las diversas culturas y civilizaciones de la humanidad, la presentación o exhibición pública de bienes u objetos de valor patrimonial y cultural ha sido, de algún modo, una función habitualmente ejercida en el tiempo y en el espacio. Una costumbre cuya existencia puede rastrearse y confirmarse —tanto histórica y sociológica, como técnicamente considerada—, al menos desde los precedentes y los orígenes remotos del coleccionismo y el museo en el área occidental, donde ha adquirido una dimensión y significación especiales. Fundamenta, en cualquier caso, sus raíces en la antigüedad clásica, y se hizo hábito sobre todo desde los tesoros medievales hasta las diversas categorías que aparecen a finales del siglo XVIII y durante el XIX, coincidiendo con la configuración del museo moderno.

La convicción ilustrada de que el «acceso a la cultura y al arte» no debía ser privilegio de unas minorías no niega sino más bien confirma el origen y la pertenencia de las colecciones de bienes patrimoniales, entre otros, a las propias élites ilustradas del Siglo de las Luces. Pero, al propio tiempo, demuestra que la exposición de las colecciones o de los fondos de un museo no ha tenido otra justificación u otro destino final que el público. El acceso de todos a la cultura y al arte fue también la máxima que protagonizó en gran medida el nacimiento de las exposiciones y del museo, habiendo sido clasificados ambos —museos y exposiciones— para cumplir con esta misión según algún sistema científico determinado por cada época.

Por ello, antes de presentar una clasificación o tipologías concretas, se hace necesario acotar el sentido primero y esencial que en nuestro tiempo ha adquirido el fenómeno o la función conocida como *exposición*, y diferenciarlo de los que expresan otros términos como *exhibición* o *muestra*.

Desde una elemental concepción y desde un uso del lenguaje coloquial, el término exposición significa la presentación pública de objetos de interés cultural; implica a la vez concentración y presentación de un cierto número de objetos de valor cultural y de interés para el público, sean cualesquiera los motivos de este interés, que pueden ser tan diversos como los valores de que están investidos.

Museológicamente, G. Ellis Burcaw (1975, 2ª ed. 1983; 115) distingue entre exhibición (*display*) y exposición (*exhibit*). «Una exposición es una exhibición más interpretación; o, una exhibición es mostrar [*showing*], una exposición es (de)mostrar y relatar [*telling*].» La exposición es, además, una puesta en escena de los objetos interpretados con los que se quiere contar y comunicar un relato.

Desde un planteamiento de la nueva museología, como es el de Marc Maure (1996: 132), «la exposición es un método; constituye uno de los más importantes útiles de diálogo y concienciación de que dispone el museólogo con la comunidad». Y para Jean Davallon (1996: 165):

> La perspectiva abierta por la nueva museología ilumina también las prácticas de la exposición. En la lógica que vengo a describir, las exposiciones tienen principalmente la función de mostrar (ofrecer a la vista) objetos para los que se ha acordado a propósito su estatuto de patrimonio y, por esta demostración (este gesto de ostentación), la función de hacer visible esta comunidad de acuerdo (lo que es común). Por lo tanto, la exposición posee esta dimensión complementaria: no solamente se hace «visible» (los objetos y, metafóricamente, la colectividad), sino que hace visible al «público». Para un objeto, estar expuesto es estar colocado en un escenario público, en el sentido en que es a la vez escenificado (colocarle en un lugar donde está en representación) y le vuelve accesible a toda persona que lo desee. Este objeto es entonces algo más que él mismo; participa de una interpretación (juega un rol) y está expuesto al discurso social (es objeto de comentarios, así como por otra parte lo son también la puesta en escena y la interpretación). En este sentido, la exposición devuelve al público la acción patrimonial de la que ella es el resultado; la exposición lo oficializa.

Peter van Mensch (1991: 11) defiende que:

> Una exposición es una puesta en escena artificial. Dentro de este planteamiento se utiliza un amplio conjunto de elementos de acuerdo con alguna estrategia. Margaret Hall menciona dos principales estrategias: el enfoque taxonométrico y el temático. De modo similar, Michael Shanks y Christopher Tilley distinguen cuatro estrategias: la objetiva y

> estética (como dos formas de enfoque taxonométrico) opuestas a la narrativa y situacional (como dos formas de enfoque temático). De acuerdo con el enfoque taxonométrico, el material es expuesto bajo una sola clasificación. La clasificación está basada en todo caso en la racionalidad instrumental (exposición objetiva), o en una objetividad instrumental (exposición estética). Ambos tipos de exposición dan por supuesto un público informado. El enfoque temático implica contar una historia. El visitante es guiado para realizar conexiones y para seguir el desarrollo de la tesis tal como evoluciona en la exposición. Esto puede ser realizado a través de un simple enfoque lineal, siguiendo la secuencia semejante a un libro o una película (exposición narrativa) o a través de contextos de un período naturalista reconstruido (exposición situacional).

Y añade van Mensch:

> Este breve examen de los tipos de exposición indica la diversidad de posibilidades para organizar la exposición del material del museo. Cada enfoque es la manifestación de una suspensión de la realidad, un «mundo imaginario» (David Prince). Es el museo (el conservador) el que crea este «mundo imaginario». Los objetos son adornados con significados que antes no habían tenido. Este mundo imaginario materializado comunica interpretaciones. Si el visitante quiere ser parte de este mundo soñado tiene que aceptar los dictámenes e interpretaciones que lo constituyen, porque el museo es siempre un medio que se levanta entre él y el objeto. Una exposición es el resultado de un proceso de selección y manipulación de la información emitida por las piezas del museo. Este proceso no cambia la información contenida dentro del objeto, pero ofrece al visitante una selección estrictamente guiada: «Una exposición crea un sistema de información-comunicación casi totalmente cerrado» (Ivo Maroevic). No todos los mundos soñados son lo mismo. Las exposiciones de arte, de ciencias y de historia tienen unas características formales distintas, conectadas con diferentes actitudes hacia los objetos individuales. Por cuanto, por ejemplo, para los historiadores de arte cada objeto es único y tiene que ser continuamente reexaminado con ojos frescos, los zoólogos ofrecen con el material que tienen para ellos una significación genérica mejor que específica.

Por último, hay que apuntar que tradicionalmente el público acudía a ver exposiciones en busca de «lo real», pero el mismo concepto de «realidad» también ha cambiado, debido fundamentalmente a la nueva cultura audiovisual y a las exigencias de preservación del patrimonio. Y aunque se temió, ya a finales de los años noventa que lo virtual se impondría en el mundo de los museos y exposiciones, se ha constatado que la experiencia de lo real no puede ser sustituida.

Por otra parte, desde hace tiempo se ha tratado de obviar los condicionantes espacio-temporales a los que se constreñían las exposiciones; destruyendo así cualquier tipo de referente, lo que implica la propuesta de nuevas formas de contemplación y apreciación. Teniendo en cuenta lo anterior, se es consciente de que las nuevas tecnologías suponen nuevos retos en la exposición que exigen la reorganización de los sistemas visuales y cognitivos.

Tipos y modos de exposiciones

La taxonomía o clasificación de las exposiciones puede admitir tantas variantes como criterios museológicos y técnicos puedan aplicarse para destacar las características y usos de este medio de comunicación específico del museo, que encarna al propio tiempo su personalidad y su misión. Y por el que públicamente se le juzgará.

En un sentido histórico, y de acuerdo con su desarrollo sociocultural, se pueden comprobar inicialmente cuatro tipos de funciones generales que han venido conformando a las exposiciones:

1. *Simbólica*, con una finalidad de glorificación religiosa y política, unida especialmente en casi todas las civilizaciones y culturas al valor ostentativo de los objetos [Fotos 3a y 3b].
2. *Comercial*, vinculada al valor de la mercancía.
3. *Documental*, íntimamente ligada al valor informativo o científico de los objetos, utilizada no sólo por los museos de carácter científico o técnico, y los ecomuseos, sino también por todos aquellos organismos e instituciones que desarrollan su actividad por medio de exposiciones para la difusión de conocimientos [Foto 2].
4. *Estética*, inherente al valor artístico de las obras y objetos [Foto 1].

Debemos indicar que la estética, por importante que sea su reconocimiento y hasta su predominio en nuestros días, es una función relativamente reciente. No la registra, por ejemplo, el Diccionario en Francia hasta finales del siglo XVIII. En cambio, el sentido comercial del término exposición ya aparece socialmente utilizado en la segunda mitad del XVI. Ello no impide que la función estética aplicada a las exposiciones haya adquirido, de hecho, la significación paradigmática del término, cuando el público piensa y se refiere a la exposición de un modo general y espontáneo, convirtiéndose en una característica inherente a cualquier proyecto expositivo.

Sea como fuere, las cuatro funciones generales históricas no resultan excluyentes o incompatibles entre sí. No sólo suelen estar presentes en una misma exposición, sino que lógicamente algunas de ellas (las funciones estética y documental, por ejemplo) conviven y alientan lo mismo la atracción y el deleite de una exposición de obras maestras de arte que la información y el rigor científico de las muestras del patrimonio científico-técnico, o las de objetos etnológicos o arqueológicos. Si exceptuamos las de carácter simbólico-estético existentes desde la antigüedad clásica, el origen histórico de la función estética se encuentra en una progresiva derivación, como decimos, de la función comercial de las exposiciones, aunque, curiosamente, la exposición y el mercado tengan un nexo casi ancestral: las obras artísticas.

Resulta lógico que así sea, pues la postura habitual de los coleccionistas ha sido y suele ser la de mostrar sus tesoros, mientras que los artistas han mantenido la constante —por necesidad, no sólo por interés estético— de poner a prueba sus trabajos y someter sus creaciones al juicio del público, con independencia de que otras veces las expongan lógicamente para conseguir su venta. Esta era la postura de los artistas clásicos griegos al mostrar sus obras en la Pinacoteca de Atenas, en los Propileos de la Acrópolis, o la de los renacentistas italianos, cuando lo hacían en la plaza de la Señoría de Florencia. Posteriormente, los artistas europeos lo harán a partir del XVIII y XIX con finalidades estéticas y comerciales en su taller-tenderete, en su estudio, en las academias y en los salones; y en museos, ferias y galerías comerciales, en nuestro tiempo. Todo ello confirma una actividad preponderante de lo comercial en el origen y desarrollo de las exposiciones, y hasta en la configuración de las propias tipologías hoy existentes.

Debemos distinguir, además, entre las funciones generales de la exposición (las que históricamente han originado y construido esta actividad museística), las *formas de presentación* (de acuerdo con una evolución de las relaciones entre el contenedor y el contenido) y *tipologías expositivas* propiamente dichas, que encajan todas ellas en los dos grandes marcos de las *permanentes* y las *temporales*. (Los números 152, 1986 y 154, 1987 de la revista *Museum* [París, UNESCO] fueron dedicadas monográficamente a «Exposiciones temporales» y a «Exposiciones permanentes», respectivamente.)

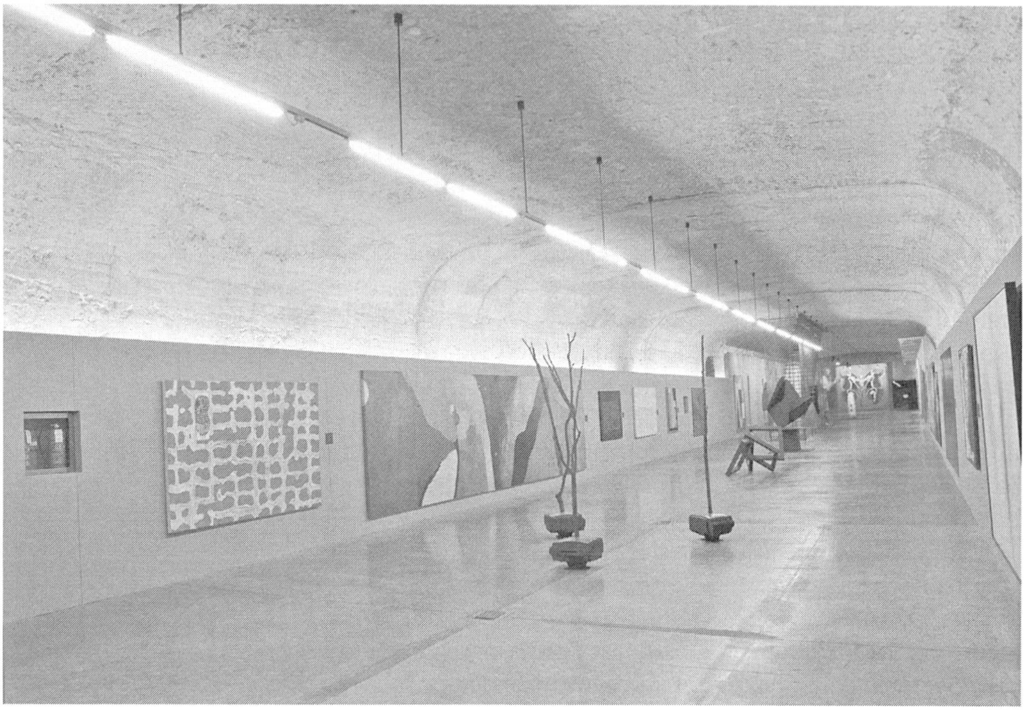

Foto 1.
«Una nueva mirada»,
Colección AENA.
Ministerio de Fomento
(Diseño y montaje:
Intervento, s.l.).

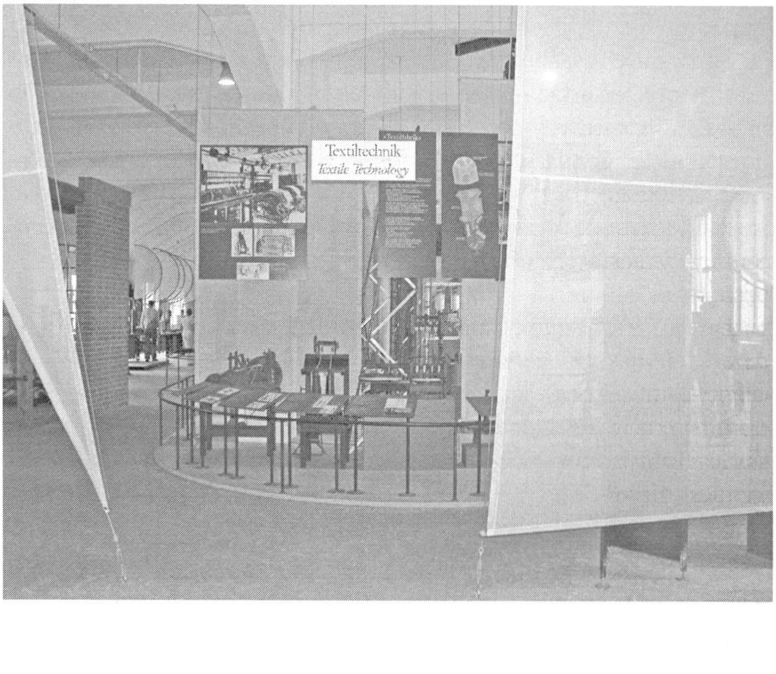

Foto 2.
Interior del Deustches
Museum, Múnich (Foto:
Isabel García).

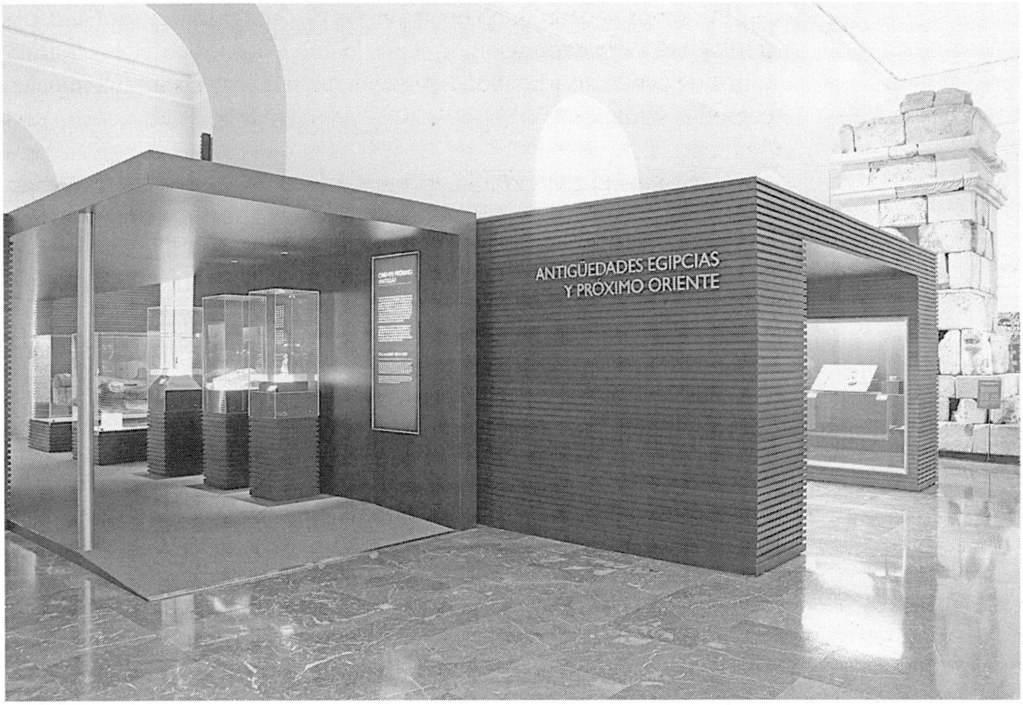

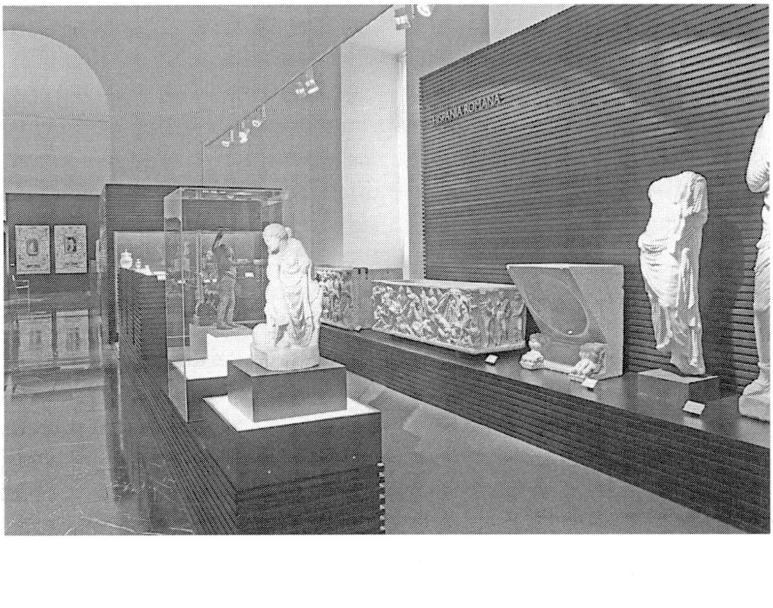

Fotos 3 a y b. «Tesoros del Museo Arqueológico Nacional», MAN 2008 (Diseño: FRADE Arquitectos).

Podemos concretar, no obstante, las distintas clases y modalidades tipológicas de la exposición de acuerdo con variados criterios clasificatorios de concepto y finalidad que se definen en categorías funcionales, como las siguientes:

— Según un criterio *espacio-temporal*: en *permanentes*, *temporales*, *itinerantes*, *móviles* y *portátiles*. La exposición *permanente* es la propia del museo, como institución estable que es, y expresa una continuidad y mantenimiento en sus salas de la parte más importante de la colección, contribuyendo a crear la identidad del museo. La *temporal*, en cambio, posee una duración limitada, se concibe como un proyecto más concreto y circunstancial, y es el medio más habitual de proyección sociocultural, tanto de los museos para su programa de actividades periódicas, como de los demás espacios e instituciones de actividad expositiva. No existe ninguna regla para establecer la duración de las exposiciones, lo que les daría el matiz de temporales o permanentes. No obstante, el concepto de «exposición permanente» es cada vez más obsoleto. Las actitudes sociales, las normas educativas y los medios de comunicación están en constante cambio, y los museos, tanto en sus exposiciones como en los supuestos en que se basan, no tienen más remedio que seguir el ritmo de esos cambios o perder la clientela. Según Kenneth Hudson (1998), una exposición que permanezca intacta durante cinco años sin perjuicio de su atractivo y poder de convocatoria puede considerarse, amén de una rareza, tocada por la fortuna [Fotos 4 y 5].

Las exposiciones *itinerantes* son aquellos proyectos temporales que recorren durante un tiempo determinado distintos espacios de exposición dentro de un circuito previsto y fijado [Fotos 6a y 6b]. Las llamadas exposiciones *portátiles* son también una variante de las temporales, con la diferencia de que aquéllas se deshacen al término de su función, y éstas por su pequeño tamaño, su diseño integrado y su facilidad de instalación y transporte están habitualmente siempre en disposición de ser de nuevo instaladas en otros espacios diferentes. Entendemos por exposiciones *móviles* aquellas que están construidas y se mantienen con independencia de los espacios en que pudieran instalarse, como son las diseñadas para montarse en espacios limitados y peculiares de autobuses, trenes, caravanas, etc., cuyo origen son los fines comerciales o culturales de la publicidad.

— Según la *naturaleza* o cualidad material de lo *expuesto*: de *objetos originales* o de *reproducciones*, y también las exposiciones *vir-*

tuales y *mixtas*, de acuerdo con la existencia aparente y no real de lo *expuesto* (utilizando medios tecnológicos, por ejemplo) o con la presencia conjunta de objetos originales, reproducciones y otros sustitutos del objeto. Algunos autores como David Dean (1994: 4) llaman exposición *informativa* o exposición *temática* a la que se organiza sin objetos —sólo con medios y soportes de variada tecnología, donde se combinan textos, gráficos, métodos interactivos y multimedia—, con el único fin de comunicar con el público mediante el puro ejercicio de la representación práctica. En el otro extremo encontraríamos las exposiciones de objetos a los que no acompañan ninguna información y que no buscan la transmisión de mensajes, sino que se basan en la mera contemplación; coinciden, por tanto, con la función estética.

— Según las características formales de su *enfoque* y organización de los elementos expositivos (Burcaw, 1975, 2ª ed. 1983: 115): *sistemática*, si atiende a criterios o a una metodología de desarrollo preestablecidos (sobre una unidad temática, la agrupación de individuos de una especie, una síntesis de contenidos, el carácter de una época, la realidad de una etnia, un período histórico o un estilo determinado, etc.), de acuerdo con los fines propios que se persiguen en esa muestra. O *ecológica*, si se propone dar una visión global y ambiental del mensaje o contenido de la exposición relacionándola con el hábitat, integrando en ella todos los elementos expresivos y definitorios de su propuesta.

— Según la *disposición intencional del mensaje*: de *desarrollo temático*, cuando se intenta reflejar una cierta panorámica comprensiva de los contenidos; de *tesis*, cuando se apuesta por una posición o enfoque personal del mensaje y los modos conceptuales y museográficos con que transmitirlo; *exposición contextualizada*, cercana en su planteamiento a la ecológica, pero especialmente enfocada a centrar el mensaje y el hilo conductor en una interrelación de valores, para que el discurso, la narración o la historia de la exposición aparezcan lo más claros e integrados posibles.

— Según la *extensión* o *densidad* de los contenidos: *general* o generalista (amplias visiones o panorámicas de objetos y contenidos), *monográfica* (reducida a un solo campo o criterio selectivo determinado), *polivalente* (permite diversos niveles de lectura, según diferentes mentalidades, formación, edad, etc.), y *especial* —que no especializada o monográfica, aunque pueda presentar contenidos especializados—, cuyo objetivo es una visión muy particularizada, y una demostración de medios y conformación técnica y escenográfica muy especiales (como

Foto 4.
Exposición temporal «España en el Mediterráneo». Biblioteca Nacional, 2006-2007 (Diseño: FRADE Arquitectos).

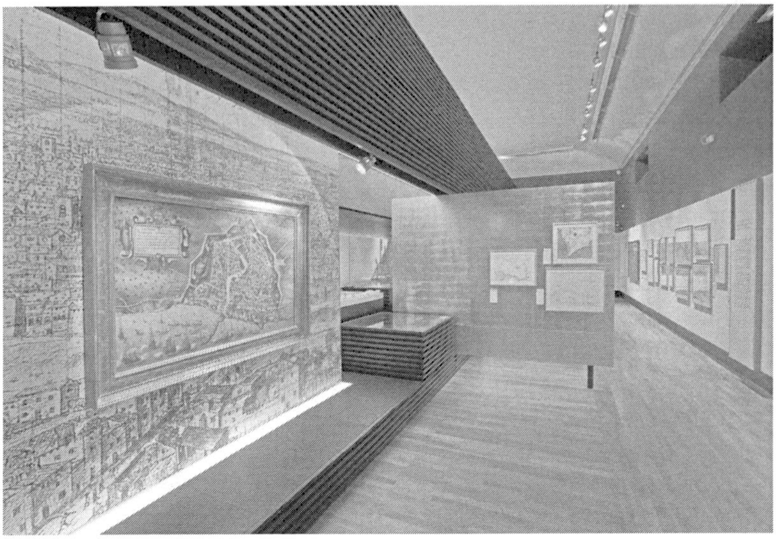

Foto 5.
Exposición permanente. Museo Zabaleta, 2008. (Diseño y montaje: Intervento s.l.).

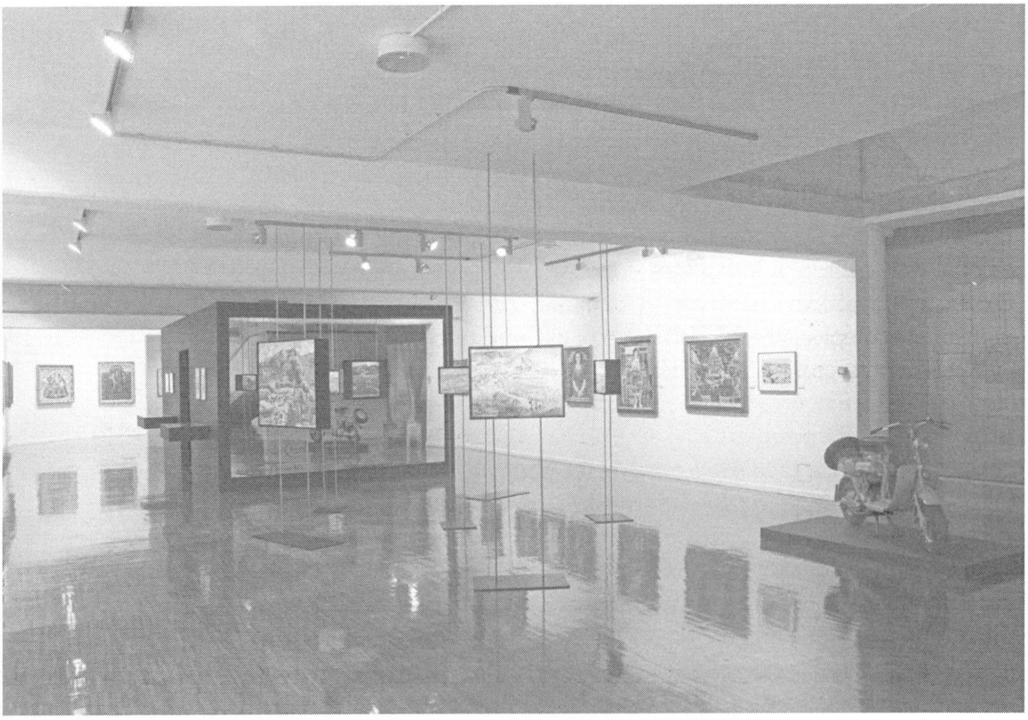

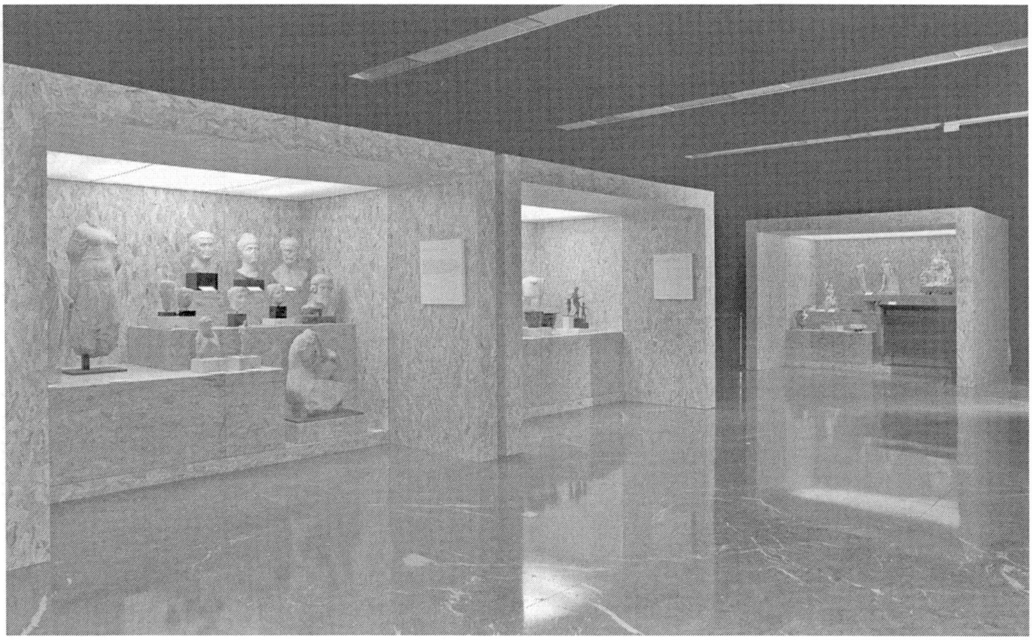

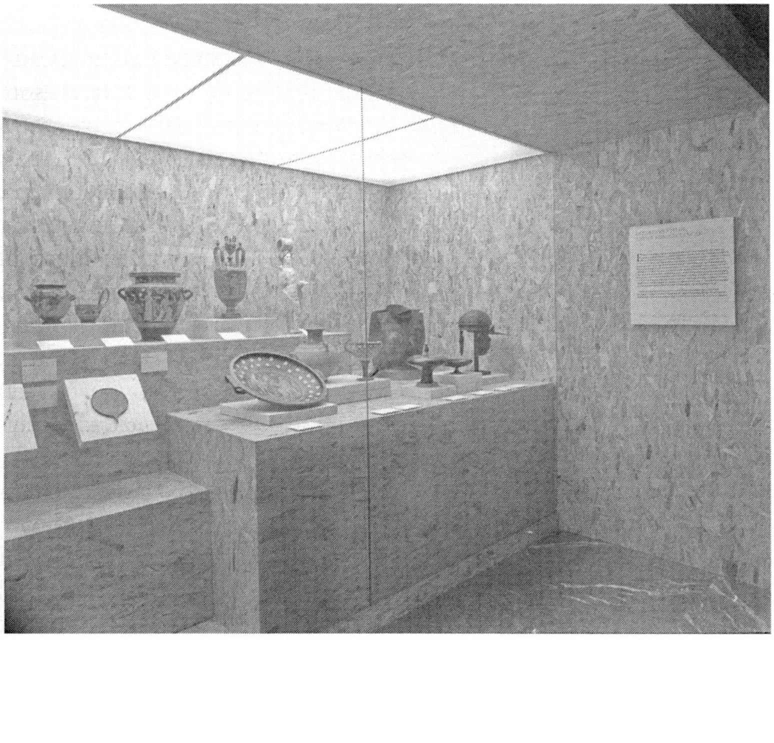

Fotos 6a y 6b.
Exposición itinerante «Nuevas adquisiciones del Museo Arqueológico Nacional», MAN 2004 (Diseño: FRADE Arquitectos).

lo son algunas de las grandes exposiciones de éxito realizadas en nuestro tiempo).

— Según las *funciones históricas* generales ya citadas (*simbólica*, *comercial*, *documental* y *estética*), la exposición puede adquirir tipologías y presentaciones de los objetos coincidentes con ellas, así como más o menos identificadas con los museos de las grandes áreas del arte, la historia, la antropología o la ciencia y técnica.

Atendiendo a las categorías o caracteres desde la perspectiva del público receptor, pueden calificarse como *didácticas* y *no didácticas*. Algunos autores, como Michael Belcher ([1991: 58-66] 1994: 76-86), prefieren resumir éstas en tres categorías: *emotivas*, *didácticas* y *de entretenimiento*. Tres clases concretas de exposición, incluyendo como propias entre las *emotivas* («diseñadas y producidas con la intención de provocar una reacción emotiva en el espectador») las exposiciones *estéticas* y las exposiciones *evocadoras* o *románticas*. El objetivo de las exposiciones *didácticas* («dirigidas a la transmisión de información») es el de «instruir y educar. Fomentan en el espectador un proceso de aprendizaje, cuando no de reflexión, en el que el estímulo intelectual es muy importante». Las exposiciones *de entretenimiento* «se diferencian de otra clase de exposiciones en el hecho de que su objetivo es simplemente ofrecer diversión y entretenimiento».

Por último, Belcher incluye en «Otras categorías» las que califica como *interactiva* («las muestras realmente interactivas son aquellas que pueden modificar su presentación según la percepción que el diseñador tenga de la respuesta del espectador», en palabras de C. S. Hill y R. S. Miles), *reactiva* («la que automáticamente se pone en marcha delante del visitante», según Giles Velarde [1984: 394-402]), *dinámica* («animadas por medios mecánicos u otros similares»), *centrada en el objeto* (éste «tiene preponderancia sobre cualquier otro medio interpretativo»), *sistemática* («organización de los objetos según un modelo aceptado»), *temática* («parte de una línea argumental y recurre a los objetos para ilustrar el tema») y *participativa* («busca involucrar al visitante a través del sentido del tacto»).

Al igual que las funciones históricas, las otras tipologías señaladas tampoco suelen resultar excluyentes y a menudo nos encontramos con exposiciones donde se combinan categorías, es decir, una exposición puede ser temporal, mostrar objetos originales, ser especializada y de ámbito internacional, organizada por una fundación y en la que se

TIPOS Y MODOS DE EXPOSICIONES

A) SEGÚN EL TIEMPO O DURACIÓN (o carácter o función museográfica)	1. Permanentes 2. Temporales 3. Itinerantes 4. Móviles (y portátil)
B) SEGÚN EL TIPO DE MATERIAL PRESENTADO (Característica material, naturaleza del objeto)	1. Objetos originales 2. Reproducciones 3. Naturaleza mixta
C) SEGÚN LA DENSIDAD OBJETUAL	1. General 2. Especializada 3. Mixta
D) SEGÚN LA MATERIA O DISCIPLINA CIENTÍFICA	1. Ciencias humanas y sociales (artística, histórica, antropológica, etnológica...) 2. Ciencias experimentales (científica y técnica)
E) SEGÚN LA INSTITUCIÓN	1. Museos, fundaciones, centros de exposiciones... 2. Galerías, centros comerciales 3. Ferias y otras (medios electrónicos, cibernéticos...)
F) SEGÚN LA EXTENSIÓN O ALCANCE GEOGRÁFICO	1. Universales 2. Internacionales 3. Nacionales 4. Regionales 5. Locales 6. Comunitarias
G) SEGÚN LA INTENCIÓN SOCIOCULTURAL	1. Exposición-presentación 2. Exposición-información 3. Exposición-comunicación 4. La exposición como obra 5. La exposición como medio de exploración 6. La exposición como montaje e instalación
H) FORMAS DE EXPOSICIÓN (Tipos de exposición, según el enfoque o propósito didáctico)	1. Ecológica (relación con el hábitat) 2. Temática (monográfica o no) 3. Sistemática (sigue o se ajusta a un sistema o método) 4. Interpretativa o de Tesis (conceptual/presentación de ideas) 5. Contextual (relacionada psico/socio/lingüísticamente) 6. Polivalente 7. Especializada
I) TIPOS SEGÚN FUNCIONES GENERALES (en origen)	1. Simbólica 2. Comercial 3. Documental 4. Estética (artística o industrial)

MODALIDADES Y CARACTERES DE LAS EXPOSICIONES EN EL MUSEO

A)	EXPOSICIONES EMOTIVAS	1. Exposiciones estéticas (entretenidas) 2. Exposiciones evocadoras 3. Exposiciones «inductoras»
B)	EXPOSICIONES DIDÁCTICAS: Instruir y educar	1. A través de los objetos 2. Por medios interpretativos
C)	EXPOSICIONES COMO ENTRETENIMIENTO	1. Por la naturaleza y modo de la exposición 2. Por la intención, objetivos y perfil de la exposición
D)	OTRAS CATEGORÍAS (Según la participación y el rol del público)	1. Interactiva 2. Reactiva 3. Dinámica 4. Centrada en el objeto 5. Sistemática 6. Temática 7. Participativa
E)	LA EXPOSICIÓN COMO PRESENTACIÓN E INSTALACIÓN ESCÉNICA	1. Presentación 2. Representación 3. Interpretación 4. Demostración 5. Escenificación 6. Dramatización 7. Espectáculo escénico

busque la respuesta emotiva del público a través de la interacción con sus contenidos.

	SISTEMÁTICA	ECOLÓGICA
ARTE	Pinturas del Impresionismo expuestas juntas en la misma galería.	Pintura, dibujo, escultura producidos en el mismo medio social, representando la respuesta en diferentes medios a los mismos impulsos.
HISTORIA	Evolución de la iluminación de la casa con candelas, lámparas de aceite, lámparas incandescentes...	Una habitación de época con ropas, muebles, etc., representando una habitación concreta, real y típica de un tiempo específico, de un lugar y de un nivel económico determinado.
CIENCIA	Pájaros de la misma especie y relacionados con otras especies clasificados de acuerdo con una contigüidad y relación.	Pájaros, animales, plantas, mostradas en su ambiente natural ilustrando una porción de un nicho ecológico, un diorama.

Ejemplos de exposición *sistemática* y *ecológica* (G. E. Burcaw [1975], 1990: 117) [Fotos 7a, 7b y 8a, 8b]:

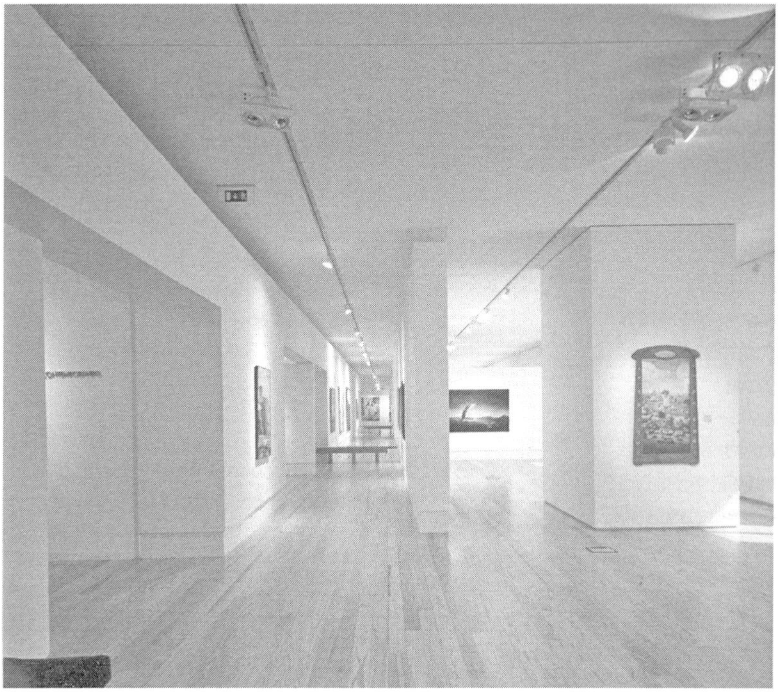

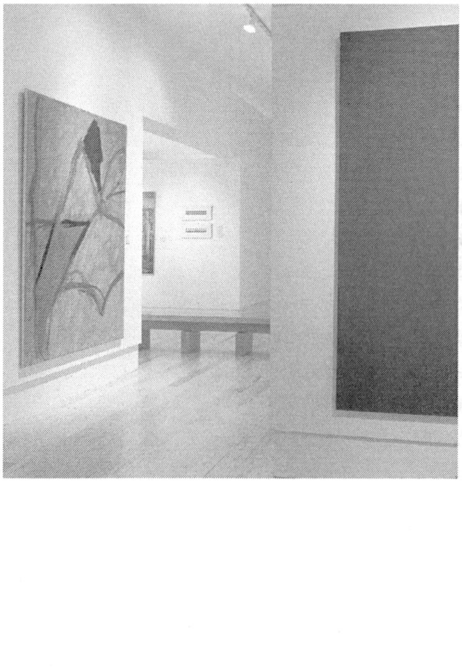

Fotos 7a y 7b.
Exposición sistemática.
Museo de Arte
Contemporáneo,
Madrid. (Diseño:
FRADE Arquitectos).

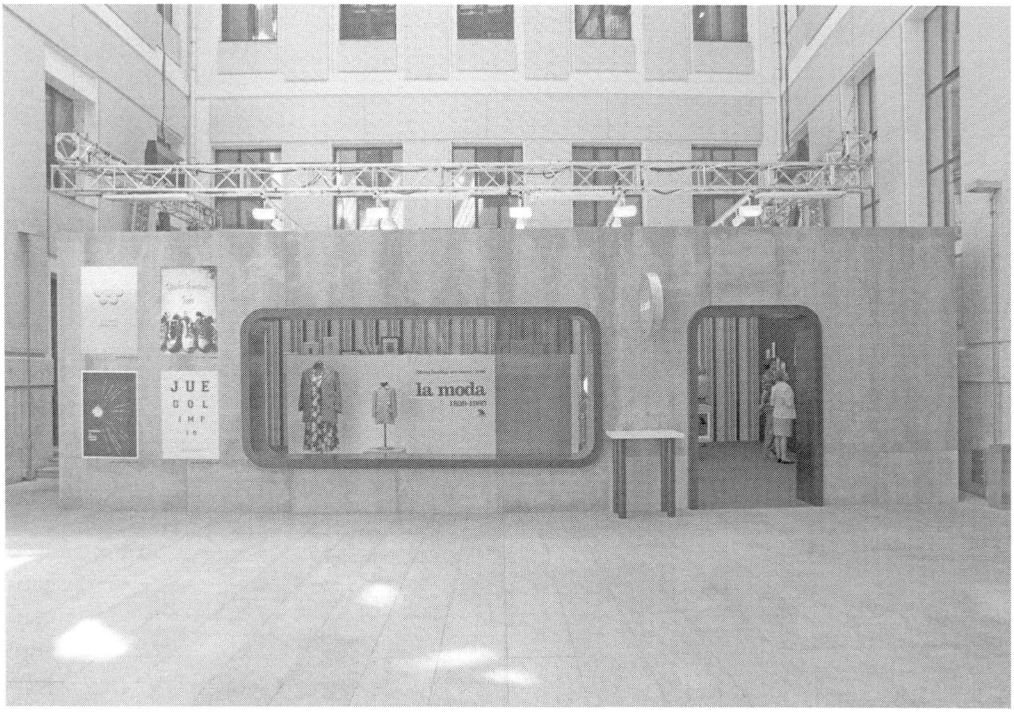

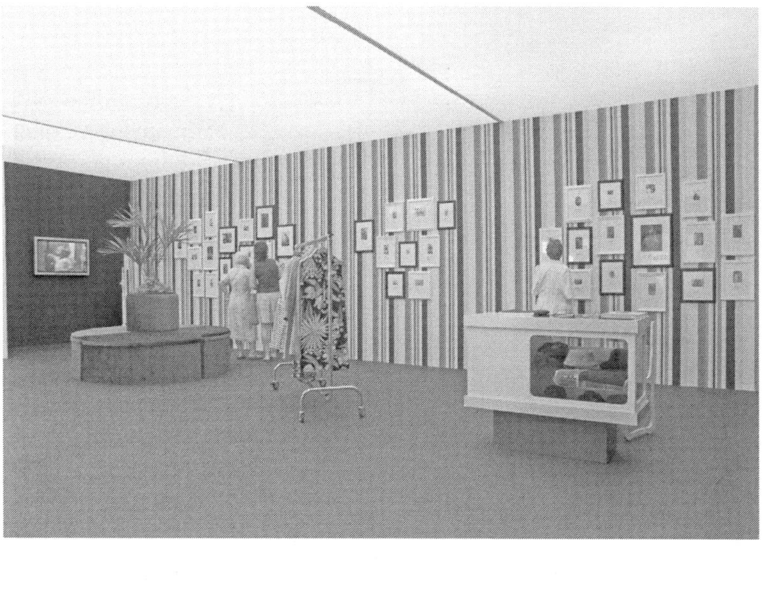

Fotos 8a y 8b. Exposición ecológica «Álbum familiar», La Casa Encendida, 2008. (Diseño y montaje: Intervento, s.l.).

2
Historia de las exposiciones

En coherencia con los contenidos desarrollados en el capítulo precedente, y los que se desarrollarán posteriormente, como referencia de aplicación práctica, ofrecemos el análisis de dos exposiciones que son históricas, técnica y socioculturalmente muy significativas. Se trata de dos ejemplos —una permanente y otra temporal—, entre un repertorio muy abundante que podríamos señalar, pero que cada uno de ellos resulta ser en su tipología la expresión de un proyecto muy representativo de esta función esencial del museo y demás instituciones dedicadas a la difusión patrimonial. Conceptual y expotécnicamente hablando, estas dos exposiciones son fuentes muy ricas que aportan caudalosos beneficios a la reflexión museográfica.

Conviene, a este fin, recordar previamente que la exposición es un método y una estrategia para ver, conocer y comunicar; que con ella se organiza el espacio y el pensamiento; que es representación, escenificación y relato; y que es también, finalmente, consumo de masas y espectáculo singular. El recordatorio de estos aspectos lo desarrollamos en los cinco epígrafes siguientes.

La exposición, método para ver, conocer y comunicar

Se reconoce, y así está asumido universalmente en nuestros días, el hecho de que tanto la museología y la museografía, como los museos y las más diversas instituciones con vocación de actividades culturales han convertido o están tratando de hacer de la exposición el medio o procedimiento más cuidado para comunicar al público el contenido de los saberes de su colección o el mensaje de sus intenciones programáticas.

La exposición se ha convertido en el instrumento privilegiado para desarrollar los intereses difusores y comunicativos de este tipo de entidades e instituciones, pero también en el pretexto más acariciado a través del cual patrocinadores, empresarios, políticos y mercadotécnicos... (además de comisarios, comunicadores, diseñadores e instaladores, etc.) saltan a la luz pública con la comodidad que les brinda como publicidad y reconocimiento públicos su participación en acontecimientos expositivos de la más variada naturaleza.

La exposición resulta ser un complejo sistema de conceptualización e interpretación, diseño y organización, referencia y comunicación, a un tiempo. Pero también presentación, representación y hasta dramatización de un hecho, de una «historia» o de un mensaje que se quiere resaltar y transmitir a través de los objetos. Un relato que —lo recordamos—, desde el punto de vista de los contenidos, adquiere una de las tres formas generales de presentación coincidentes con las tres principales tipologías de museos: museos de arte (presentación estética), museos de historia, arqueología, antropología y etnología (compleja presentación histórica), museos de la ciencia (presentación ecológica, es decir, en relación con su hábitat).

Si lo consideramos desde una perspectiva histórica, las técnicas de exposición se han desarrollado considerablemente en los últimos 100 años —o en los últimos 150, incluso, al menos desde las exposiciones universales, iniciadas como es conocido en 1851 con la de Londres en el Crystal Palace de Joseph Paxton, en el Hyde Park [Fotos 9a y 9b]. De acuerdo con la influencia del progreso técnico, las exposiciones estáticas del pasado en monumentales edificios se han tornado más rentables en una presentación de más completa y variada disposición, más profesionalizada. Su historia es, como ha destacado Philippe Dubé (1995: 5), «el resultado de un largo camino recorrido por los museos a través del tiempo».

Tomando como ejemplo el campo de las exposiciones de las ciencias de la naturaleza, Dubé describe de esta forma ese proceso:

> Si profundizamos el análisis, nos damos cuenta rápidamente que la museografía actual se basa en una herencia que está constituida por diversas secuencias históricas. [...] En un primer período [...], los métodos in vitro, donde el gabinete de curiosidades actuó como un arquetipo irreductible de este modo de presentación. Posteriormente, la búsqueda de la autenticidad y el gusto por una relación más directa, más verdadera con el objeto, nos mostró el espécimen en vida, según la dinámica propia del in vivo, mientras que el recinto viene a encuadrar y proteger el objeto... Finalmente, este marcado interés por lo viviente

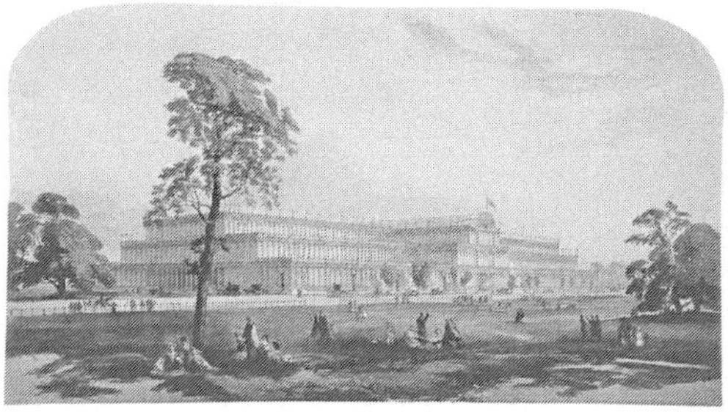

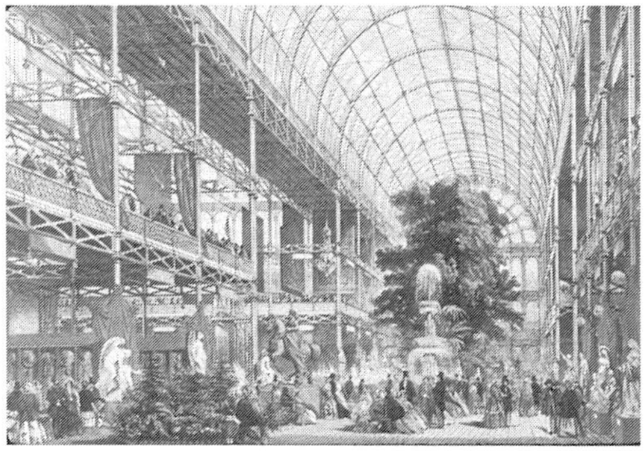

Foto 9a.
El Palacio de Cristal desde el nordeste. Pinturas de gran envergadura de Dickinson en la *Great Exhibition* de 1851.

Foto 9b.
Interior del Palacio de Cristal, 1851.

nos conduce ineluctablemente al sitio de origen donde el hábitat natural, en un proceso calificado in situ, se convierte en el lugar, el espacio de encuentro privilegiado del visitante con el objeto que quiere ver.

Y añade a continuación:

> Esta trama histórica de las maneras de exponer la naturaleza se prolonga en el tiempo por secuencias, sin obedecer por tanto a un desarrollo lineal. Pero en el curso de los últimos siglos, cada episodio —in vitro, in vivo, in situ— es la expresión no sólo de nuevos imperativos de presentación, sino de cambios importantes ocurridos en el dominio del conocimiento que evoluciona, como sabemos, al ritmo de los acontecimientos científicos. La ciencia, con su riguroso método de examen empírico, va entonces a influir enormemente en los modos de exposición museística gracias a su enfoque constantemente renovado de la materia estudiada. [...] A partir del momento en que se reconoce que las maneras de exponer son tributarias de las maneras de pensar, estudiar el acondicionamiento del espacio museístico se convierte entonces en un ejercicio casi filosófico en el que los esquemas del pensamiento, en el transcurso del tiempo, proponen nuevos esquemas para exponer.

Si nos referimos a la exposición de objetos artísticos, la situación resulta análoga. Históricamente, el primer y principal problema surgido en la instalación y montaje de las obras en el espacio museístico ha sido, recordémoslo, el de su ordenación. Podemos comprobar a través de grabados de los siglos XVI al XVIII cómo las antigüedades se colocaban en las colecciones sin ningún orden científico o museográfico, mezclados toda clase de objetos, mientras los cuadros cubrían completamente los muros y paramentos, como en una nueva versión del

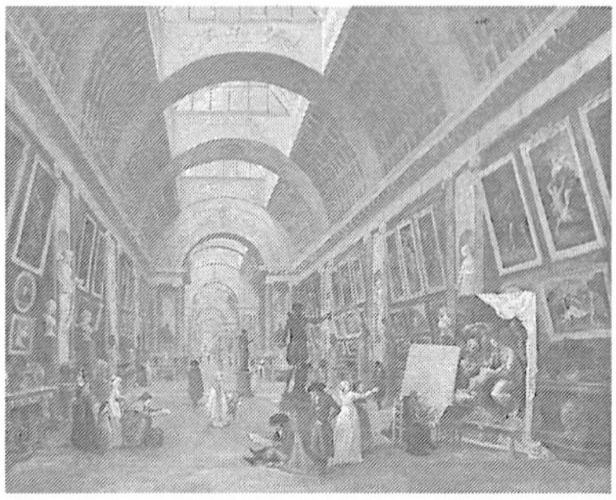

Foto 10. *Projet d'aménagement de la Grande Galerie du Louvre*, de Hubert Robert, 1796. Museo del Louvre. París.

hórror vacui. Un sistema de presentación que estuvo vigente, de forma muy generalizada, hasta mediados del siglo XIX, aunque fuera ya protestado en Francia en 1793, al exponerse al público en el Palacio del Louvre las colecciones reales nacionalizadas [Foto 10].

En 1799 se adoptó la ordenación cronológica de las piezas, aunque permaneciendo mezcladas todas ellas. Las pinturas se presentaron aisladas a partir de 1810, pero en 1851 todavía el Salon Carré mostraba en doble fila a los grandes maestros del Renacimiento italiano. Sólo a partir de 1902 comenzaron la mayoría de los museos a compartimentar las grandes salas y las interminables galerías en espacios adecuados para exponer conjuntos, tipologías específicas de objetos, obras de un solo artista o una única obra aislada, respetando el orden cronológico. Ése fue el caso, hoy ya no vigente, de la instalación en solitario de *Las Meninas* de Velázquez en una habitación del Museo del Prado; o el de *Los regentes* de Frans Hals en el Museo de Haarlem, o el de *La Gioconda* en el Museo del Louvre y el de *La ronda de la noche* de Rembrandt en el Rijksmuseum de Ámsterdam [Foto 11].

Organización espacial y del pensamiento

La adecuación de la escala y un nuevo sentido de la escenificación han corrido parejos a la evolución de las formas de ver, interpretar y representar los objetos en un museo, a la evolución del pensamiento. Los estilos de la exposición a lo largo de la historia coinciden con el grado de acceso y conocimiento del público de los bienes del museo, confirmando así como su realidad de cultura material alumbra conceptos e ideas. Es decir, que, tal y como ha comentado Marcia Lord (en el «Editorial» de *Museum Internacional*, París, UNESCO, núm. 185, nº 1, 1995, p. 3):

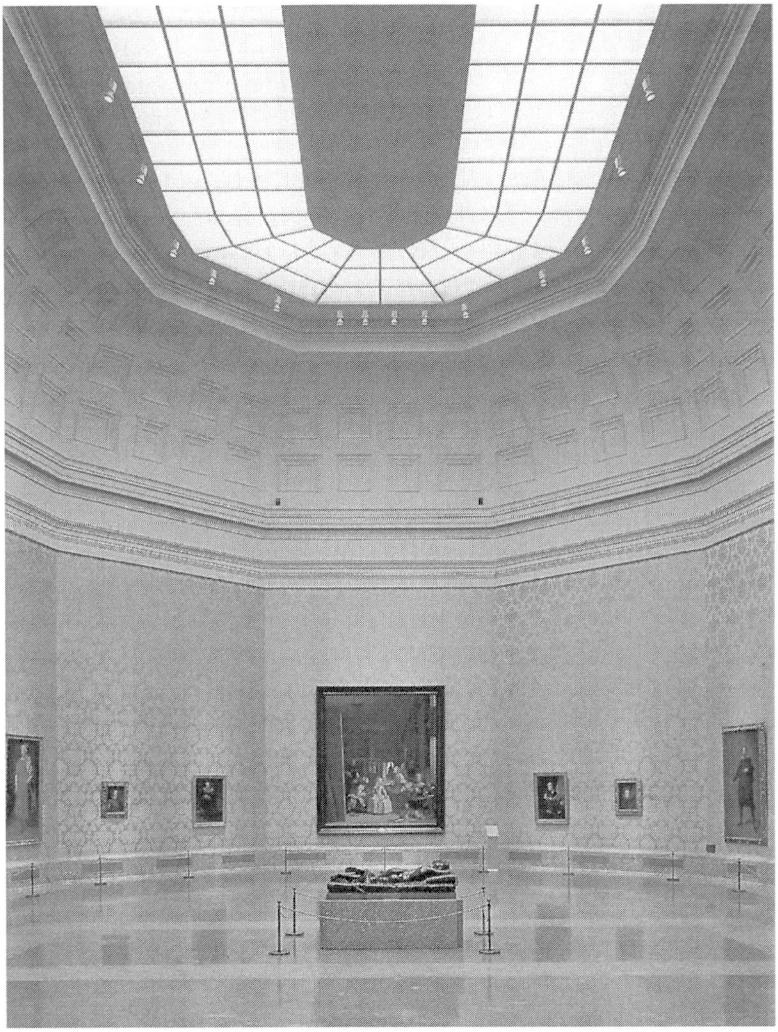

Foto 11.
Sala de *Las Meninas*,
Museo del Prado.
Madrid.

En cierto sentido, la historia de los museos es la historia de cómo diversas formas de instalación de las exposiciones han cambiado nuestra percepción de lo que vemos. El acto de seleccionar un objeto y yuxtaponerlo con otros está lejos de ser aleatorio, pues comporta profundas implicaciones que afectan al observador de diversas maneras.

Escenificar y construir un espacio ideal con la instalación de obras maestras del arte ha sido una constante en los museos desde antes incluso de la aparición del museo público en el siglo XVIII. La Tribuna de los Uffizi, en Florencia, por ejemplo, diseñada por el arquitecto Bernardo Buontalenti (1536-1608) y construida entre 1584 y 1590 para presentar las obras maestras de la colección, fue un ejemplo a imitar por los grandes museos que habrían de formarse posteriormente.

Por encargo de la reina Carlota de Inglaterra, Johan Zoffany recreó idealmente en el lienzo *La tribuna de la Galería de los Uffizi*, ca. 1772-1778 (The Royal Collection, Reino Unido), una reunión de *dilettanti* en la famosa rotonda poligonal en compañía de las más aclamadas piezas de la colección. Dominando en primer término la *Venus de Urbino* de Tiziano, es el *San Juan Bautista* de Rafael el que centra la composición de cuadros desde el testero de atrás, buscando una composición equilibrada y en cierto modo simétrica con otras obras maestras del propio Rafael, de los Carracci, de Pietro da Cortona, de Rubens, etc. Un importante grupo de esculturas clásicas (desde el busto de Julio César, la Venus de Medicis, *Amor y Psyque* o *La Quimera* en bronce etrusco, entre tantas otras) trenzan espacialmente el recorrido por donde transitan y disfrutan los refinados cortesanos amantes de las artes, como el coleccionista y diplomático sir Horace Mann —destinatario de algunas fascinantes cartas de Horace Walpole—, quien luce la prestigiosa Orden de Bath [Fotos 12 a y 12b].

Siguiendo el ejemplo de los Uffizi, el Museo del Louvre transformó entre 1848 y 1851 el Salón Cuadrado para convertirlo en el Panteón de obras maestras. Por lo que se decoró a semejanza del octógono florentino con un suntuoso techo de estuco dorado. Se cubrieron completamente los muros con obras maestras, especialmente italianas y españolas, construyendo una composición simétrica a modo de gran damero o tapiz, y de configuración piramidal a la inversa en la superposición de cuadros, colocando los grandes lienzos arriba y los pequeños, en sentido decreciente, en las bandas inferiores. Una instalación muy escenográficamente llamativa, cuyo testimonio exacto nos lo ha dejado el pintor Giuseppe Castiglione en el lienzo titulado precisamente *El Salón Cuadrado* de 1865 en el Museo del Louvre [Foto 13].

El sentido de la escenificación y teatralidad de las instalaciones y montajes museográficos ha cambiado radicalmente durante nuestro siglo, y en especial después de 1945. A ello han contribuido las diversas corrientes de la cultura, el arte y el pensamiento, pero también de modo decisivo el desarrollo técnico y científico de muy diversos campos, disciplinas y lenguajes. La mayor y hasta más sofisticada profesionalización de las exposiciones en nuestro tiempo ha venido impulsada, entre otros, por los campos de la moderna iluminación, las técnicas de

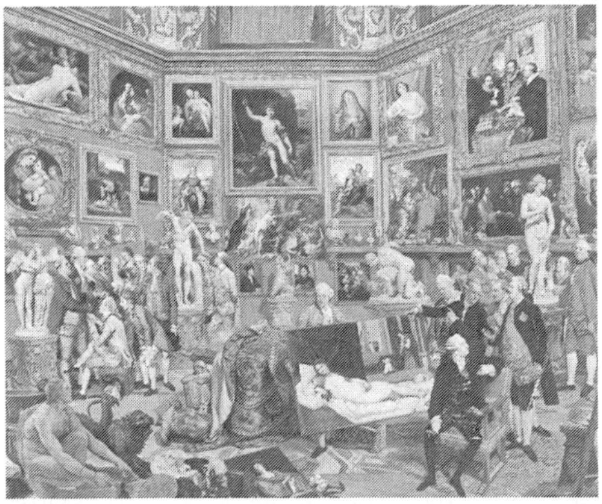

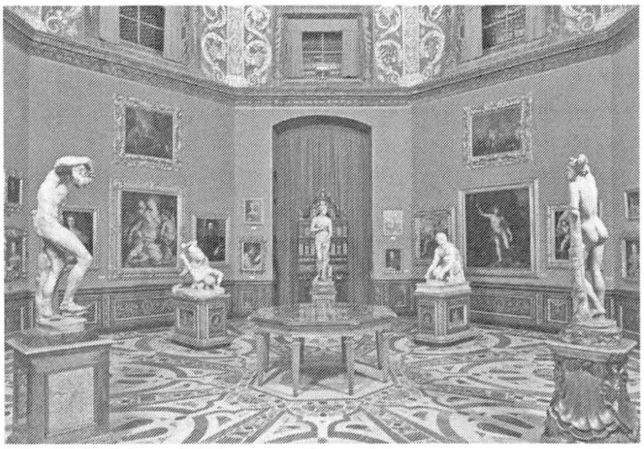

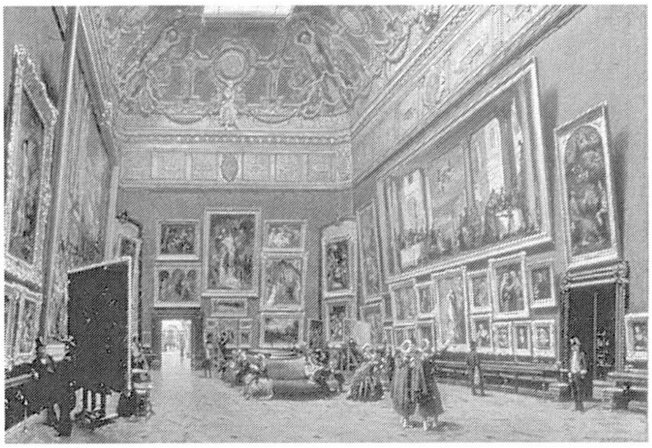

Foto 12a.
La tribuna de los Uffizi, de Johan Zoffany, ca. 1772-1778. The Royal Collection, Reino Unido.

Foto 12b.
La tribuna de los Uffizi en la actualidad.

Foto 13.
El Salón cuadrado, de Giuseppe Castiglione, 1865. Museo del Louvre, París.

diseño espacial, las de preservación ambiental y las de creación de ámbitos adecuados para la presentación y salvaguarda de los objetos.

En otro sentido, el desarrollo de las técnicas museográficas de exposición ha sido alentado por la posibilidad de que el público manipule modelos animados en los museos científicos y técnicos, y por su creciente protagonismo en el consumo sociocultural; por la nueva señalética y las instalaciones de aparatos documentales, con una influencia innegable desde el punto de vista gráfico de los trabajos de la Bauhaus en los años veinte, que han llegado a ser elemento imprescindible en la armadura estética de la presentación de objetos y en los modos de la información expositiva [Fotos 14a y 14b].

El auge y el espectáculo ofrecidos por las exposiciones temporales e itinerantes, que han terminado por adquirir enorme complejidad y creciente importancia social, han sido otras de las cau-

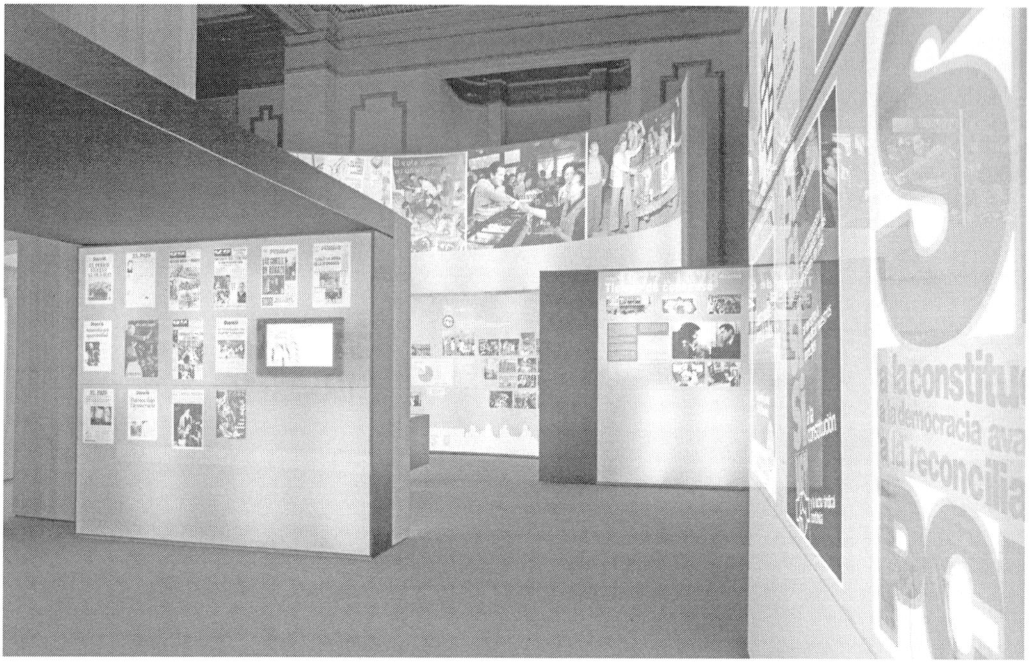
a la democracia

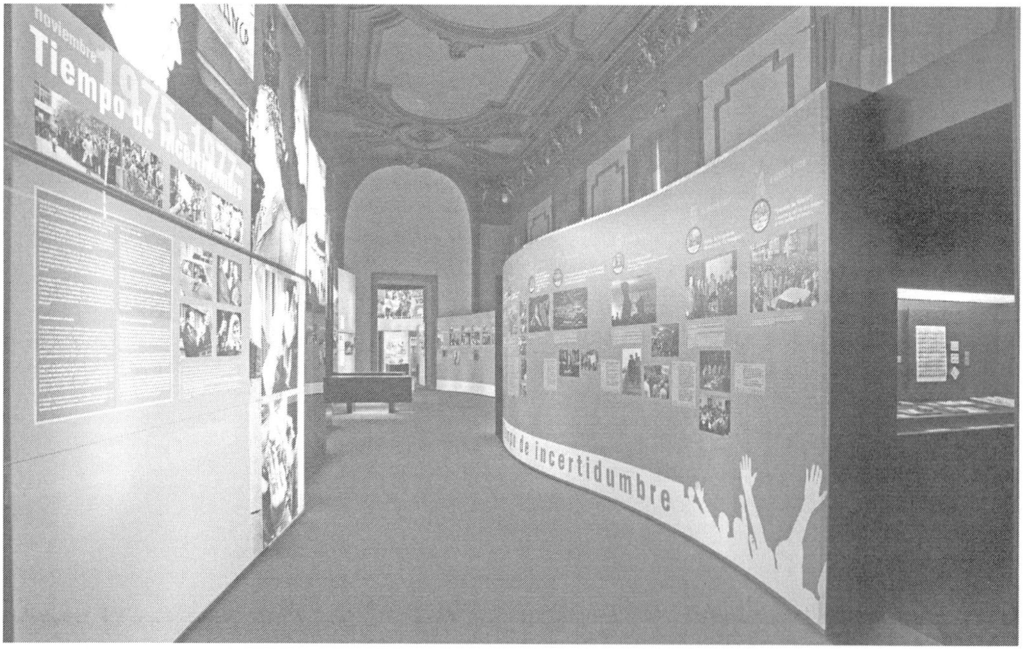
noviembre
Tiempo

sas determinantes en la modernización museográfica. A ésta han contribuido muy decisivamente las repercusiones de las técnicas teatrales y su particular lenguaje en la concepción del espacio de exhibición, junto con el dominio efectista de la iluminación de los objetos. Esta influencia ha resultado viable al haberse conseguido técnicamente un cierto control y regulación del uso de la luz procedente tanto de la fuente natural como de la artificial, evitándose así gran parte de sus efectos fotoquímicos deteriorantes.

En último término, y concerniendo a exposiciones no sólo de arte, el desarrollo museográfico ha registrado un llamativo cambio en décadas recientes bajo la influencia de las nuevas propuestas artísticas, a partir sobre todo de los movimientos post y neoconceptuales y la llamada situación posmoderna. Y por la inclusión, en definitiva, y a gusto del consumidor, de nuevos usos y fórmulas de presentación y escenificación, en cuyo entramado destacan los numerosos instrumentos de variada y compleja tecnología (audiovisual, informática, etc.), que se han incorporado como parte no irrelevante de la disposición y soporte de los objetos en la contextura de la exposición [Fotos 15a y 15b].

Representación y escenificación

Las exposiciones han llegado a aplicar conceptos propios del teatro —como son los de la dramaturgia y la narrativa—, muy cercanos a la metáfora y la abstracción. Un tema que ha sido debatido y tratado de manera intensa el último decenio en el área occidental, y del que Frank den Oudsten (1995: 14-20) se ha ocupado en un artículo titulado precisamente «La exposición como representación dramática». En él contrapone dos corrientes coexistentes hoy día: la defendida por los educadores entusiastas y la practicada por los creadores de exposiciones ambiciosos.

> Casi nunca se ha encomendado la supervisión [de la exposición temática] a un creador de exposiciones, quien estaba en condiciones de convertir el conocimiento y la sensibilidad de un conservador en un material auténtico, y los dones estéticos del diseñador en una presentación coherente desde el punto de vista dramático.

Fotos 14a y b. «La transición», 2007, Círculo de Bellas Artes de Madrid. (Diseño: FRADE Arquitectos).

Y explica a continuación:

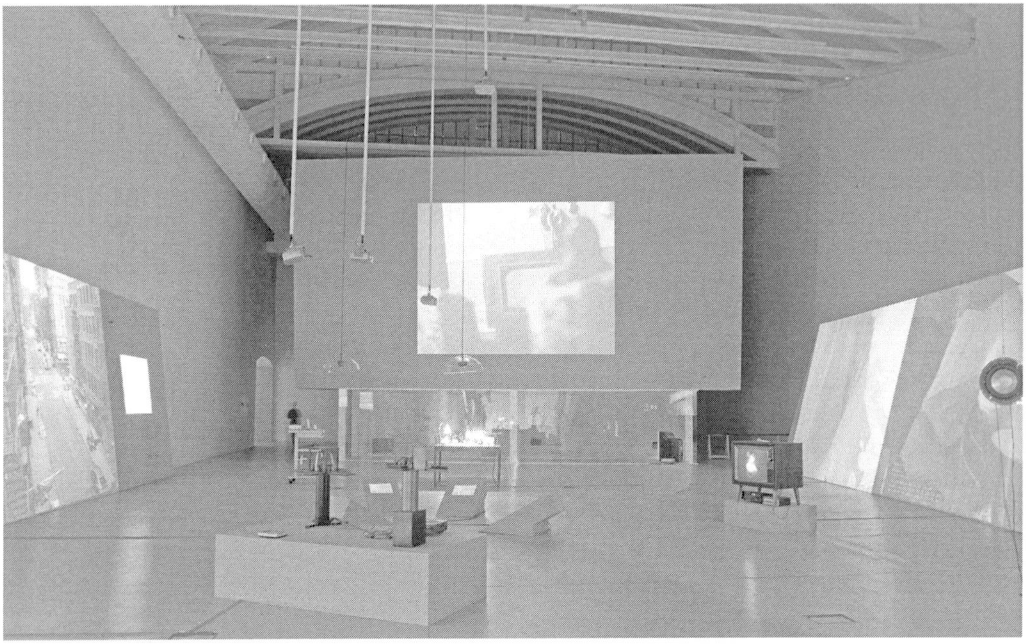

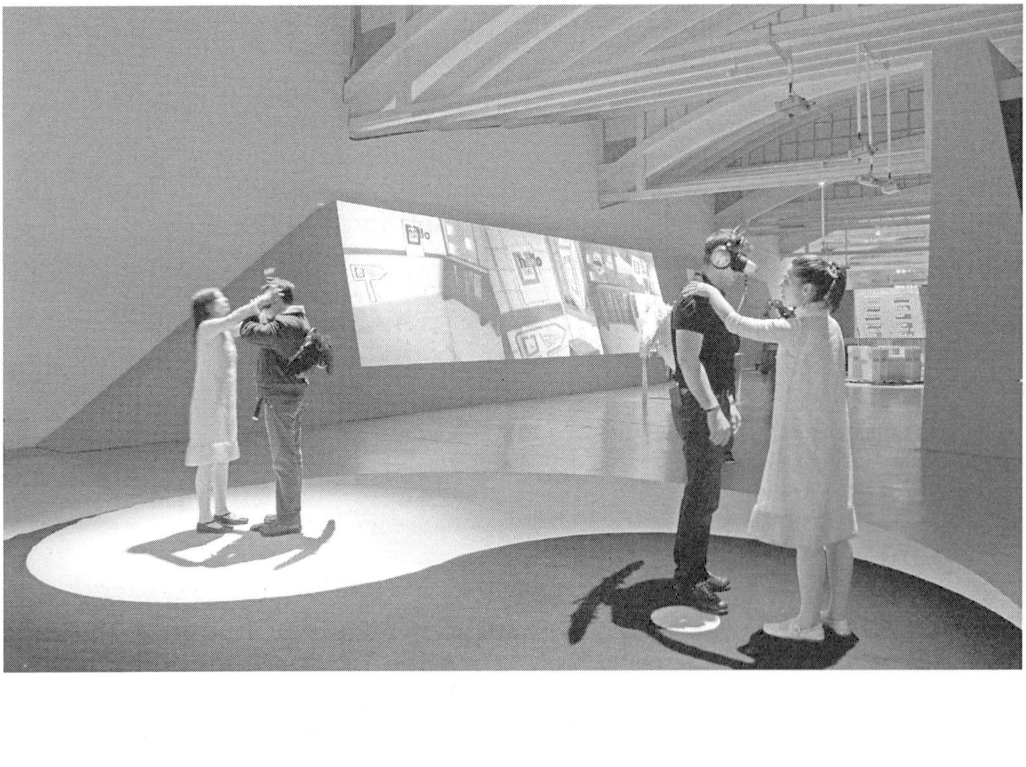

> Desde un comienzo, el debate sobre este problema tomó dos direcciones diferentes. Los educadores entusiastas dijeron: «Debemos saber más sobre lo que le gusta al público, a fin de lograr una presentación más eficaz del contenido». Los creadores de exposiciones ambiciosos dijeron: «Debemos ampliar aún más nuestra visión y adquirir un mejor conocimiento de lo que el medio puede lograr en relación con una colección específica». Estas dos tendencias se oponen más o menos diametralmente.

Frank den Oudsten defiende la introducción de «la dramaturgia y un mejor conocimiento en las estructuras narrativas de la práctica de la exposición». Y lo justifica de la siguiente manera:

> Este enfoque, que consiste fundamentalmente en desarrollar un concepto dramático, se basa en ideas completamente diferentes a las que subyacen en el enfoque de los «estudios sobre el visitante», dictado por consideraciones de orden didáctico. Estos estudios constituyen un terreno movedizo como para que un diseñador de exposiciones intente colocar su visión sobre la materia en el primer plano de una manera concisa. Esto no se debe a que dichos estudios sean ineficaces desde el punto de vista educativo, sino más bien a que, desde una perspectiva artística, el diseño nunca podrá alcanzar un nivel óptimo de definición. Indudablemente, los estudios sobre el visitante mejoran el profesionalismo, pero destruyen el «gancho» del trabajo. Es el camino que conduce a la mayor precisión, pero también a lo menos sorprendente.

En cualquier caso, sean cuales sean los objetos del patrimonio (antropológico-etnológico, científico-técnico o histórico-artístico) que se expongan y las variantes espaciales que exijan cada uno de ellos, los esquemas del pensamiento no convierten las cuatro funciones señaladas en el capítulo anterior (simbólica, comercial, documental y estética) excluyentes o incompatibles entre sí. Pueden lógicamente estar presentes en una misma exposición. Es más, resulta imprescindible que algunas de ellas (las funciones estética y documental, por ejemplo) convivan y alienten lo mismo la atracción y el deleite de una exposición de obras maestras de arte que la información y el rigor científico que requieren muestras del patrimonio científico-técnico, o las de objetos etnológicos o arqueológicos.

Recordamos que el origen histórico de la función estética se encuentra en las exposiciones comerciales, siendo las obras artísticas el nexo casi ancestral entre la función expositiva y el mercado, a pesar de

Fotos 15a y 15b. «Feedback», La Laboral, 2007. (Diseño y montaje: Intervento s.l.).

las excepciones de carácter simbólico-estético existentes desde la antigüedad clásica. Y que la postura de los coleccionistas es la de mostrar sus tesoros, mientras que la constante de los artistas es la de poner a prueba sus trabajos al juicio del público y, por necesidad, conseguir su venta. Los artistas clásicos griegos mostraban sus obras en la Pinacoteca de Atenas, en los Propileos de la Acrópolis; algunos renacentistas italianos lo hacían en la plaza de la Señoría de Florencia [Foto 16].

Es cierto que la Italia renacentista y barroca había marcado pautas tanto en el coleccionismo como en la exhibición de las obras de arte. Pero iba a ser en la Francia del siglo XVII donde las exposiciones artísticas iniciaran su andadura pujante de la mano de una manifestación oficial organizada. La necesidad de exponer públicamente las obras artísticas en otro medio surgió con la quiebra del sistema tradicional de venta al público por parte del artista en el taller-tenderete instalado en la calle. Un sistema que, si no prohibido, sí era desaconsejado a los pintores y escultores que pretendían liberarse de la condición de artesano y aspiraban conseguir un estatuto «liberal» en el marco del movimiento academicista de mediados de siglo, siguiendo el ejemplo de los italianos, inequívocos predecesores en esta empresa, como es conocido.

En el contexto de la Academia surgieron los Salones, con la orden que Luis XIV dictó en 1667 para que los miembros expusie-

Foto 16. *L'enseigne de Gersaint*, de Jean-Antoine Watteau, 1721. Castillo de Charlottenburg, Berlín.

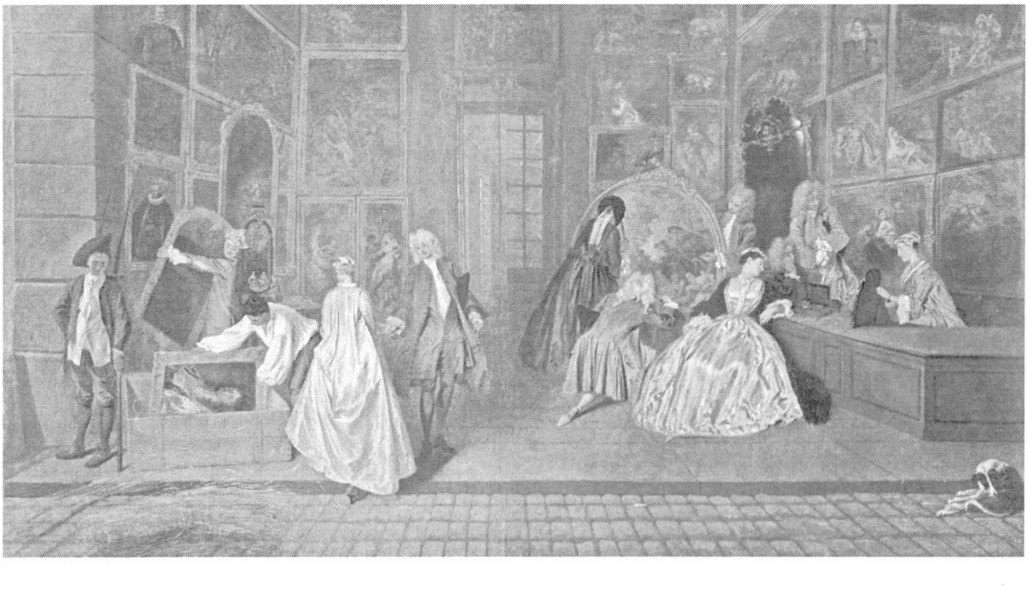

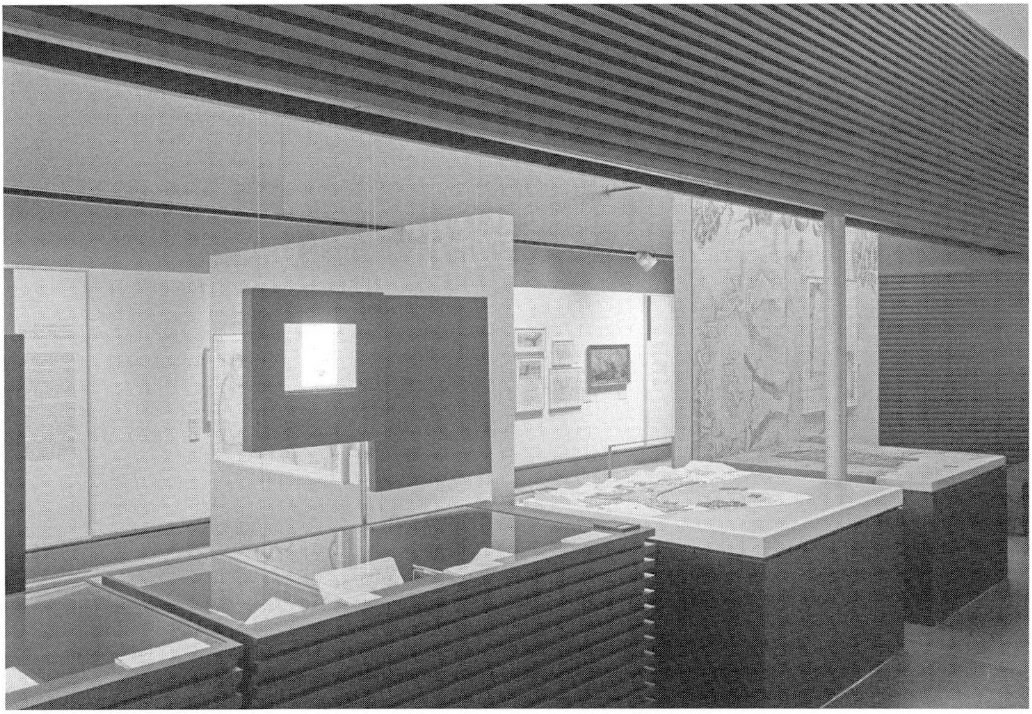

Foto 17. «España en el Mediterráneo», Biblioteca Nacional, 2006-2007. (Diseño: FRADE Arquitectos).

ran sus obras. Tuvieron lugar en el Palacio Real, y luego en el Louvre, primero en su Gran Galería (1699) y más tarde en el Salon Carré (1725), de ahí el nombre de «Salón». Se produjo entonces la aparición del «gusto», de la delectación estética y de sus especialistas (los críticos de arte y los eruditos), así como de sus consumidores y practicantes reclutados en círculos que crecerían hasta constituir éxitos masivos en los Salones del XIX. La exposición de carácter estético se convirtió a nivel social en la tipología por excelencia. Históricamente, puede comprobarse que la exposición de los objetos en el museo ha constituido, en todo caso, una de las más atentas preocupaciones desde entonces.

Hasta mediados del siglo XX el carácter estético ha predominado incluso en la presentación de los objetos de museos que no pertenecían al área artística. Después de la Segunda Guerra Mundial —como casi todos los demás aspectos relativos a la museología y la museografía—, una auténtica revolución expotécnica ha fabricado su propio sentido para todo lo que no es estrictamente artístico, cuidando de que las piezas tengan una relación con las demás, más que acentuar su aislamiento de expresión [Foto 17].

Desde la tradición, pero también desde la innovación del concepto y funciones del museo en la segunda parte del siglo pasado, se recono-

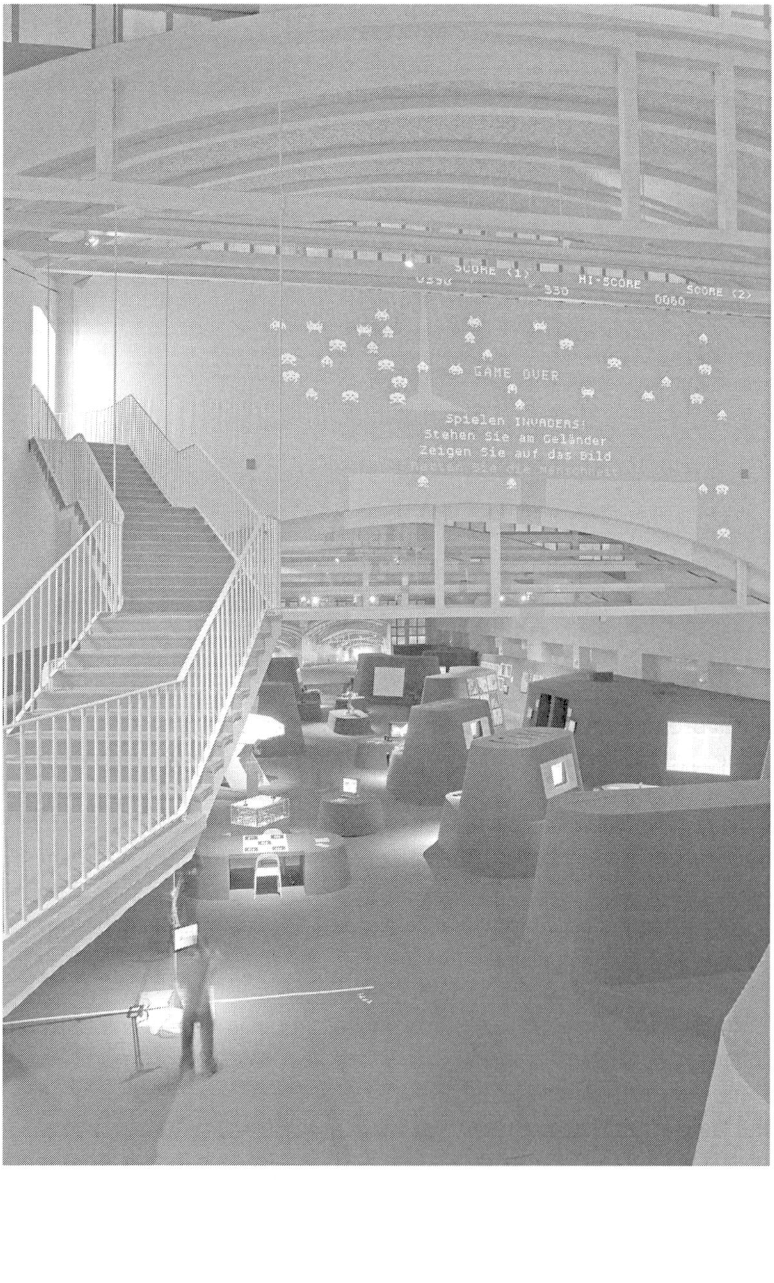

Foto 18. «GameWorld», La Laboral, 2007. (Diseño y montaje: Intervento s.l.).

ce de hecho la coexistencia de diferentes escuelas, cuyo carácter se manifiesta a la hora de presentar los objetos del museo; y más en las décadas de los sesenta y setenta que en la actualidad. Así, los antiguos países socialistas del Este europeo se definieron en su momento por una presentación documental; los países mediterráneos (Francia, Italia, España), por una presentación estética; el área de países anglosajones, por una exposición técnica y didáctica; otros países, por un planteamiento antropológico y ecológico (México, especialmente, entre ellos).

En la actualidad, entre los recursos expositivos cada vez más utilizados en los nuevos museos, destacan aquellos que invitan a una mayor intervención del público en las exposiciones, como son los interactivos. La investigación y publicaciones sobre la exposición en sí como acto de comunicación y sobre su proceso de conceptualización, diseño e instalación son, por lo demás, datos que confirman y acompañan ese destacado desarrollo habido desde comienzos de los años sesenta, y que ha adquirido desde los años setenta, ochenta y noventa una destacada definición.

Representación y relato

Muestra de la complejidad y del desarrollo sistemático que exige el proceso de la exposición, suelen ser los esquemas que se ofrecen en los manuales como representativos de opciones y soluciones diversas a exposiciones de diferente naturaleza. Para ser válidos y prácticos, deben intentar resumir a nuestro juicio global y gráficamente tanto las fases y elementos integrantes que vamos a estudiar como los profesionales protagonistas de su realización, desde la idea inicial hasta su término. Deben servir de base además para una posterior ampliación de los conceptos, el programa, las técnicas y el resultado del proyecto. Cada tipología de exposición y cada naturaleza de objetos a exponer presenta problemas particulares.

Como ejemplo, limitándonos sólo a los objetos artísticos, la variedad de procedimientos, técnicas y materiales que han conformado y conforman su realidad a lo largo de la historia, pero especialmente en nuestro tiempo, particulariza en cierto modo la variedad de los problemas de una exposición.

La buena instalación y el adecuado montaje de los objetos deben apoyarse, por consiguiente, en un escrupuloso diseño y planificación. Su mejor presentación depende en gran medida de los medios tecnológicos y didácticos empleados, en función de una rentabilidad sociocultural de las piezas expuestas y del programa museológico global.

Por otra parte, de la buena aplicación de medidas de conservación depende en muchos sentidos la supervivencia de gran parte de los bienes de interés cultural (histórico, artístico, técnico y científico), pero también, y esencialmente, el fin mismo de la exposición de las piezas: su contemplación. Que un objeto pueda o no percibirse y contemplarse de la manera más adecuada y surjan de su exposición los beneficios de carácter didáctico y sociocultural son aspectos estrechamente vinculados a la conservación incluyendo la iluminación general aplicada a las instalaciones del museo y a la específica de las muestras temporales e itinerantes.

Pero al propio tiempo, en la nueva luminotecnia se basan no pocos de los resultados llamativos de la representación escénica, especialmente aquellos que consideran la exposición de los objetos como el lugar común para el espectáculo visual y hasta la representación dramática. Como en el teatro y en otras actividades de espectáculo y atracción del público.

Atracción del espectáculo

Con independencia del tirón de los museos de arte, pero también resaltando este fenómeno en la sociedad americana de las cuatro primeras décadas del siglo XX, pueden contabilizarse de 1916 a 1932 la creación y remodelación de 165 nuevos museos; y de 1933 a 1941 inclusive, la de otros 123. Una expansión extraordinaria que supuso no sólo crecimiento numérico, sino también un salto cualitativo desde el punto de vista de la atención a los problemas de instalación, selección y ordenación de las obras, iluminación y protección de las mismas tanto en las salas de exhibición como en los almacenes de reserva; y, sobre todo, un desarrollo de los recursos didácticos en el museo.

Las repercusiones de la Segunda Guerra Mundial se hicieron notar intensamente en algunas áreas y aspectos del patrimonio y la museología, directa o indirectamente relacionadas con la recuperación y restitución de los bienes culturales. Debemos señalar, entre ellas, unas de carácter sociológico y económico-cultural; otras, de definición conceptual y de aplicación técnica y museográfica, ante la aparición de nuevas tipologías de museos; un tercer grupo, impulsado por la revelación y concienciación del valor del patrimonio, y por los esfuerzos para mejor conservarlo y acrecentarlo; en cuarto lugar, la apertura hacia una nueva concepción funcional, proxémica, didáctica y difusora de los cada vez más completos servicios socioculturales del museo; por último, la consolidación de instituciones nacionales e internacionales para el estudio, la organización y funcionamiento general y especializado de los museos, así como para la formación adecuada de su personal de trabajo.

Propiciadas las primeras por la evolución y creciente demanda sociocultural y participación del público en los bienes del museo, entre 1965 y 1970 tuvo lugar por estas causas la aparición y desarrollo del museo del barrio (*neighbourhood museum*). Un centro sociocultural de la comunidad local, cuya creación fue estimulada por los problemas sociales (y raciales) de diversas comunidades cada vez más sensibilizadas, pero que de hecho se convirtió a menudo en una especie de estación difusora en la periferia de los grandes museos situados en el centro de las metrópolis, por cuyo matiz elitista ha sido fuertemente criticado, especialmente en aquel tiempo.

En segundo lugar, el florecimiento de los museos obligó a una redefinición —conceptual y programática— de los existentes, y a una clasificación rigurosa y científica tanto de los antiguos como de los que surgían incesantemente después de la guerra con innovadoras propuestas, cada vez más específicas y expresivas del múltiple abanico del patrimonio, para una nueva sociedad en constante crecimiento de ambiciones culturales cuantitativa y cualitativamente consideradas. El progreso tecnológico vino a contribuir de modo decisivo a la modernización de todas las tipologías museísticas, incluidas aquellas de configuración tradicional o convencional.

En cuanto al tercer grupo, está protagonizado por el entusiasmo y hasta la necesidad de redescubrir la propia cultura, que impulsaron también después de la guerra la multiplicación de las exposiciones temporales e itinerantes. Estas actividades ejercieron en su formalización internacional de intercambios una significativa labor de consolidación de la política de paz entre los pueblos. Con ello, se vitalizó el conocimiento de los diversos patrimonios nacionales, y se intensificaron los esfuerzos para la investigación de las ciencias analíticas y técnicas de la preservación, conservación y restauración de las obras.

Con la potenciación de las exposiciones cobraron mayor relevancia los problemas de embalaje, transporte, seguridad, instalación, presentación, iluminación de las piezas..., así como la climatización de los museos (temperatura ambiente y humedad relativa), que unidos a los planteados por la creciente polución atmosférica propiciaron el avance museográfico y la creación en 1958 por la UNESCO del International Centre for The Study of The Preservation and The Restoration of Cultural Property (ICCROM) de Roma.

La apertura señalada en el cuarto grupo incluye la aparición en la escena museística de la búsqueda de un nuevo lenguaje museográfico, a partir sobre todo de ciertas ideas sobre su función didáctica, la educación popular y la democratización de la cultura. Con ello, se impulsó la experimentación de técnicas que consiguieran hacer llegar la presentación de las obras, el mensaje del museo, al mayor número de visitantes. La efervescencia de las exposiciones terminó por adquirir, desde la segunda parte de los años setenta y hasta nuestros días, unas dimensiones grandiosas y desconocidas, consolidándose el fenómeno de la atracción y el culto masivo del espectáculo: un signo muy propio y evidente de la situación actual.

Porque, paralelo a la euforia de las grandes y hasta lujosas construcciones de museos, y paralelo también a los grandes acontecimientos de las subastas de arte, el fenómeno de las *blockbuster exhibitions* inició su lógico declive al propio tiempo que las grandes cotas de aquellas disparatadas sumas de dinero alcanzadas por las obras de arte en las subastas del coleccionismo de caja fuerte, en el *hit parade* casi continuo de los setenta y ochenta. Y el detonante final lo puso aquella invasión de Kuwait por Irak (2 de agosto de 1990) y la llamada guerra del Golfo Pérsico, iniciada el 17 de enero de 1992.

Sin embargo, se mantienen la herencia y los destellos esporádicos —pero llamativos— de las «exposiciones-bombas demoledoras», que aparecen consolidados en aspectos diversos, como son los de la instalación espectacular, la escenificación teatral y efectista a veces, y el deseo insaciable de atraer impactando al público.

Más atrás en el tiempo aparecen, como fundamento histórico, técnico y didáctico referido especialmente a los acontecimientos artísticos, otras muy importantes y decisivas exposiciones realizadas durante las vanguardias históricas y hasta finales de los años sesenta —correspondientes a un período de unos 50 o 55 años—, que podemos contabilizar como ejemplos de naturaleza casi opuesta a las *blockbuster exhibitions*. En conjunto fueron consideradas como sucesos o hitos internacionales, sobre todo porque las repercusiones de casi todas ellas han sido determinantes en la historia del arte occidental.

Para confirmar esta situación extraordinaria, baste tan sólo recordar los enunciados o títulos de 20 de estas exposiciones históricas celebradas desde 1905 a 1969 (anteriores a la «expansión» real de las *blockbuster exhibitions* en los años setenta). Y, sobre todo, para ilustrar y comprender mejor el fenómeno expositivo y expotécnico de nuestro tiempo, valgan la consideración y el análisis prometidos de dos muestras muy significativas, pertenecientes al período 1976-1979 y 2000-2009.

Las veinte seleccionadas como referencia histórica son las siguientes:

1. *El Salón de Otoño* (en Le Grand Palais, París, del 18 de octubre al 25 noviembre de 1905): Presentación pública de Henri Matisse y los *fauves* («Donatello en medio de las fieras», escribió el crítico Louis Vauxcelles en la revista *Gil Blas*).
2. *El Salón de los Independientes* (París, 1911): Presentación pública de los cubistas (Metzinger, Gleizes, Le Fauconnier, Léger y Delaunay), pero sin Braque ni Picasso. El crítico Louis Vauxcelles propicia también el nombre de cubistas al calificarlos, de nuevo en la revista *Gil Blas*, como «ignorantes geómetras, que reducen el cuerpo humano, la situación, a pálidos cubos».
3. *El Salón de la «Section d'Or»* (París, 1912): Exponen los cubistas del Salón de los Independientes, más Juan Gris, los hermanos Duchamp y otros. Fue la muestra más amplia del grupo cubista en París.
4. *Exposición Internacional de Arte Moderno «The Armory Show»* (Nueva York, 1913): Armory Show presentó, del 17 de febrero al 15 de marzo de 1913 en el arsenal de Nueva York, concretamente en el «Armory of the Sixty-ninth Regiment», de donde tomó el nombre, cerca de 1.300 obras de arte moderno europeo. Posteriormente, del 24 de marzo al 15 de abril, se instaló en el Art Institute de Chicago; y terminó su itinerancia, entre el 28 de abril y el 18 de mayo, en el Copley Hall, de la Copley Society de Boston [Fotos 19a y 19b].
5. *0-10. La Última Exposición de Pintura Futurista.* (Petrogrado, del 19 de diciembre de 1915 al 19 de enero de 1916): Kasimir Malevich, Vladimir Tatlin, Iván Puni, Liubov Popova, Nadezhda Udaltsova, Olga Rozanova... Fue el fin del dominio de la Europa occidental sobre la vanguardia rusa, y el comienzo de una edad nueva. («Intentamos reducir todo al cero... e iremos después más allá del cero», Malevich).
6. *La Primera Feria Internacional Dadá* (Galería Otto Burchard, Berlín, del 30 de junio al 25 de agosto de 1920): Culminó la actividad del grupo Dadá-Berlín (Rudolf Schlichter, John Heartfields, Otto Dix, George Grosz, Raoul Hausmann, Hugo Ball, Hannah Höch, Georg Scholz, Richard Huelsen-

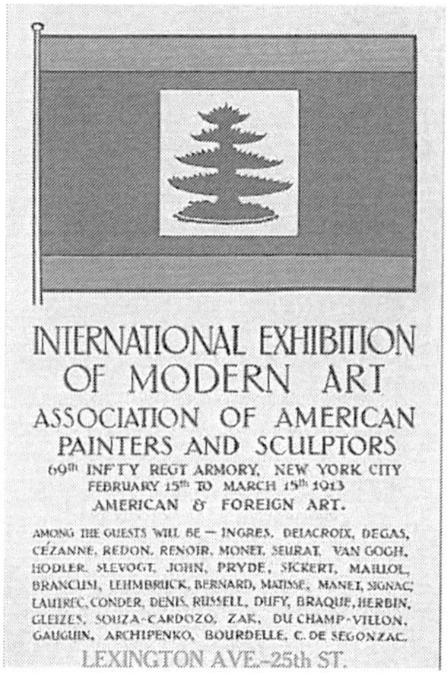

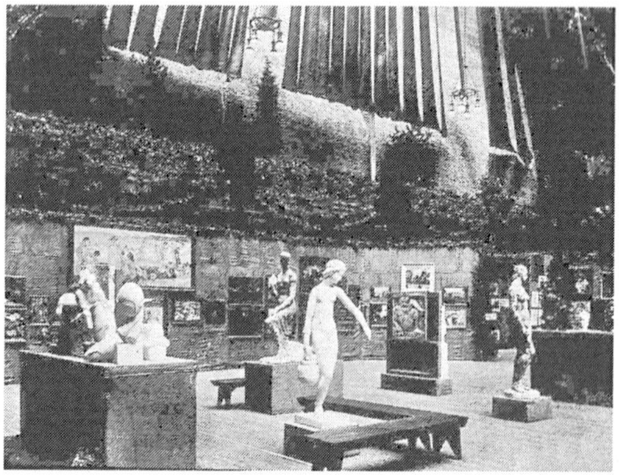

Fotos 19a y b. «The Armory Show», 1913, Nueva York.

beck), nacido durante la Primera Guerra Mundial, y con mensajes como éstos: «Dadá es político», «El hombre dadaísta se opone radicalmente a la explotación», «Dadá combate en el lado del proletariado revolucionario».

7. *The Werkbund exhibition* (XX Salon de la Societé des Artistas Décorateurs, Grand Palais, París, del 14 de mayo al 13 de julio de 1930): Combinaba un diseño no comprometido con un nuevo modelo social: la visión de la vida moderna en un bloque de apartamentos. La organizaron Walter Gropius con Herbert Bayer, Marcel Breuer, Lászlo Moholy-Nagy. Herbert Bayer creó un nuevo sistema de exposición de fotografías y objetos que entraría en la historia del diseño [Foto 20].
8. *La Exposición Internacional del Surrealismo* (Galerie Beaux Arts, París, enero-febrero de 1938): Fue la más amplia exposición surrealista, que culminó y recapituló el movimiento, con la participación de Salvador Dalí, Joan Miró, Max Ernst, Óscar Domínguez, Man Ray, Leo Malet, Wolfgang Paalen, Kurt Seligmann, Yves Tanguy, André Masson, Marcel Jean, Marcel Duchamp, Giorgio de Chirico...
9. *La Exposición de Arte Degenerado* (Casa del Arte Alemán, Múnich, del 19 de julio al 30 de noviembre de 1937): Constituyó la remoción y condena del arte de vanguardia en la Alemania nazi, atacando especialmente la nueva pintura y escultura. Más de dos millones de personas acudieron a sus salas,

alcanzando una cifra superior a las 20.000 en un solo día. Hitler y Goebbels visitaron la exposición en el mes de julio. El propio Hitler había proclamado en 1934:

> Toda la bulla artística y cultural de cubistas, futuristas, dadaístas, no existe ni como sonido racial ni es tolerable en términos nacionales. Admiten libremente la disolución de todas las ideas existentes, de todas las naciones y de todas las razas; su más alto objetivo es la mezcla y la adulteración.

10. *Primeros Papeles del Surrealismo* (Whitelaw Reid Mansion, Madison Avenue, 451, Nueva York, octubre-noviembre de 1942): Nueva York se convirtió en refugio de artistas europeos exiliados. Peggy Guggenheim, casada en diciembre de 1941 con Max Ernst, fue la musa impulsora de los surrealistas y otros. En el catálogo de André Breton se resaltaba, entre otros aspectos, la «compensación de retratos» de Matta y Max Ernst. Destacaron en esta exposición la instalación de colgaduras de Breton y la de las cuerdas de Marcel Duchamp. El desafío para definir la muestra corrió a cargo de Harriet y Sidney Janis al representar la dificultad para entender el arte moderno.
11. *Arte de Este Siglo* (Museo-Galería Surrealista de Arte de Este Siglo, 7ª planta del número 28-30 de la Calle 57 Oeste, Nueva York, octubre de 1942): Propiedad de Peggy Guggenheim, la Galería Surrealista, diseñada por el arquitecto Frederick Kiesler, sirvió de transición entre el arte y los últimos acontecimientos de vanguardia realizados en Europa e interrumpidos por la Segunda Guerra Mundial, y la previsión de que el arte entraba en una nueva fase. Acogió esta exposición, en octubre de 1942, obras maestras de la vanguardia de la preguerra, se dividió en cuatro áreas —tres para presentar la colección de la propia Peggy—, y se diseñó cada uno de los ambientes de acuerdo con el estilo del arte que se mostraba [Foto 21]. En los cinco años siguientes se realizarían, bajo el patrocinio de Peggy Guggenheim, las primeras exposiciones individuales de Jackson Pollock, Hans Hoffmann, William Baziotes, Robert Motherwell, Mark Rothko, Clyfford Still y Richard Pousette-Dart. Es decir, la primera generación de los expresionistas abstractos norteamericanos.
12. *La «Ninth Street Show»* (Estudio de la Calle Novena, Nueva York, del 21 de mayo al 10 de junio de 1951): Fue el comienzo

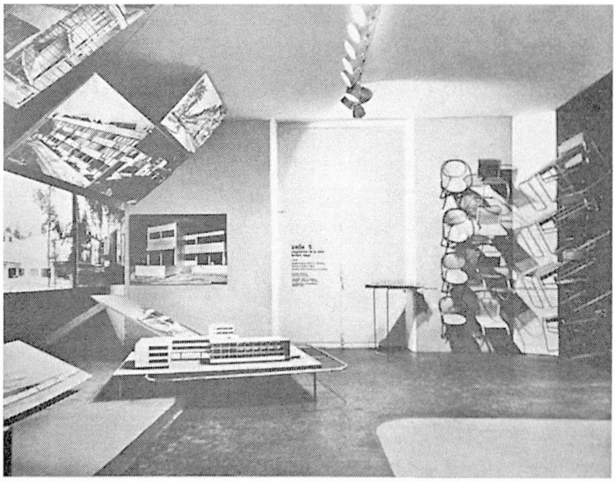

Foto 20. Exposición «Werkbund», organizada por W. Gropius en la que participaron L. Moholy-Nagy, M. Breuer y H. Bayer, París, 1930.

riguroso de la Nueva Escuela de Nueva York, la muestra que dio el reconocimiento y el espaldarazo a la «primera generación» del expresionismo abstracto americano. Un simposio anterior del grupo, en el que Alfred Barr Jr. fue el único participante no artista, había promovido esta presentación pública de la nueva corriente.

13. *The family of Man* (1955-1962): Fue una exposición de la que fue comisario el fotógrafo Edgard J. Steichen que se mostró por primera vez en el MoMA de Nueva York (24 de enero-8 de mayo de 1955). Dividida en 32 temas dispuestos cronológicamente, recogía todos los aspectos de la experiencia humana mostrando cuán universal era, para ello se seleccionaron 503 fotografías de 273 fotógrafos procedentes de 68 países. Está considerada como la exposición de fotografía más importante de la historia. La exposición viajó a 38 países y más de 9 millones de personas la visitaron. En 1966 se convirtió en exposición permanente en el Musée The Family of Man en el Château de Clervaux en Luxemburgo y en 2003 se inscribió en el registro de la Memoria del Mundo de la UNESCO [Foto 22].
14. *Las Exposiciones de la Asociación de Arte Gutai* (Ashiya, Osaka y Tokio, 1955-1957). En la primavera de 1951, poco antes de la Exposición en la Calle Novena, el grupo de Nueva York mostró sus pinturas en la III Exposición Independiente Yomiuri, en Tokio. Esto generó el interés por la estética del expresionismo abstracto, especialmente a través del entusiasmo de un solo

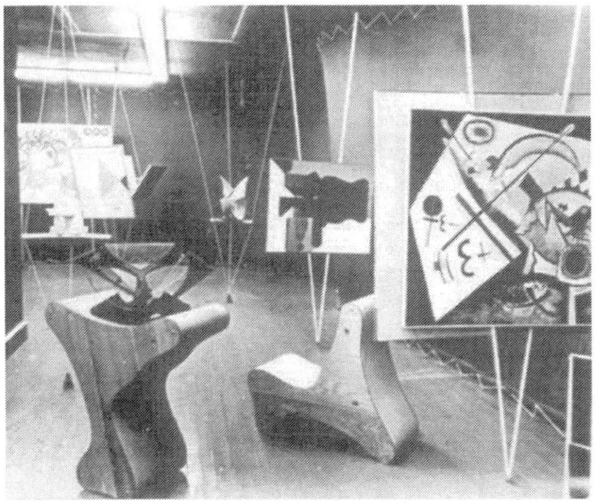

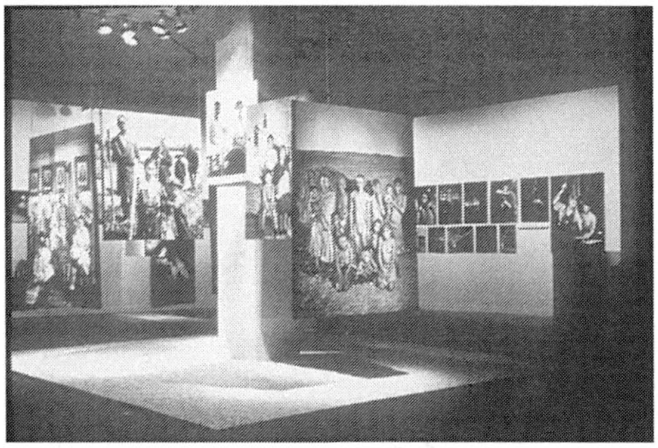

Foto 21.
Vista de la instalación de arte cubista y abstracto en la galería Art of This Century, 1942, Nueva York.

Foto 22.
«The family of Man», 1955, MoMA, Nueva York.

escritor, Jiro Yoshihara, que quedó profundamente impactado por la obra de Pollock. Mientras, los demás escritores y críticos estaban más cautivados por los artistas franceses. El Grupo Gutai (*tai* significa cuerpo, todo ello algo así como «encarnación») es el genuino defensor japonés de la abstracción lírica o informalismo en los años cincuenta: Kazuo Shiraga, Tsuruko Yamazaki, Sadamasa Motonaga, Saburo Murakami, Shota Obayashi... Su primera muestra tuvo lugar, bajo el título «Exposición Interior Gutai», en octubre de 1955, en el Ohara Kaikan de Tokio. Después, en la Galería Sanseido de Kanda, en el área de la ciudad. La segunda y tercera, «exteriores», en julio de 1956 en Ashiya, y en el Salón Sankei de Osaka, en mayo-junio de 1957, rspectivamente. Repetirían este programa en Tokio, en el mes de julio de 1957.

15. *Le Vide [el vacío] de Yves Klein* (Galería Iris Clert, París, 1958): Inaugurada el día de su treinta cumpleaños, el 28 de abril. Pequeños grupos de visitantes llenaron la galería. En la época del pop triunfante, se abrió paso un «Nuevo realismo», como fue el de Yves Klein y el de otros artistas coetáneos.
16. *La Lleno hasta el tope de Armando* (Arman, Le Plein; Arman's Full-Up), también en la Galería Iris Clert (París, octubre de 1960): En contraposición al título de la exposición de Yves Klein, dos años antes. El crítico Pierre Restany fue el animador de los «nuevos realistas» en Francia.
17. *Nuevos Realistas* (Galería Sidney Janis, Nueva York, 31 de octubre de 1962): Restany recibió la visita de Sidney Janis. El

crítico francés pensó que el nombre de «Nuevos realistas» podía acoger igualmente a Rauschenberg, Johns, Stankiewicz, Chamberlain, Oldenburg, y otros. En la Galería Sidney Janis mostraron su obra Jim Dine, Enrico Baj, Tom Wisselman, Claes Oldenburg, Wayne Thiebaud, James Rosenquist, Andy Warhol, Roy Lichtenstein, Arman, Yves Klein, Alberto Giacometti, Robert Indiana, Peter Philips, George Segal, Daniel Spoerri...

18. *Estructuras Primarias* (Museo Judío, Nueva York, del 27 de abril al 12 de junio de 1966): Es la presentación pública y oficial de los minimalistas. El galerista Leo Castelli, que había tenido importante protagonismo en los eventos del expresionismo abstracto y en los del pop, también lo tendrá con el *minimal art*. En la exposición del Museo Judío estuvieron presentes obras de Anthony Caro, David Annesley, Donald Judd, Robert Morris, Carl Andre, Robert Smithson, Philip King, Peter Pinchbeck, Robert Grosvenor, Ronald Bladen, Richard Artschwager, Peter Forakis, Salvatore Romano, Forrest Myers, David von Schlegall, William Tucker, Sol LeWitt, Walter De Maria... Las instalaciones, montajes y puesta en escena de las obras ya constituían materia y justificación de una nueva concepción museográfica.
19. *Exposición Galería 44 East 52nd Street* (Nueva York, 5-31 enero 1969): Nuevos promotores de la vanguardia, como Seth Siegelaub o Harald Szeemann, van a ser los comisarios de nuevos artistas. En enero de 1969, Seth Siegelaub realizó una exposición de un grupo integrado por Robert Barry, Douglas Huebler, Joseph Kosuth y Lawrence Weiner. Proclamaron, como voces representativas de los años 60 que terminaban, la «desmaterialización» en el arte.
20. *Cuando las Actitudes llegan a Ser Forma: Obras-Procesos-Situaciones-Información (Vivo en su Cabeza)*, en la Kunsthalle de Berna (del 22 de marzo al 27 de abril de 1969): Fue una solución aportada por Harald Szeemann para agrupar en una sola muestra y bajo los diversos nombres que caracterizaban a sus componentes, expresiones y conceptos como Anti-Forma, Arte Povera, Arte de Concepto, y Arte de la Tierra. La exposición presentada por Seth Siegelaub en la galería neoyorquina Galería 44 East 52nd Street, tendría su complemento y, de algún modo, su crecimiento y continuación globalizadora bajo la batuta de Harald Szeemann en

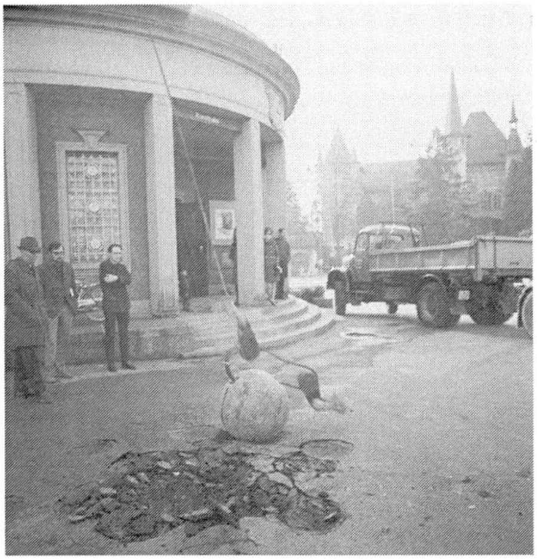

Foto 23.
«The making of Berne Depression» de Michael Heizer para la exposición «When attitudes become form», 1969, Kunsthalle, Berna.

la Kunsthalle de Berna, dos meses después. El título «Cuando las Actitudes llegan a ser Forma: Obras-Proceso-Conceptos-Situaciones-Información (Vivo en su Cabeza)» venía a decirlo casi todo. Destacaron las obras, instalaciones y montajes de Jannis Kounellis, Mario Merz, Giovanni Anselmo, Gilberto Zorio, Walter de Maria, Robert Morris, Allen Ruppersberg, Richard Serra, Joseph Beuys —con «Ja-ja-ja-ja-ja, nee-nee-nee-nee»—, Alghiero Boetti, Robert Morris, Barry Flanagan, Bruce Nauman, Eva Hesse... [Foto 23].

Para estos artistas, para los críticos, galeristas, público atento a las nuevas propuestas artísticas; para la historia del arte de nuestro tiempo, con «Cuando las Actitudes llegan a ser Forma: Obras-Proceso-Conceptos-Situaciones-Información (Vivo en su Cabeza)» el mundo comenzó a ser realmente diferente después de 1969. Para el campo de la museografía y la expotecnia artística, también. Una nueva fase en la época del eclecticismo artístico y en el fervor por lo efímero se abría paso con general satisfacción. Pero el «espectáculo», aun si apenas había comenzado.

Después de esta panorámica de los acontecimientos expositivos artísticos más significativos y representativos de las vanguardias del siglo XX en un período superior al medio siglo, podremos encontrar mejor el lugar que ocupan los dos ejemplos de exposiciones cuyo análisis ofrecemos a continuación:

- Tesoros de Tutankamón
- Tate Modern

Son, insistimos, ejemplos significativos y notables, ya que muestran innovaciones museológicas y museográficas y una cierta ruptura y modernización del lenguaje expotécnico desarrollado desde mediados de los años setenta hasta el presente. Cada una ofrece perfiles inequívocos, casi paradigmáticos, de una nueva forma de comunicación.

Tesoros de Tutankamón. El paradigma de la *blockbuster exhibition*

Tesoros de Tutankamón está considerada en un país como Estados Unidos de América, donde el museo adquirió su identidad y perfiles propios en el período que va desde 1914 a 1940, como el paradigma de las *blockbuster exhibitions*. Puede decirse que tanto los museos como las grandes exposiciones nacieron en medio de un clima intelectual propicio para asignárseles las funciones de aprendizaje y entretenimiento. Al final de los años veinte, psicólogos reconocidos como el profesor de la Universidad de Yale, Edward D. Robinson y en los años 30 Arthur W. Melton, llegaron a aplicar ya a los museos las teorías de la percepción más avanzadas, con el fin de obtener de ellos el mejor beneficio educador.

Desde otro punto de vista, y tal como señala Laurence Vail Coleman (1950: 1):

> El período formativo de construcción se extiende, para ser exactos, desde 1916 hasta 1942. Esto es, desde la terminación del primer edificio racionalmente planificado para lo que hoy puede ser llamado museo con pleno derecho hasta el término de la última estructura museística, en la preguerra.

Y en este período formativo tuvieron importancia decisiva acontecimientos expositivos como la Armory Show.

La amplísima muestra Armory Show constituyó, con sus cerca de 1.300 obras, la primera gran manifestación de arte de vanguardia europeo en los Estados Unidos. Pero también fue un revulsivo para proyectar algunos de los nuevos museos que habrían de inaugurarse en las décadas siguientes. En especial, The Museum of Modern Art (MoMA) de Nueva York, abierto al público en 1929 [Foto 24]; y la

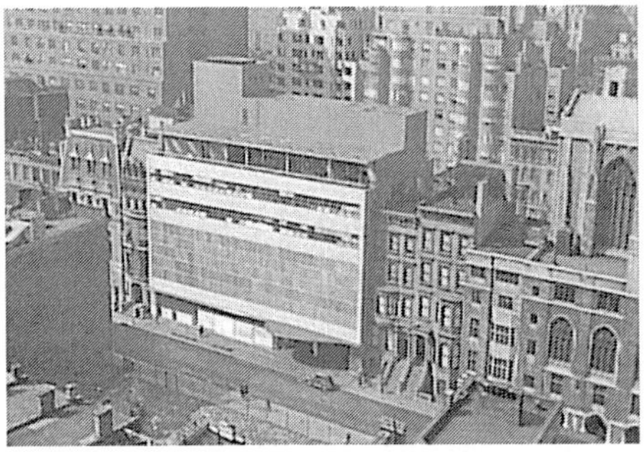

Foto 24.
Museo de Arte Moderno MoMA de Nueva York.

National Gallery of Art de Washington, fundada en 1937 e inaugurada en 1941.

La conmemoración de su cincuenta aniversario, que tuvo lugar en 1963 con una reposición muy fiel en el Munson-Williams-Proctor Institute, Utica (del 17 de febrero al 31 de marzo) y en el propio Armory of the Sixty-ninth Regiment (del 6 al 28 de abril), contribuyó también a la intensificación de las grandes exposiciones, y no sólo de arte, que habrían de realizarse especialmente en las décadas de los años 70 y 80. Entre ellas, Tesoros de Tutankamón.

En junio de 1974, el entonces presidente de los Estados Unidos, Richard Nixon, y el de Egipto, Anwar-El-Sadat realizaron una declaración conjunta proponiendo itinerar por diversos museos de los Estados Unidos de América «Tesoros de Tutankamón» —un conjunto de 55 piezas maestras—, como expresión del mutuo entendimiento y colaboración entre los dos países. Acuerdo que fue confirmado y firmado por el secretario de Estado, Henry Kissinger, y el ministro de Asuntos Exteriores egipcio, Ismail Fahmy, y que coincidía con el cincuenta y cinco aniversario del descubrimiento de la tumba por Horward Carter y Lord Carnarvon.

El Metropolitan Museum of Art de Nueva York se encargó de coordinar la participación de los otros seis museos citados en la famosa exposición: National Gallery of Art, de Washington; Field Museum of Natural History, de Chicago; New Orleans Museum of Art; Los Angeles County Museum of Art; Seattle Art Museum, y M. H. de Young Memorial Museum, de San Francisco.

En los cerca de dos años que median entre el 17 de noviembre de 1976, en que se inauguró en Washington, y el 30 de septiembre de 1979, en que se clausuró en San Francisco, la exposición «Treasures of Tutankhamon» no sólo marcó las diferencias de concepto, diseño e instalación respecto de las celebradas en Europa, en los Estados Unidos, Japón y la Unión Soviética a finales de los 60 y principios de los 70 con materiales extraídos de la Tumba de Tutankamón, sino que reafirmó el principio de una explosión casi megalómana de los grandes acontecimientos expositivos, multitudinariamente visitados, en los museos occidentales. Fue el comienzo riguroso de las magnas exposiciones y los disparados presupuestos, convirtiéndose desde entonces, insistimos, en el paradigma de las *blockbuster exhibitions* [Fotos 25a y 25b].

La riqueza de los contenidos encontró la adecuada y correspondiente respuesta en la magnificencia de las instalaciones, en las innovaciones tanto técnicas como materiales, y en el montaje y la puesta en escena. De este modo, grandes paneles fotográficos, una cuidada señalética en el interior y en el exterior, llamativos medios gráficos y audiovisuales, alardes lumínicos y de diseño (vitrinas, paneles, plintos, cartelas, textos, etc.) en muchos sentidos espectaculares por su novedad, contribuyeron a la mejor contextualización de la muestra y a fijar una tipología de «alto» consumo de masas.

Además de la coordinación general de la National Gallery de Washington, cada institución realizó un esfuerzo extraordinario (económico y humano), con la actuación de un equipo muy especializado, tanto para su conceptualización y diseño concretos como para su fabricación y montaje. Para constatarlo, valga de ejemplo citar los datos generales y los profesionales responsables de la exposición en el Field Museum of Natural History, de Chicago, y en el Seattle Art Museum.

Chicago: director del Departamento de Exposiciones: Larry Klein; jefe de Diseño: Ben Kozak; diseñador gráfico: Liz Shepard; personal: Departamento de Exposiciones; fabricación: General Exhibits & Displays, Inc.; vitrinas: Russell Williams, Ltd. Seattle: co-diseñadores: Michael McCafferty y Neil Meitzler; consultores de Diseño Expositivo:

Foto 25a. Thomas Hoving, director del Metropolitan Museum de Nueva York. Exposición «Treasures of Tutankhamon», 1976-1979.

Foto 25b. Vista de la exposición «Treasures of Tutankhamon», Metropolitan Museum, Nueva York.

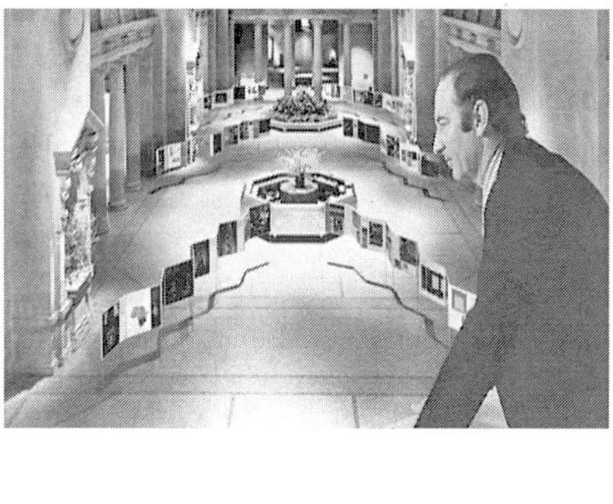

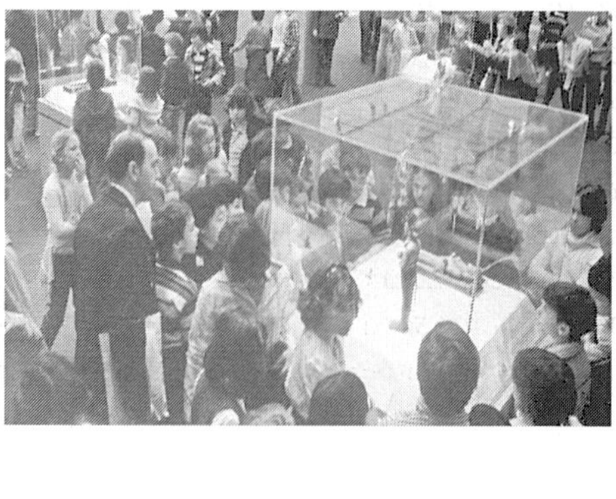

TRA Architecture Engineering Planning Interiors; personal: Chris Manojlovic, Bob Meyer, Wes Pulka, Tore Hover, y Albert Thurmond.

La exposición fue organizada y distribuida en siete distintas secciones o áreas, correspondientes a otros tantos ámbitos que intentaron contextualizar la situación original de la Tumba de Tutankamón en el Valle de los Reyes, en Egipto. En el Field Museum, estas diferentes áreas de instalación y exposición, más la entrada, el espacio de orientación y la tienda de recuerdos, tuvieron estas dimensiones:

Orientación	48,46 m²
Antecámara	81,40 m²
Cámara sepulcral	71,53 m²
Tesoro	65,83 m²
Anexo	30,55 m²
Resumen	24,50 m²
Tienda oficial «Tut»	57,48 m²
TOTAL	379,75 m²

En el Fiel Museum de Chicago, el presupuesto alcanzó la cantidad de 330.000 dólares, y fue visitada por 1.348.111 personas. Sólo entre Chicago, Nueva Orleans, Seattle y San Francisco —el de esta ciudad, con un total de 2.466.000 dólares, fue el presupuesto mayor— sumaron un total de 5.361.000 dólares. El total de visitantes que acogieron las siete exposiciones alcanzó la cifra de 8.251.906.

La Tate Modern.
El paradigma del nuevo museo de Arte

La Tate Modern, es uno de los museos de arte contemporáneo más importantes del mundo, y uno de los proyectos con más éxito de los últimos años con gran impacto económico, cultural y social. Se inauguró en el año 2000 tras la remodelación de una central eléctrica ubicada en el centro de Londres para lo que se contó con financiación pública y privada. Sólo en nueve años ha transformado una parte de la ciudad, por no decir la imagen de la ciudad entera, y ha contribuido a crear un nuevo referente para el arte contemporáneo mundial [Fotos 26a y 26b].

El arte contemporáneo, después de las crisis sufridas durante el pasado siglo necesitaba una segunda gran renovación que precisamente ha venido auspiciada por un museo de nueva creación que ha impulsado creativos planteamientos museológicos y museográficos.

Las colecciones del museo engloban arte nacional e internacional desde el año 1900 hasta la actualidad y en ellas, a la vez que las artes plásticas denominadas «tradicionales», tienen cabida las artes escénicas, el cine, la fotografía. Su misión, según consta en los documentos de constitución, es la de propiciar el conocimiento, comprensión y apreciación del arte por parte del visitante. Cuando se inauguró suscitó una gran polémica, ya que las colecciones se organizaron siguiendo criterios muy distintos a los que vertebran la mayoría de los museos de arte, es decir no se basaban en criterios cronológicos, por movimientos o escuelas, sino que se apostó por la organización temática. Se desmarcó de la narrativa impuesta por el MoMA de Nueva York que muestra el arte del siglo XX en una serie ordenada de artistas y movimientos; la razón es que entiende que la historia del arte es más compleja y difusa y las obras y artistas no se pueden encasillar en categorías definidas. Para esta organización se inspiró en museos de Europa Central donde la organización era mucho más flexible y donde de forma habitual se invitaba a artistas a colaborar con el museo. De esta manera, la Tate organizó sus colecciones combinando artistas de distintos periodos y nacionalidades y yuxtaponiendo distintos tipos de obras. El resultado ha sido dispar en la organización de los espacios y las obras, criticada por gran parte del mundo del arte (historiadores y críticos), pero apreciada por el público; para éste se plantearon nuevos métodos de acceso a las exposiciones: información en varios formatos, destacando el tour multimedia que ofrece la posibilidad de hacer la visita utilizando la PDA (*personal digital assistant*).

En la actualidad, el museo cuenta con más de 9.000 m^2 para exposiciones a los que se suman los 3.300 m^2 del Hall de turbinas dedicado a proyectos de exposiciones temporales especiales, proyectos denominados «unilever series» de gran impacto y popularidad que comenzaron con la obra de Louise Bourgeois para ese gran espacio y ha seguido con propuestas de artistas como Juan Muñoz, Anish Kapoor, Olafur Eliasson, Bruce Nauman, Rachel Whiteread, Carsten Höller, Doris Salcedo y Dominique Gonzalez-Foester [Foto 26c].

En el año 2008 la Tate reorganizó sus exposiciones permanentes de acuerdo a un nuevo criterio que deriva de la filosofía inicial con la que se creó el museo, teniendo en cuenta además que el aprendizaje en el museo y la demanda de información han cambiado de forma espectacular en los últimos años, existiendo una mayor accesibilidad y una exigencia de una participación e implicación en los procesos de creación

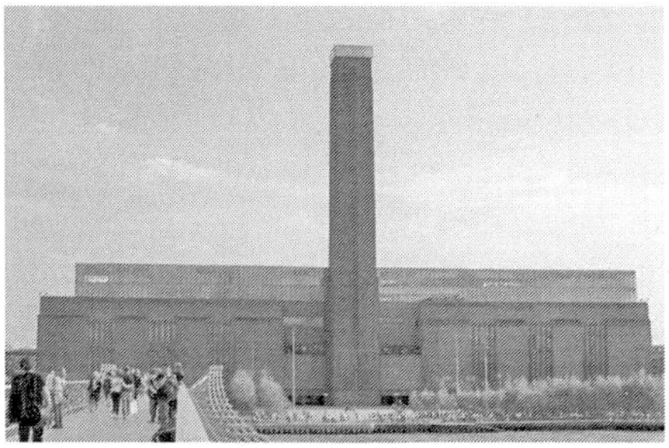

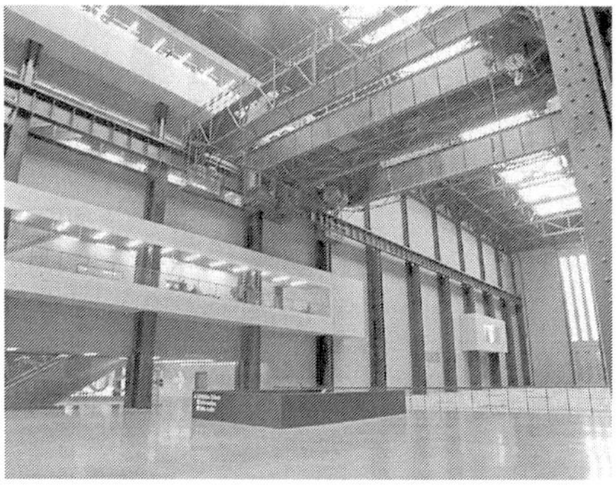

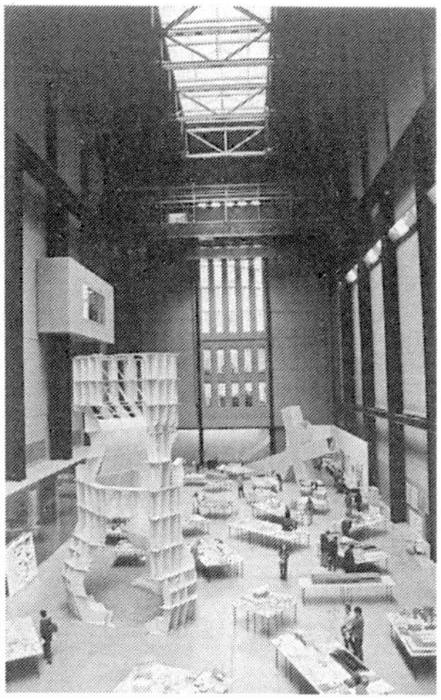

y contemplación de obras artísticas. El público quiere acercarse y compartir sus experiencias, para ello también se han diseñado espacios dentro de la institución. De esta manera, las plantas 3 y 5 se estructuran alrededor de una exposición que se centra en un periodo clave en el desarrollo del arte del siglo XX: surrealismo, minimalismo, abstracción y figuración a los que se ligan tres movimientos fundamentales: cubismo, futurismo y vorticismo. Alrededor de esta exposición hay otras que presentan obras que anticipan, provocan o responden a estos cuatro movimientos principales. «Planteando el movimiento hacia delante y hacia atrás se quiere reflejar el diálogo entre el pasado y el presente sugiriendo perspectivas contemporáneas a la hora de revaluar el pasado.» A este planteamiento conceptual se corresponden con unos títulos sugerentes: *Material gestures* para la pintura y escultura de los años 40 y 50 que se corresponde con la abstracción y figuración; *Poetry and Dream* con el surrealismo, *Conceptual Models* con las adquisiciones de arte contemporáneo más reciente, *Idea and object* con el minimalismo de los artistas de los años 60 y *Status of Flux* con el cubismo, futurismo y vorticismo.

Fotos 26a, b y c.
The Tate Modern, exterior, Sala de Turbinas, Londres

Por último, destacar que aunque el museo fue diseñado para acoger 1,8 millones de visitantes al año, en los dos últimos años el número de visitantes alcanzó la cifra de 5 millones y desde el 2000 más de 30 millones lo han visitado —según una encuesta ha sido elegido como el edificio favorito de los habitantes y visitantes de Londres—. Debido al gran éxito de visitantes y al crecimiento de la colección que se expande para acoger fotografía, nuevas tecnologías y complejas instalaciones, desde hace dos años se ha venido trabajando en el proyecto denominado *Transformando la Tate Modern* bajo la dirección de los arquitectos Herzog & de Meuron. Se ha planteado una ampliación debida, entre otras necesidades, a la demanda de exposiciones temporales a la que se une la necesidad de acoger performances y actuaciones de artistas. Para ello, se están diseñando una gran variedad de espacios de distintos tamaños de variadas alturas y configuraciones que ofrecerán un gran potencial a la hora de exponer dentro de los 5.000 m^2 nuevos que se dedicarán a exposición. Las obras comenzaron a mediados del 2009 y concluirán en el 2012 coincidiendo con la celebración de los Juegos olímpicos.

El objetivo es en definitiva crear y establecer un nuevo modelo de museos de arte moderno y contemporáneo integrando aspectos como la exposición, la gestión, las funciones sociales del museo estrechando los vínculos entre el museo, su público, la comunidad donde se asienta y la ciudad.

3
Planificación y diseño de la exposición

Algo estaba cambiando en el mundo de la museología y el diseño de exposiciones cuando, a principios del siglo XX, ya se hablaba de que un buen museo atrae, entretiene, despierta la curiosidad y sugiere preguntas promoviendo así el aprendizaje. Desde entonces, han ocurrido dos hechos fundamentales que han transformado el mundo del diseño de exposiciones. El primero, y común prácticamente a todos los museos del mundo, es la selección y restricción del número de piezas que se exponen, tanto en exposiciones temporales como en permanentes, contrastando con la tendencia antigua de exponer colecciones enteras que ocupaban todo el espacio disponible. El segundo es la incorporación de elementos nuevos en el diseño. Se ha producido así una ruptura con las tendencias tradicionales, para las que lo más importante era el objeto y su información. Ahora lo que se busca es que el público se sienta también atraído por la exposición y tome parte en ella, utilizándose para ello distintos métodos pertenecientes exclusivamente al campo del diseño (luz, color, sonidos, audiovisuales, sistemas multimedia, etc.), y cuyo propósito es convertir la exposición en algo ameno y educativo, sin perder el sentido estético.

Uno de los aspectos esenciales en el diseño e instalación de exposiciones es el conocimiento del público. Se han hecho muchos estudios sobre los visitantes de los museos en un intento por hacer las exposiciones más asequibles, receptivas y comunicativas. Investigaciones recientes han tenido como objeto conocer los procesos de aprendizaje en los museos y el estudio de la influencia de ciertos elementos en la exposición. En el seno de esta tendencia surgió el debate educación-entretenimiento, y pudo comprobarse que los visitantes que acudían a los museos buscaban aprender y adquirir nuevas

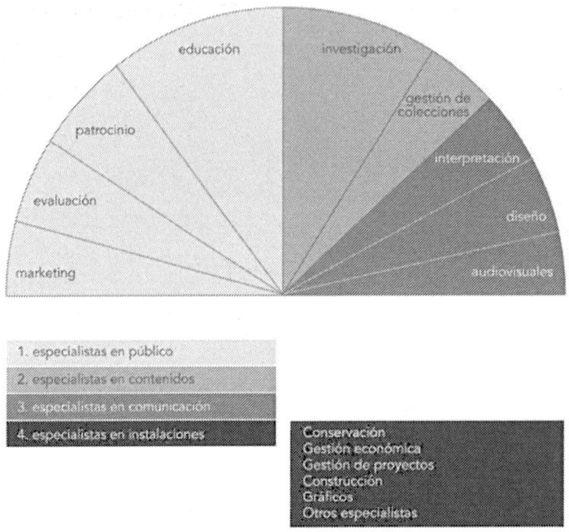

Figura 1. Carácter multidisciplinar de la exposición (Lord & Lord, 1999: 3).

experiencias; mientras que las personas que no visitaban los museos valoraban cosas distintas, como la relación y el estar con gente, el sentirse cómodo con el ambiente, la participación activa y el entretenimiento. Estos resultados obligan, en consecuencia, a que el diseño de la exposición sea absolutamente crítico a la hora de crear la conexión entre el visitante y el tema que se expone, procurando que el público entre en el contexto.

El diseño de exposiciones, como medios de comunicación que son, exige en su planteamiento y de modo fundamental tener al público en mente y configurar con rigor los siguientes puntos clave: qué queremos contar, cómo lo vamos a contar y qué esperamos conseguir con lo que contamos, con la exposición en sí. Estos aspectos se refieren al discurso que subyace a toda exposición imprescindible para contar una historia, y a los medios y a los objetivos de los que se sirve y utiliza.

El departamento de diseño

El departamento de diseño es uno de los diversos con los puede contar un museo o un centro de exposiciones. Dedicado principalmente al diseño espacial y gráfico, e incluso en algunos casos ocupado también de la producción e instalación de exposiciones tanto permanentes como temporales, su importancia es obvia, ya que guarda una relación directa y estrecha, más que ningún otro, con los demás departamentos del museo. Puede estar constituido por una sola persona especializada o por un equipo propio integrado por diversos profesionales. Esto depende del tamaño y/o del presupuesto de la institución. También debe estar dotado de unas instalaciones especiales donde se realice todo el trabajo. Entre estos profesionales se cuentan el diseñador, el ayudante del diseñador y los técnicos o preparadores del proyecto de exposición.

El proyecto

Los profesionales de los museos tienen la autoridad para seleccionar, interpretar y presentar lo que ellos deciden que tiene valor o importancia; sacados de su contexto original, los objetos adquieren un nuevo significado. Como dice Larry Klein (1986), las exposiciones ofrecen una oportunidad única: la de crear modelos del mundo real utilizando objetos del pasado y del presente. Algunos profesionales ven en la exposición algo artificial donde las colecciones no llegan a encontrar su sitio adecuado y donde se suele caer en un determinismo condicionado por quien se encarga de la selección de las piezas y establece las relaciones de significado entre ellas. Para que esto no ocurra se hace imprescindible un diálogo entre los diferentes profesionales que trabajan en un museo o galería y los profesionales ajenos a este ámbito pero relacionados con él, que sustituya el monólogo al que muchas de estas instituciones están habituadas.

En el museo, la exposición es resultado de un proceso creativo de múltiples fases destinadas a solucionar problemas prácticos. No existe una única respuesta a estos problemas, por lo que muchas veces el diseño elegido se concibe como una buena solución teniendo en cuenta las limitaciones de factores tales como el espacio, el presupuesto, el tiempo, los recursos, etc. De este modo, el proceso puede llegar a ser muy complicado, con numerosos enfoques; y la mejor manera de simplificarlo es establecer un plan estratégico dividido en varios estadios. Este plan debe estar bien definido y al propio tiempo ser flexible, con el fin de adecuar los cambios que seguramente van a producirse a lo largo del diseño. El trabajo expositivo no se ocupa sólo del diseño, sino también de la comunicación y la preservación de los bienes patrimoniales implicados, y éstos deberán tenerse en cuenta a lo largo de la planificación y organización [Figura 1].

El diseñador y el equipo de diseño

El diseño de una exposición, como el museo en sí, es el resultado de una actividad colectiva y cooperativa. Por la exposición, son normalmente juzgados y calificados el museo, la galería o el centro especializado, ya que muestra y viene a resultar como la cara pública de estas instituciones. El diseño es esencial, definido por algunos como el arte de resolver problemas que afectan a toda exposición, tiene un efecto fundamental en cómo se crean y toman forma los proyectos.

El diseño de exposiciones afecta a todos los campos y funciones internos del museo. Ésta es la razón por la que, bien sea por las propias necesidades que plantea esta tarea tan compleja, bien por sus relaciones con otras funciones no específicas del diseño, son muchos los profesionales implicados en el proyecto de la exposición: en su concepto, en su producción, en su construcción, en su instalación y en su montaje. Muchos de estos profesionales proceden de fuera del museo, ya que son muy pocos los que poseen un departamento de exposiciones como el que antes hemos descrito someramente. Por ello, el objetivo común y la responsabilidad compartida son esenciales, ya que se trata de un trabajo en equipo, cuyos profesionales participantes deben estar comprometidos desde el principio al fin en la exposición, independientemente de cuál sea su procedencia o empresa habitual.

Cualquier proyecto de exposición necesita de la actividad conjunta del diseñador y del preparador o técnico, y de un equipo de otros profesionales y especialistas. Un proyecto de mediana envergadura exige la contribución significativa en la producción de la exposición, junto con el diseñador y el preparador o técnico de, al menos, los siguientes profesionales: el director del museo o del centro de exposiciones, el director del proyecto, el comisario de la exposición, el diseñador de iluminación, el diseñador gráfico, el restaurador, el jefe de registro, el jefe de seguridad, el educador/comunicador, el editor, los técnicos de producción, el personal de mantenimiento, el especialista en mercadotecnia o *marketing*, ingenieros o arquitectos, y consultores.

De los dos primeros, el diseñador y el preparador o técnico, nos ocupamos a continuación, la figura del conservador-restaurador se trata en el capítulo 10 y remitimos a la «lista de profesionales de exposiciones», en los apéndices de este manual, la descripción de los demás citados.

El diseñador

La figura del diseñador de exposiciones tiene un origen impreciso. Aunque es fácil definir su trabajo, resulta, sin embargo, difícil y muy variado especificar de dónde proviene su formación. Hasta hace pocos años no existía una formación específica para estos profesionales, y aún en muchos países el diseño de exposiciones está prácticamente monopolizado por arquitectos.

En términos generales se puede decir que estos profesionales provienen del campo del diseño de interiores o del diseño gráfico, aunque ninguna de estas disciplinas es completamente adecuada. Las tareas que realiza son cada vez más complejas, teniendo en cuenta que es el responsable de la apariencia estética de la exposición, tanto a nivel espacial como de elementos de exposición. Asimismo, participa en el proceso presupuestario y administrativo del proyecto. La formación del diseñador, por tanto, tiene que ser multidisciplinal y ante todo debe ser capaz de trabajar en equipo. Entre las características que debe poseer, Velarde (1988: 40-47) cita dos categorías: las personales y las profesionales. Entre las primeras tendríamos una comprensión del espacio casi escultural, don de gentes, cualidades escenográficas, capacidad de interpretación (mediador), observador, habilidad para resolver problemas, teniendo que ser a su vez, objetivo, buen comunicador y mejor gestor. En cuanto a las capacidades profesionales señala que debe poseer conocimientos en los siguientes campos: diseño de interiores, ingeniería estructural, diseño gráfico, lingüística, iluminación, electrónica, informática (especial énfasis en el diseño por ordenador), administración, mercadotecnia *(marketing)* y publicidad.

El diseñador debe llevar a cabo, y en términos visuales, el programa preliminar. Investiga sobre los métodos de exposición, materiales y soluciones, y es cometido suyo proporcionar la solución más válida a los problemas de diseño. Produce o dirige la producción de planos, maquetas, especificaciones técnicas y documentos referentes al diseño. Coordina el proyecto y revisa los acuerdos contractuales. Supervisa las tareas de fabricación e instalación y evalúa la eficacia de los elementos de diseño. En ocasiones actúa como director de proyecto si no se ha contratado a alguno.

Recientemente se ha creado la figura del director de exposiciones, a quien se le exige una experiencia en el diseño y producción de exposiciones, tener grandes dotes organizativas y una excelente capacidad de comunicación verbal y escrita, a la vez que una amplia experiencia en negociaciones de contratos y administración. Como requisito indispensable se le exige capacidad para la creatividad.

El preparador o técnico

Dependiendo de la complejidad del proyecto, intervienen más o menos técnicos, los cuales trabajan estrechamente con el diseñador. Entre las cualidades requeridas se señalan el conocimiento y la experiencia en manipulación y embalaje de objetos y obras de arte. Deben poseer conocimientos técnicos en carpintería, electricidad e iluminación, así como algunas nociones sobre diseño para poder trasladar las soluciones constructivas a una instalación con resultado satisfactorio.

La producción de la exposición exige, en cualquier caso, el trabajo conjunto de todos los profesionales del equipo en todas sus fases, desde la idea y su desarrollo a la evaluación final. Para que el equipo funcione de manera efectiva, es imprescindible que cada miembro tenga definidos claramente los términos de sus funciones y sus áreas de responsabilidad. La armonía entre el diseñador, el comisario y el director del proyecto es esencial para que la exposición se lleve a cabo con éxito.

Las responsabilidades no son secuenciales sino que tendrán lugar a lo largo de todo el período que dura la exposición. Las reuniones de todo el equipo deben ser constantes; sirviendo para evaluar el desarrollo del proyecto y para corregir errores. Por último, el proceso de toma de decisiones debe dejarse claro, nombrando un director de proyecto que tendrá el control ejecutivo sobre el mismo.

El compendio o plan de la exposición (*Exhibition brief* o *Exhibition policy*)

Se le identifica con la fase de planificación de un proyecto, fase en la que se van a dar las pautas básicas a seguir a lo largo del proceso de diseño. El compendio o extracto inicial (*exhibition brief*) es un instrumento que sirve para:

- Clarificar los papeles y tareas de cada persona implicada en el proceso de diseño.

- Establecer la autoridad en cada fase del proyecto.
- Ponerse de acuerdo en cuanto a los procedimientos a seguir.

Un buen *exhibition brief* es un requisito previo para que cualquier solución de diseño llegue a buen término, su importancia suele desestimarse por lo que la mayoría de los diseños fallan más de lo que deberían —la realidad es que existen muchos problemas a lo largo del proceso del diseño que se reflejan a menudo en un producto final mejorable. En general, el *exhibition brief* ofrece un enfoque sistemático y metódico que ayuda a la solución de cualquier problema, teniendo en cuenta que la solución final es reflejo directo de la calidad del *exhibition brief*.

Entre las diferentes definiciones de este concepto, podemos destacar ésta de Margaret Hall (1987):

> Es el punto de partida de cualquier proceso de diseño. Es la culminación del primer estadio en el trabajo de una exposición, el resultado del diálogo entre el conservador (comisario) y el diseñador, el de la reflexión y el debate entre todas las partes implicadas.

El compendio de la exposición o *exhibition brief* debe ser el vehículo que aglutine todos los aspectos acordados (en algunos casos impuestos), definiendo los problemas a los que hay que dar solución. Debe ser un documento escrito que servirá de referencia durante los distintos estadios en los que se divide el proyecto. Normalmente, su redacción es tarea del comisario o conservador, aunque en muchas ocasiones puede ser el resultado de un esfuerzo de colaboración donde intervengan varios especialistas, entre ellos, el diseñador.

El documento del compendio de la exposición debe incluir:

1. *Título* (provisional o definitivo) y naturaleza del proyecto. Respecto de la naturaleza del proyecto se debe describir el tipo de exposición que va a conceptualizarse, con especial referencia a su carácter (estético, evocativo, didáctico, entretenido, o una mezcla de varios). Los aspectos generales incluyen la naturaleza y la cantidad de material a exponer; o las propuestas relacionadas con la recreación de contextos o espacios necesarios para las demostraciones prácticas.
2. *Objetivos*. Qué se quiere conseguir y cómo se va a conseguir. Contenidos de la exposición y elementos relacionados.

3. *Público o audiencia*. Información sobre el público o la audiencia a quien va dirigida la exposición.
4. *Política y contexto*. Dónde y cómo se inscribe la exposición dentro de los programas del museo y su relación con su política. Importancia del tema y su relación con los intereses de la comunidad.
5. *Período de duración* y previsiones de reutilización.
6. *Localización* del espacio expositivo.
7. *Recursos económicos* y materiales disponibles.
8. *Regulaciones*. Fuego, conservación, salud, seguridad, etcétera.
9. *Requisitos específicos sobre seguridad.*
10. *Conservación*. Pautas generales sobre condiciones medioambientales y especificaciones concretas para objetos individuales.
11. *Mantenimiento*. Recursos disponibles y necesidades.
12. *Evaluación*. Criterios y procedimientos que serán aplicados a la evaluación del proyecto.
13. *Procedimientos administrativos*. Son de gran importancia sobre todo en el caso de que el equipo de diseño sea de fuera del museo. En ellos se van a detallar los honorarios y las obligaciones.

El proyecto y su desarrollo

El proyecto de una exposición como hemos señalado anteriormente comprende un proceso complejo y ordenado de acciones y secuencias simultáneas en las que intervienen profesionales de diversas disciplinas, y cuyas fases deben ser revisadas a cada paso. El programa, el objetivo, el espacio disponible, el esquema básico, el presupuesto y las fechas de terminación deben estar claros desde el principio y cada miembro del equipo de diseño debe estar informado de ellos. Si alguno de estos factores se modifica durante las distintas fases, esto afectará al proyecto radicalmente; entonces se deberán establecer nuevos acuerdos entre el diseñador, cliente y administradores lo antes posible.

Aunque las fases de diseño reciben distintos nombres según los autores, sin embargo los contenidos son, en esencia, los mismos, pudiendo reducirse a tres las etapas fundamentales [Figura 2]:

- *Fase de planificación y diseño preliminar*. Es el estadio donde se definen los objetivos de la exposición que deben estar en consonancia con los propios del museo o galería. Resulta imprescindible que el diseñador comprenda las formas de operar de la institución, así como las expectativas del público. Esta fase termina con el programa escrito de la exposición.

En esta fase se forman las ideas generales, las cuales deben ser, ante todo, factibles tanto desde el punto de vista conceptual como desde el acceso y la utilización de los medios físicos.

Quizás sea esta primera fase la más difícil de todas, ya que se proponen muchas preguntas en relación con la exposición, con su importancia y acerca del enfoque, carácter (tipo de exposición) y la secuencia de contenidos y tareas. En el planteamiento de todos estos aspectos hay que tener en cuenta las aspiraciones y necesidades del público. Muchos proyectos incluyen métodos de evaluación del público antes de empezar el diseño; éstos probablemente tengan un mayor éxito a la hora de comunicar con el visitante.

Es necesario recalcar que la exposición es comunicación, y que en este primer estadio deben tenerse claros cuáles son los mejores métodos para lograrla, algo que no implica métodos expositivos sofisticados, sino un plan razonado. Una vez resueltas estas cuestiones generales se ha de proceder a preparar el programa expositivo, esta fase de *diseño preliminar* generalmente se divide en dos partes: en la primera, es esencial establecer los objetivos de la exposición, los cuales van a ser los que guíen todo el proceso; también aquí se van a identificar los elementos que deben ser incorporados a la exposición tales como objetos, programas especiales, catálogos y textos que se van a producir, etc. La segunda parte tiene como enfoque la institución en la cual la exposición va a tomar forma, el estudio de sus posibilidades, recursos y el aprovechamiento de los mismos.

Después de que ha sido preparado el programa de la exposición, llega el momento de revisar y aprobar el proyecto, a lo que seguirá la discusión del presupuesto de que se dispone, el calendario y las fechas de terminación de las distintas fases.

La investigación es fundamental en esta fase y en todo el proceso de exposición. Ésta implica la recogida de información sobre los objetos a exponer, los materiales disponibles, las condiciones ambientales dentro del museo o galería, los programas educativos, los textos para el catálogo y las cartelas, etc. Después de recoger toda la información y definir los objetivos es posible hacer un esquema general del diseño de la exposición con las diversas partes interrelacionadas, jugando con distintas variaciones. El espacio debe definirse junto con las áreas temáticas y en este esquema preliminar se van a ver las ventajas y desventajas de las distintas configuraciones del espacio. Las ideas y conceptos se presentan generalmente de forma secuencial, pasando de lo general a lo específico.

• *Fase de diseño esquemático.* En esta fase se producen otros nuevos elementos del diseño, en los que se incluyen más niveles de información. El espacio de cada zona se estudia más detalladamente para determinar la colocación de los objetos y si ésta es la más adecuada en relación con el contenido y con el control del tráfico. Es importante hacer varios estudios de diseño para decidir de acuerdo a nuestros objetivos el mejor o la combinación de los mejores. Deben estudiarse las diversas opciones y ofrecer alternativas, presentando la información en una variedad de niveles acorde con los distintos tipos de público.

Es entonces cuando se aprueba el diseño final, que será la base sobre la que se decidirá la construcción de los elementos de división del espacio y el soporte de los objetos, así como el emplazamiento de los sistemas audiovisuales. Se decidirá también el número de planos necesarios y, si conviene, se construirá una maqueta.

• *Fase de diseño final.* Para la mayoría de los diseñadores es ésta la fase más interesante, ya que en ella se produce la parte más extensa del trabajo creativo. Su propósito es el de transformar las ideas, generalmente abstractas, de las fases anteriores a conceptos tangibles. Se construirá una maqueta o se creará una representación en 3D utilizando programas de diseño por ordenador, si así se cree necesario, que se utilizará para facilitar la transición del plano bidimensional al tridimensional. La maqueta o las imágenes en 3D resultan muy útiles al equipo de diseño, pero también a los conservadores, educadores, etc., ya que mostrarán los posibles fallos del diseño y, consiguientemente, ayudarán a subsanarlos. Dependiendo de la complejidad del diseño, podrán construirse prototipos a tamaño real de ciertas partes del proyecto, con objeto de ser evaluados.

Por último, en esta fase se decidirá la colocación exacta de los objetos, se seleccionarán los colores y los materiales de fabricación y exposición, se diseñarán los formatos de los textos y gráficos, se configurará el espacio en su forma final, y se producirán los planos finales junto con la última aprobación al proyecto. Otros elementos pertenecientes a la exposición, tales como programas educativos o promocionales, se diseñarán también en esta fase [Foto 27].

Las otras cinco fases que seguirán al proceso de planificación hasta completar el proceso de la exposición son: las de producción, cons-

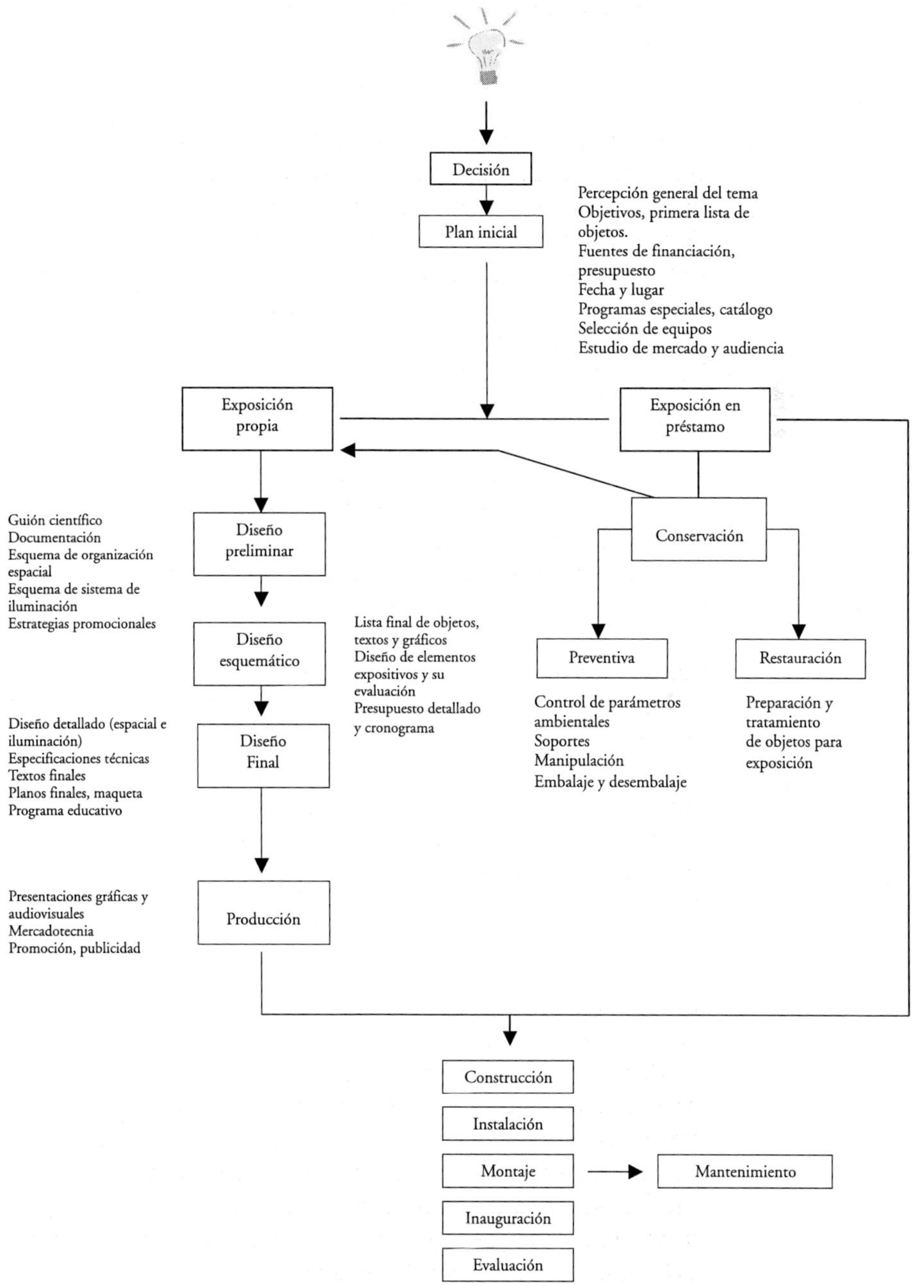

Figura 2.
Esquema del proceso de diseño de una exposición.

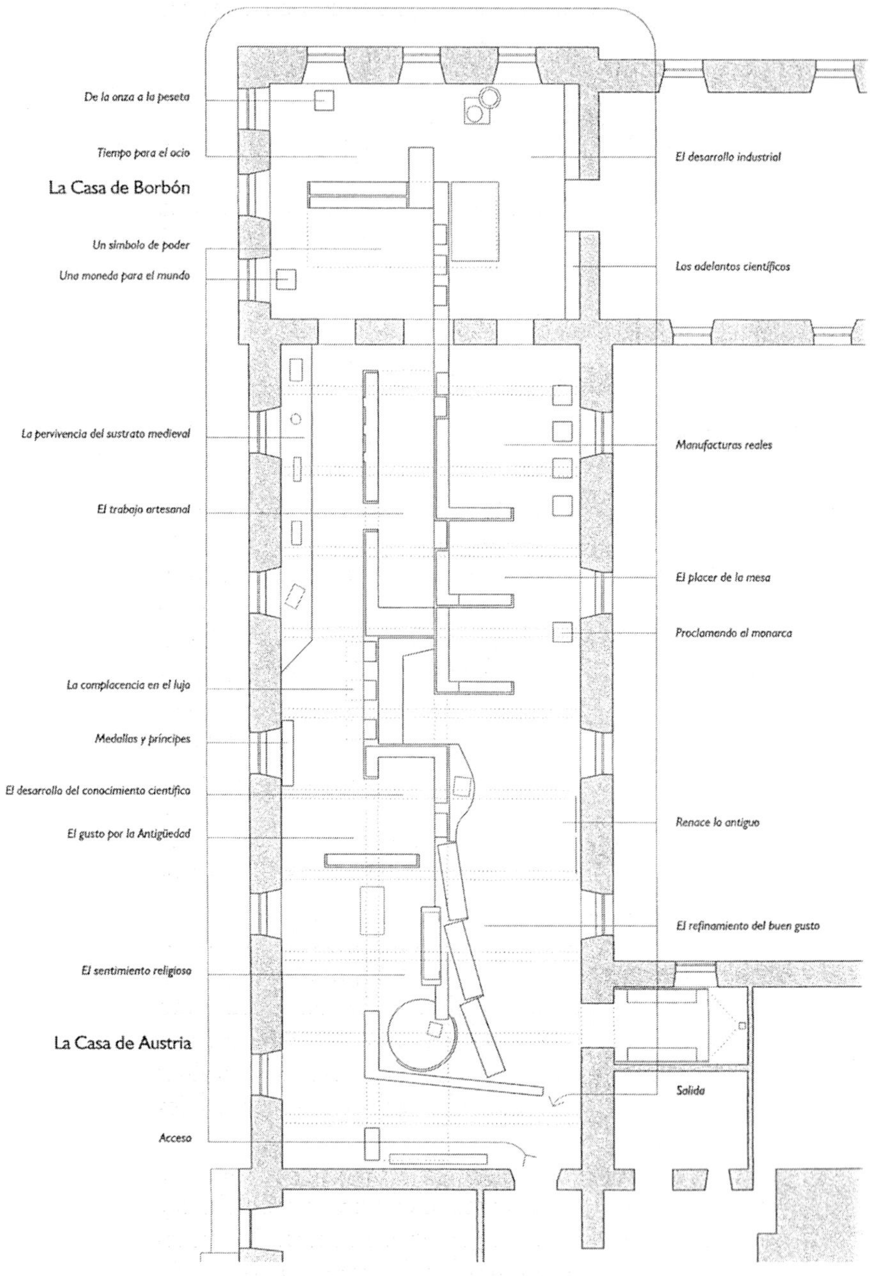

Foto 27.
Plano esquemático y final de una exposición. Salas de la Edad Moderna, MAN (Diseño: FRADE Arquitectos).

trucción, instalación, montaje y, finalmente, la de evaluación. De todas ellas nos ocuparemos más adelante [Figura 3].

La evaluación durante el proceso expositivo

Las ventajas de la evaluación resultan obvias, ya que son el medio de conocer al público, además de ser un instrumento útil para asegurar el buen funcionamiento de la exposición a lo largo de todas sus fases. A través de ella se miden las metas y objetivos de la exposición y se revisan el cumplimiento de éstos en los distintos estadios. Existen tres tipos generales de evaluación: la llamada investigación del concepto o evaluación de primer nivel (*front-end*), la formativa de la que vamos a tratar aquí y la sumativa, de la que nos ocuparemos en otro capítulo posterior.

El primer tipo suele llevarse a cabo antes que la formativa. Es bastante especulativa, ya que se ocupa fundamentalmente de planes que no han sido todavía probados, y sin embargo ofrece, en general, procedimientos detallados para revisar si los planes propuestos son adecuados para el tipo de público que, en principio, se espera que acuda a la exposición. En definitiva, se trata de un análisis de ideas y propuestas para exposiciones con el propósito de determinar si éstas van a tener éxito entre el público. Para este tipo de evaluación se aplican los métodos de estudio de mercado, se hacen tests previos que pueden incluir distintas formas de recolección de datos: evaluación del público, análisis anterior a la visita para conocer la formación y actividades del público, investigaciones de mercadotecnia *(marketing)*, análisis demográficos y psicográficos, y estudios sobre viabilidad.

Aunque todas estas formas de evaluación son muy positivas y valiosas, quizás una de las más útiles sea la formativa, que constituye una parte integral del proceso de diseño, al convertirse en un instrumento del mismo. No indica mucho sobre las emociones que va a provocar una exposición en su forma real, ya que se limita únicamente a evaluar el impacto del contenido de la exposición a nivel estético y sus posibles implicaciones didácticas.

En este proceso, la evaluación proporciona resultados directos sobre lo que funciona y lo que no funciona. Es un proceso continuo y dinámico que comienza en el primer estadio de la planificación, apareciendo durante todos los demás estadios o fases hasta que la exposición sea inaugurada. Aun después de la inauguración se puede utilizar para corregir y mejorar ciertos aspectos.

Equipo del proyecto	Actividad		Año 1												Año 2												Año 3											
			1	2	3	4	5	6	7	8	9	10	11	12	1	2	3	4	5	6	7	8	9	10	11	12	1	2	3	4	5	6	7	8	9	10	11	12
	Establecer el contexto administrativo		■																																			
Programa	Contexto	Evaluar el contexto administrativo		■																																		
		Evaluar el contexto físico		■																																		
		Examinar las colecciones		■																																		
	Programa preliminar	Objetivo			■																																	
		Guión preliminar				■	■																															
		Selección preliminar de las piezas				■	■																															
	Concepto básico	Desarrollo del concepto						■	■	■																												
	Programa detallado	Guión final									■	■	■	■																								
		Selección final de las piezas									■	■	■	■																								
		Organización espacial									■	■	■	■																								
		Materiales de soporte											■	■																								
		Iluminación, conservación, etc.											■	■																								
		Criterios de evaluación											■	■																								
		Revisión del presupuesto y el calendario												■																								
		Especificar los requisitos especiales												■																								
Diseño	Dibujos y especificaciones														■	■	■	■																				
	Actividades especializadas														■	■	■	■	■	■	■	■	■	■	■	■	■	■	■	■	■	■	■					
	Presupuesto final y calendario																	■																				
	Requisitos especiales (preparación)															■	■	■	■	■	■	■	■	■	■	■	■	■	■	■	■	■	■					
Ejecución	Construcción																			■	■	■	■	■	■	■	■	■	■	■	■	■	■					
	Fabricación																			■	■	■	■	■	■	■	■	■	■	■	■	■	■					
	Instalación																						■	■	■	■	■	■	■	■	■	■	■					
	Ajustes																																	■	■			
Evaluación y seguimiento	Evaluación							■	■	■	■	■	■	■	■	■	■	■	■	■	■	■	■	■	■	■	■	■	■	■	■	■	■					
	Post-testing																																			■	■	■
	Revisión del proceso																																					■
	Programa de conservación																																				■	
	Programa de mantenimiento																																				■	

Figura 3.
Ejemplo de organigrama calendario de actividades en la exposición (Larry Klein, 1968: 68).

En la fase planificación, a este tipo de evaluación se le identificaba con el tipo primer nivel (*front-end*), siendo, durante la fase de diseño esquemático, las maquetas y representaciones en 3D los medios a través de los cuales se evalúan los distintos elementos de diseño así como el diseño desde una consideración general. Después, en la fase de construcción, donde la evaluación procura un mejor grado de control sobre los materiales producidos, los objetivos son tomados en cuenta al igual que los medios. Todo ello forma parte del enfoque innovador que H. H. Sheltel define como la necesidad de revisar el material antes de prepararse para el consumo (véase L. P. Witteborg, *Good Show!,* 1986: 117).

La evaluación aplicada al diseño y a la construcción es relativamente rara en comparación con la evaluación realizada al término de la exposición. Se necesita esta última para cuestionar o confirmar las decisiones hechas durante el desarrollo de la muestra, pudiendo utilizarse sus resultados para referencias futuras. A ésta nos referiremos en el capítulo 12.

En la página siguiente se ofrece un esquema que puede servir de base para la producción de una exposición.

ESQUEMA BÁSICO PARA LA PRODUCCIÓN DE EXPOSICIONES

Área de exposición:
Título de la exposición:
Fechas:
Objetos/Obras:
Gráficos/Fotografías que se necesitan:
Préstamos a gestionar:

FASE DE DISEÑO

Tarea	*Asignada a*	*Fecha límite*
Investigación		
Selección de los materiales para exposición		
Guión audiovisual y multimedia		
Textos finales y cartelas		
Diseño exposición		
Dibujos construcción		
Revisión textos		
Diseño material gráfico		

FASE DE CONSTRUCCIÓN

Tarea	*Asignada a*	*Fecha límite*
Procesador de textos		
Corrección de textos y cartelas		
Producción de fotografía (propia)		
Producción de fotografía (contratado)		
Control de condiciones medioambientales		
Restauración		
Arte final		
Audiovisuales y multimedia		
Pintura		
Carpintería y trabajo en metacrilato		
Instalaciones eléctricas		
Instalaciones eléctricas		
Modificaciones de última hora		
Instalación final		

4
El espacio. Estudio y organización

El espacio es, junto con la iluminación, el elemento más determinante de la exposición y del museo. De la ubicación de los objetos, de la relación que guardan entre sí y con la realidad espacial, depende en gran medida la percepción de los objetos por parte del visitante. Es más, el espacio contribuye junto con el factor tiempo a la eficacia del sistema experiencial que es la exposición para el público. El espacio condiciona, pero también define la realidad de la exposición y la experiencia del visitante. Como dice Michael Belcher ([1991] 1994: 56):

> Las exposiciones son composiciones tridimensionales que reconocen la importancia de las formas sólidas y de los vacíos y luchan por unas relaciones espaciales satisfactorias.

Además de la organización estructural del espacio en sí, que habilita o impide la adecuada instalación de la muestra, entre los componentes esenciales de la exposición está la organización espacial de las obras como elemento determinante. Y también el tiempo, puesto que una exposición es el resultado de una doble y simultánea actividad por parte del visitante: percibir visualmente las obras en el espacio y durante un período determinado de tiempo, de acuerdo con el que cada visitante necesita para comprenderlas.

El espacio como receptáculo es un concepto propio de la filosofía de la Ilustración, que ha sido ya desbordado por el mayor conocimiento de la realidad del cosmos en nuestro tiempo. Los conceptos de espacio y de tiempo, estudiados como problemas filosóficos constantes por las más diversas corrientes y escuelas, se formularon en definiciones que el siglo XVIII utilizó para contribuir positivamente al afán cientificista y clasificador de la época. Hoy en día, al referirnos al espacio desde la perspectiva museográfica y expositiva, utilizamos mejor el término en plural *espacios*, pero especialmente *lugar*, que es más concreto y cercano, como ámbito contextualizador, y *sitio* para señalar una ubicación física y puntual, una disposición espacial determinada.

La exposición como sistema experiencial

Las razones de espacio y tiempo se unen en el proyecto de una exposición a aquellas que la conciben en función del sentido, para obtener como resultado un sistema experiencial. Pnina Rosenberg (1995: 6) escribe al respecto:

> Los museólogos saben que ver una exposición es, por lo menos, un proceso dual: percepción visual y duración; las piezas expuestas siempre son vistas con los ojos del visitante y se necesita algún tiempo para comprenderlas. Los objetos artísticos pequeños y bidimensionales podrían percibirse en un lapso relativamente breve, mientras que una obra compleja y tridimensional exige más tiempo.

La articulación estructural del espacio y la organización espacial de las obras no agotan los elementos determinantes en una exposición, ya que sus diversos componentes y la relación espacial que establecen con el visitante encuentran su necesario complemento en el entorno específico o medio ambiente inmediato de los objetos.

El lugar debe considerarse, en consecuencia, además de un ámbito contextualizador como *un otro* objeto museístico, al menos desde la perspectiva de que la exposición no representa sino el valor que le es atribuido al lugar. En el caso de los *lugares-territorio* de exposición (los ecomuseos, o los parques naturales, por ejemplo) resulta muy clara la atribución. Pero también en las demás situaciones, puesto que lo cierto es que el lugar está ligado a la experiencia vital. Y la exposición implica siempre una puesta en escena de los objetos y un proyecto de desarrollo en y por medio del lugar, que debe ser respetuoso con el espíritu que lo habita. La exposición es interrogada (o debe ser) por el espíritu que anima al lugar. El lugar es, sin duda, un medio de exaltación y consagración de los objetos, pero también un enraizamiento de la memoria.

Recordemos que todo objeto o bien cultural, al introducirlo en un museo o insertarlo en una exposición, pierde su autonomía de objeto en beneficio de una cualificación nueva: nada más presentada la obra, ésta se convierte en un suceso, en un *performance* lingüístico. Entra a formar parte de una trama, de una historia que se cuenta —en el espacio y en el tiempo—, de un mensaje coparticipado por todas las obras o piezas que integran conceptual y espacialmente esa exposición, supeditando de algún modo su carácter denotativo y connotativo de obra aislada.

¿Puede ser, por tanto, *musealizado* todo tipo de objetos, cualquier bien materia de exposición? Teórica y prácticamente, sí, tanto objetos, como territorios e ideas, de acuerdo con los presupuestos de la nueva museología, para la que el patrimonio es material e inmaterial, natural y cultural. Lo que hace falta es que se produzca la situación ya citada que describe Jean Davallon (1996: 165):

> Las exposiciones tienen principalmente la función de mostrar (ofrecer a la vista) objetos para los que se ha acordado a propósito su estatuto de patrimonio y, por esta demostración (este gesto de ostentación), la función de hacer visible esta comunidad de acuerdo (lo que es común).

Una museología abierta y creativa entiende que los lugares son territorios de experimentación e investigación museográficos y museológicos, bien por los medios personalizados (animación, conversación, proyecciones, conferencias...), bien por los no personalizados (exposición, publicaciones, medios audiovisuales, etc.). Pero, realmente, los bienes patrimoniales —antropológico-etnológicos, histórico-artísticos, científico-técnicos, naturales y culturales— interpelan todos al lugar. Lo que el museólogo, el conservador o el diseñador tienen que tratar de conseguir con la traza de la exposición es reconstruir el espíritu del lugar, y una nueva memoria de sedimentación que la amplíe como sistema experiencial para el visitante.

El lugar y el espacio como elementos condicionantes

El lugar y el espacio son condicionantes y definidores de la experiencia del visitante en la exposición, porque, en definitiva, la puesta en escena es la mediatización tradicional del objeto. Y sin embargo la exposición, caracterizada por la *difusión* y la *comunicación* —una de las funciones convencionales del museo junto a las de coleccionar, investigar y conservar—; el fenómeno expositivo, en sí mismo considerado, demanda hoy más que nunca la investigación y encontrar sentido en el objeto mismo (su verdadera representatividad) en función de la comunicación y la experiencia del visitante en el territorio físico y conceptual de su propio contexto antropológico.

La vida tiene una relación estrecha con el tiempo y el lugar. Pero no deja de ser un hecho fugitivo. La exposición, al revaluar aquello que es adjudicado al lugar, resalta y consagra el poder evocador de los lugares de la vida, el espíritu que los caracteriza, la aceptación y recreación vivencial. Todos los elementos integrantes de la exposición terminan por configurar (y son configurados por) el espacio. El espacio, el lugar y el sitio donde se ubican los objetos producen de hecho al visitante a veces inexplicables sensaciones (ambigüedad, duda, entusiasmo, perplejidad...). Resultan, junto con otros factores, elementos mediatizadores de los objetos. De la organización espacial de los objetos y de la articulación espacial de todos los demás componentes de la exposición se derivan (deben derivarse) intencionalmente, tanto la aceptación y recreación vivencial, como el rechazo o cualquier otra reacción de la sensibilidad del visitante.

Por otra parte, la exposición (en el museo, en el lugar y el espacio) es un punto de encuentro entre lo tangible y lo intangible, entre la memoria enraizada en su diseño y la historia que conocemos. La museografía (lugar físico reordenado, diseñado) abre la puerta a un nuevo ritual de transmisión que reconoce la multimediación del espacio, el lugar y el sitio como componentes actuales de la «puesta en escena» de la exposición.

El espacio como definidor de la exposición y del visitante

El espacio configura en la práctica todos los elementos, incluidos los objetos. Al presentarlos en un lugar y en un sitio, y perder en parte su autonomía en beneficio del conjunto, el suceso en que se convierte dentro una determinada instalación y montaje produce el *acontecimiento* lingüístico (*performance*) concreto de una comunicación, y define el perfil y el nivel de su mensaje.

Los visitantes son invitados a reencontrar en el curso de esa mediatización de los objetos y el lugar las diferentes facetas grabadas en la memoria que de modo tan oficializado aparecen en los libros de Historia (cualquiera que sea su área de procedencia o clasificación: artística, etnográfica, científico-técnica, natural...). El lugar convoca a la reflexión y tiene el deber y la misión de conceptualizar, definir y consagrar el «acontecimiento» en él inscrito, tanto a nivel individual como colectivo contextualizado.

La relación entre el espacio y la obra es una determinación que ha tenido diferentes conformaciones o comportamientos en el transcurso del tiempo y de la evolución de la presentación de los objetos en el museo. Si tomamos como ejemplo la presentación de las obras artísticas, comprobamos que el siglo XIX estableció —dentro de sus criterios de clasificación estética— una relación adecuada entre el espacio y la obra de arte, produciéndose en el XX una variación con relación al diálogo establecido en los siglos XVIII y XIX, motivados por diversos factores que analizaremos en el capítulo 9, «Instalación y montaje». Entre otros, por la diferencia establecida entre el «espacio del sentido» y el «espacio de la percepción»; y, sobre todo, por parte del público receptor. De la estética del creador, propia del siglo XIX, pasando por la estética de la obra (gran parte del siglo XX participa de ésta), se ha llegado a la estética del espectador: el público se ha convertido en el auténtico protagonista, cuando no en el catalizador del consumo del espectáculo expositivo actual.

El espacio y la circulación

Uno de los problemas del museo más estudiados por los arquitectos del movimiento moderno en los comienzos y mediados de siglo, es el de la circulación del visitante. Personalidades como Le Corbusier o Mies van der Rohe se esforzaron en proporcionar en sus proyectos soluciones a este importante asunto, paralelamente a las de dotar de flexibilidad a los espacios interiores, y de modularidad y extensibilidad a la arquitectura en general. Frank Lloyd Wright creyó encontrar, sin embargo, un remedio perfecto al problema de la circulación del público en un museo, radicalizando su propuesta en el Museo Guggenheim de Nueva York (construido en el trienio 1953-1956): una espiral descendente, que apenas da posibilidades de parada o detenimiento al visitante, y que le arroja materialmente al final del trayecto sin mediar cualquier tipo de escala o ritmos que no sean los de la bajada en curva, sin solución de continuidad.

La buena organización de espacios en el recorrido global de una exposición permanente o temporal implica no solamente la facilidad y claridad de circulación para el público, sino también, como escribe Belcher ([1991] 1994: 136), el que aquélla

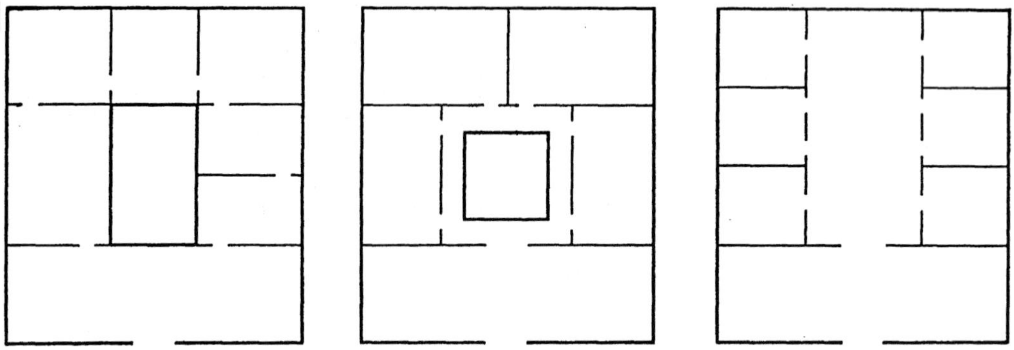

Figura 4. Circulación. Tres agrupaciones de salas (Coleman, 1950). Organización de sala a sala (izquierda), organización de pasillo a las salas (centro) y organización de nave a las salas (derecha), todas ellas utilizadas libremente en los modernos edificios, así como asociadas a los estilos históricos.

> [...] está relacionada muy estrechamente con el concepto de ritmo, que consiste en ofrecer al visitante una variedad de experiencias según avanza a través de un espacio determinado. Por tanto, es aplicable tanto al museo en su conjunto como a una exposición concreta.

Antes de que M. Lehmbruck (1974) desarrollara una tipología de modelos de circulación y los concretase en cinco formulaciones básicas de recorrido (arterial, peine, cadena, estrella y bloque) [Figura 7], otros autores como Laurence Vail Coleman (1950: 145-147) [Figura 4] ya habían analizado con cierta solvencia la «circulación, o movimiento de los visitantes en el espacio de la exposición», afirmando que aquélla

> [...] toma su patrón del trazado del edificio; pero tal y como responde el visitante a la organización del espacio, puede verse afectada por las exposiciones y está influida siempre por un complejo de hábitos humanos llamado conducta o comportamiento del visitante.

Coleman expresa gráficamente su concepto sobre la organización del espacio y la circulación del público en un museo o sala de exposiciones, por medio de estos diagramas y pies de gráficos [Figuras 5 y 6].

En último término, y como también recalca Belcher (140):

> En la mayoría de los casos la presentación de la exposición, con sus sutilezas y énfasis especiales, puede, fácilmente, disfrazar la estructura de circulación subyacente [Figura 8]. Sin embargo, el aspecto más significativo en cualquier modelo es el hecho de que el espacio esté o no esté cerrado (es decir, un fondo de saco) o por el contrario constituya una ruta de tránsito. En el último caso, el problema estará siempre en

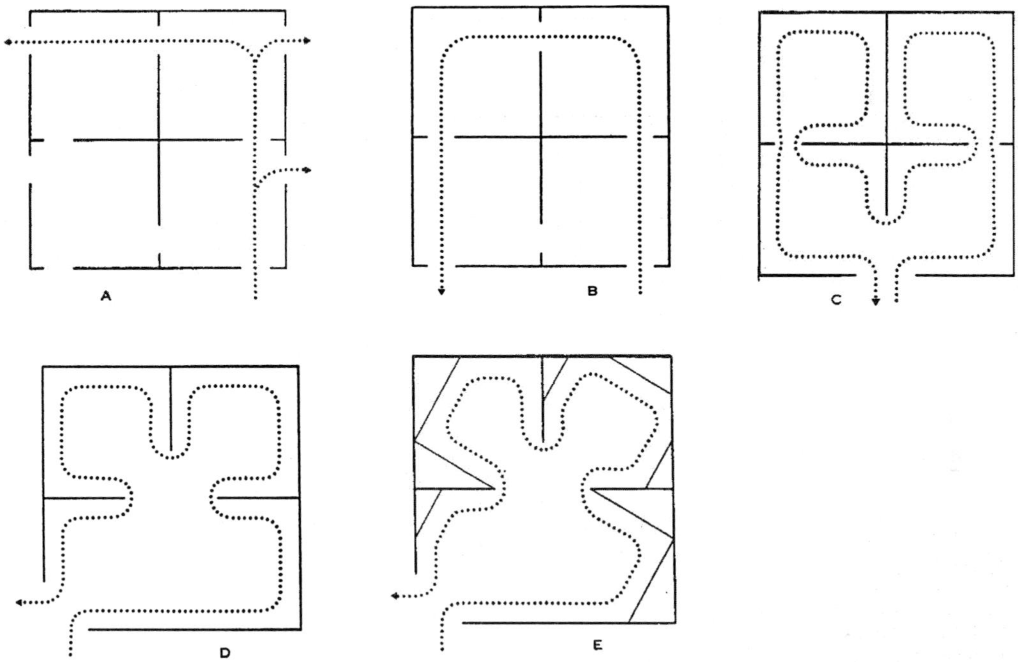

Figura 5.
Cinco diagramas de circulación (Coleman, 1950). A y B, libre circulación pero probablemente poco recorrido; C, recorrido a expensas del movimiento; D, un acomodo para circulación, recorrido y posibilidad de ver las exposiciones en un orden lógico; E, desarrollo del esquema D para exposición.

conseguir que el visitante vea tanto como sea posible de la exposición y esto implica superar el efecto de la proximidad de la salida y el rechazo natural del visitante a atravesar una salida para ver nuevos objetos cuando sabe que habrá de volver sobre sus propios pasos para salir por esa misma puerta más tarde.

La dimensión humana en el diseño de la exposición y la organización espacial

Resulta sorprendente cuánto y cómo se ignora el aspecto de la dimensión humana en el diseño de la exposición. Los diseñadores, conservadores y museólogos debemos ser conscientes de la magnitud del espacio y conseguir emplazar los componentes de manera correcta desde el punto de vista dimensional. Este aspecto es fundamental para el bienestar del público en las exposiciones y en el museo.

La gente se siente cómoda en espacios que permiten libertad de movimientos y no se encuentra confinada ni expuesta a peligros o

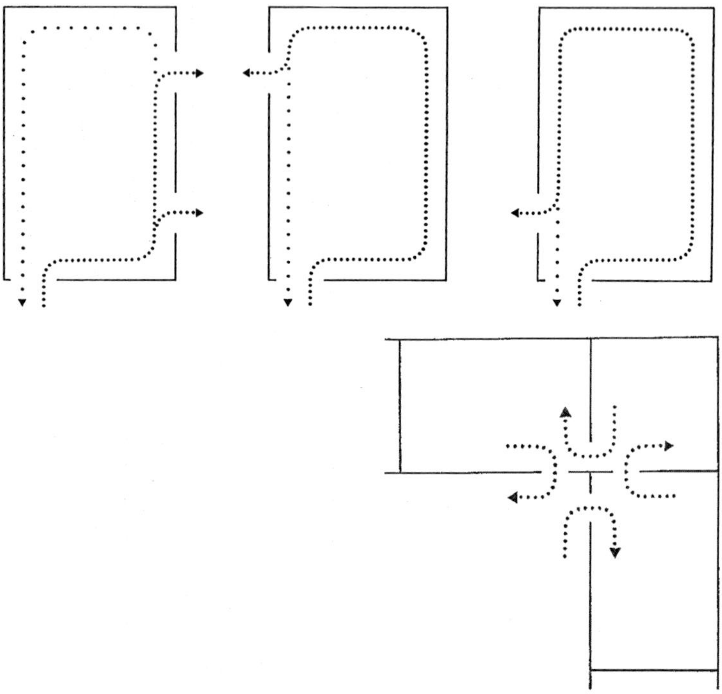

Figura 6. Cuatro emplazamientos de entrada (Coleman, 1950). Emplazamiento de la entrada y efectos sobre el itinerario: atracción de la salida ignorada (izquierda), la atracción de la salida ayuda al recorrido (centro), promueve el recorrido (derecha). Tres salas, todas del último tipo, se muestran abajo en una agrupación familiar.

angosturas. El espacio mínimo confortable para una persona se define por el espacio comprendido alrededor del individuo cuando éste extiende los brazos a cada lado perpendicularmente al cuerpo.

Las exposiciones deben ser diseñadas con el propósito de acomodar una gran variedad de alturas. Existen bases de datos sobre estas medidas, producidas por el campo llamado de la antropometría física, que en Estados Unidos surgió para uso del ejército. Estos datos han sido utilizados también por una gran diversidad de profesionales que incluyen diseñadores industriales, ingenieros, arquitectos y otros. (Una buena fuente de datos antropométricos para diseñadores de exposiciones son los libros de Henry Dreyfuss T, 1967; Diffrient, N. y otros, 1981; de K. F. H. Murrel, 1965; de P. Tutt y D. Adler, 1981, Mercado Segoviano, 1988).

Adelantando conceptos que aparecerán al tratar de la instalación y montaje de los objetos, ofrecemos las siguientes medidas aplicables a las exposiciones que necesiten acomodar distintos tipos de público, incluyendo niños, adultos y personas en sillas de ruedas:

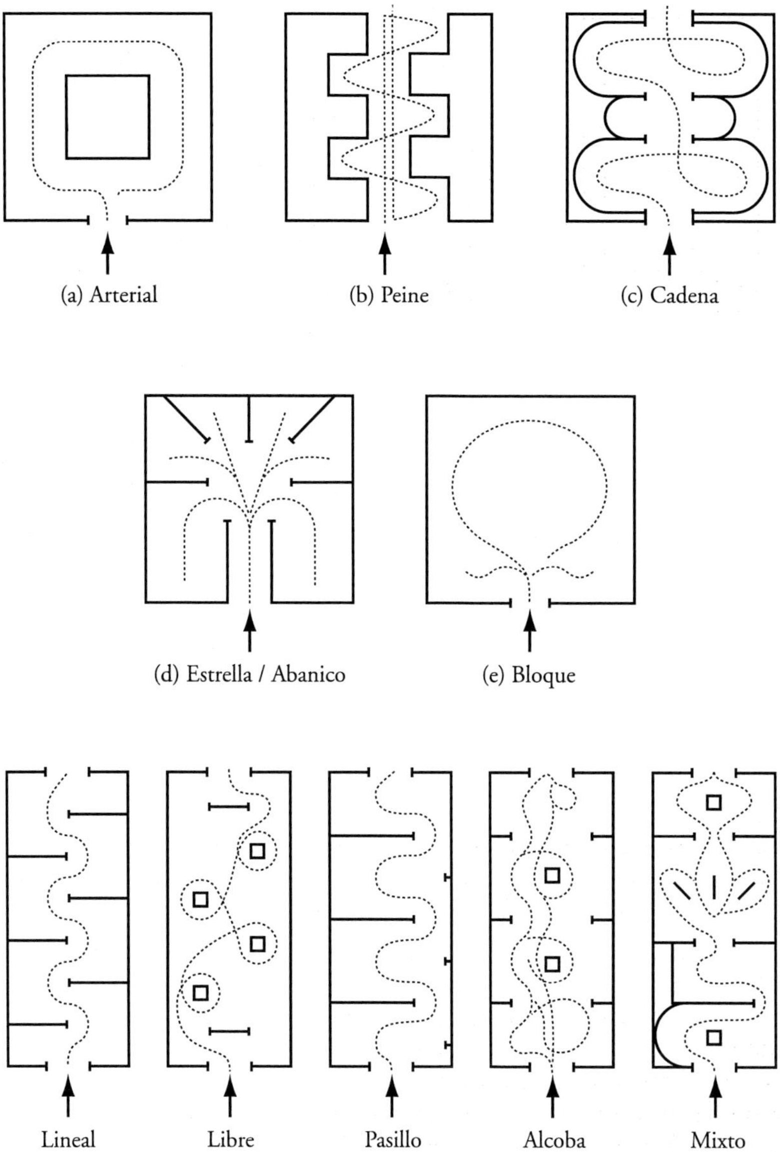

Figura 7.
Ejemplos de modelos típicos de circulación (Lehmbruck, 1974).

Uno de los problemas más comunes que aparecen en el diseño de exposiciones es el de su adaptación para un público de distintas alturas, ya que en muchas ocasiones la solución talla única no es posible. Por ello, se deben buscar soluciones alternativas en el dise-

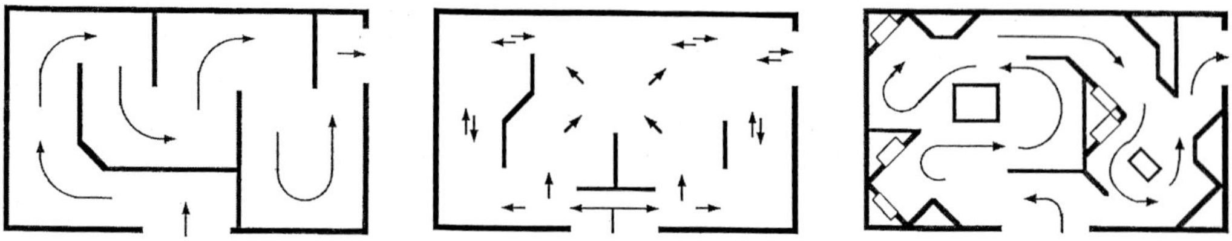

Figura 8. Tipos de circuitos. 1, dirigido; 2, libre o no estructurado; 3, sugerido (Dean, 1998: 53).

ño, aunque casi todas las soluciones tienen sus aspectos positivos y negativos:

1. Construcción de un pequeño escalón de unos 15 cm que permita el acceso a los visitantes de distintas alturas. En su contra está el que puede ser fuente de accidentes.
2. Unidades múltiples a distintas alturas. Este sistema puede satisfacer a casi todo tipo de público, pero es más caro y desde el punto de vista del diseño tiene un aspecto negativo, ya que es un factor de repetición.
3. Exposiciones que se pueden adaptar mecánicamente: el inconveniente de este sistema es, obviamente, su costo.

DIMENSIONES HUMANAS

	Hombre (cm)	*Mujer (cm)*	*Niño 8 años (cm)*
Altura de pie	178	163	130
Altura de hombros	51	51	30
Brazos extendidos hacia delante	91	84	65
Brazos extendidos hacia arriba	227	204	160
Brazos extendidos a los lados	183	168	152
Radio de torsión	122	122	91,5
Línea de visión horizontal	170	150	120
Altura sentado	46	38	33
Anchura silla de ruedas	63,5	63,5	63,5
Longitud silla de ruedas	108	108	108
Línea de visión en silla de ruedas	124	112	91

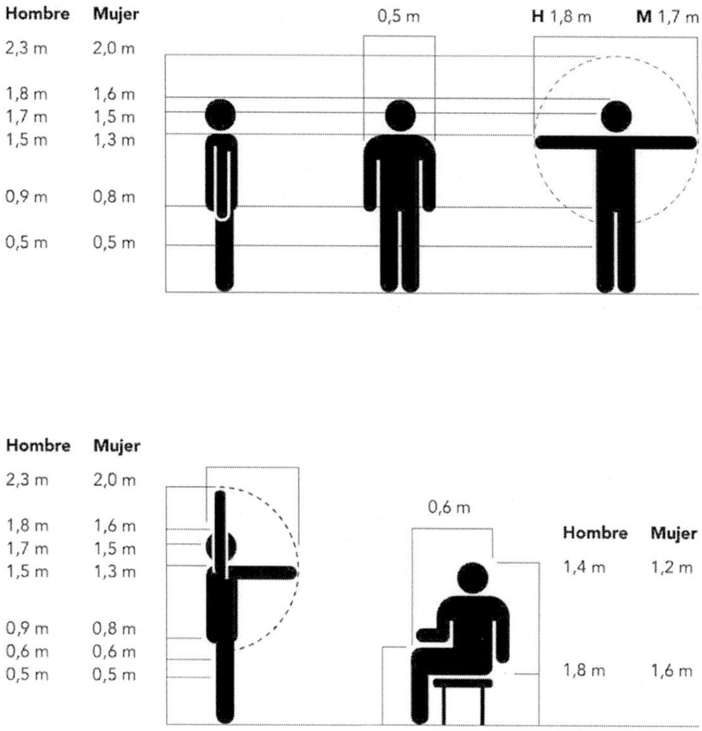

Figura 9.
Dimensiones humanas (Dean, 1998: 42; lsd, 2009).

Colocación de los objetos

En la instalación de los objetos surgen numerosas limitaciones físicas y visuales que hay que tener en cuenta a la hora de la percepción por parte del público. Los objetos deben estar colocados siguiendo una línea visual adecuada y dentro del campo visual [Figuras 9, 10 y 11], de otro modo se van a producir casos severos de fatiga museística [Foto 28].

Accesibilidad

Accesibilidad significa la adaptación del diseño y organización de una exposición a las necesidades de un público considerado especial: ancianos, deficientes visuales, sordos, minusválidos... Hacer accesible la exposición es adaptar el espacio tanto desde el punto de vista físico

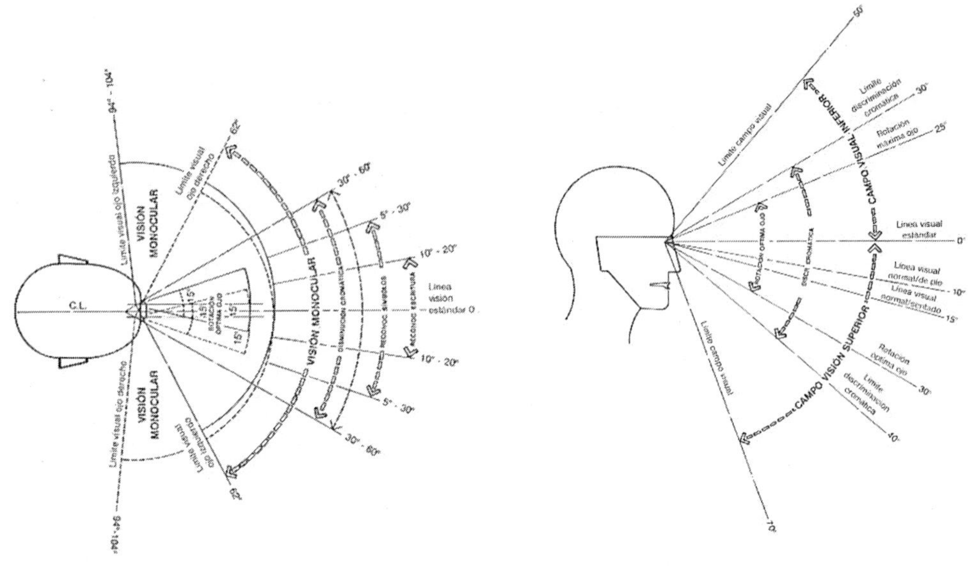

Figura 10. Conos de visión (Mercado Segoviano, 1988).

como intelectual, posibilitando que el visitante pueda acceder a todos los objetos de la exposición y a los materiales informativos y de entretenimiento.

De entrada, podemos efectuar una evaluación previa que nos oriente en las decisiones que debemos tomar en el diseño:

1. *Concepto*

   a) ¿A qué tipo de público se dirige la exposición? ¿Existen cuestiones que puedan interesar o que resulten familiares a personas con discapacidades?

2. *Espacio*

   a) ¿Existen impedimentos físicos para acceder a la exposición?
   b) ¿Existen barreras dentro del espacio de la exposición?

3. *Objetivos didácticos*

   a) ¿Se tienen en cuenta las necesidades e intereses de los visitantes con distintos niveles culturales?

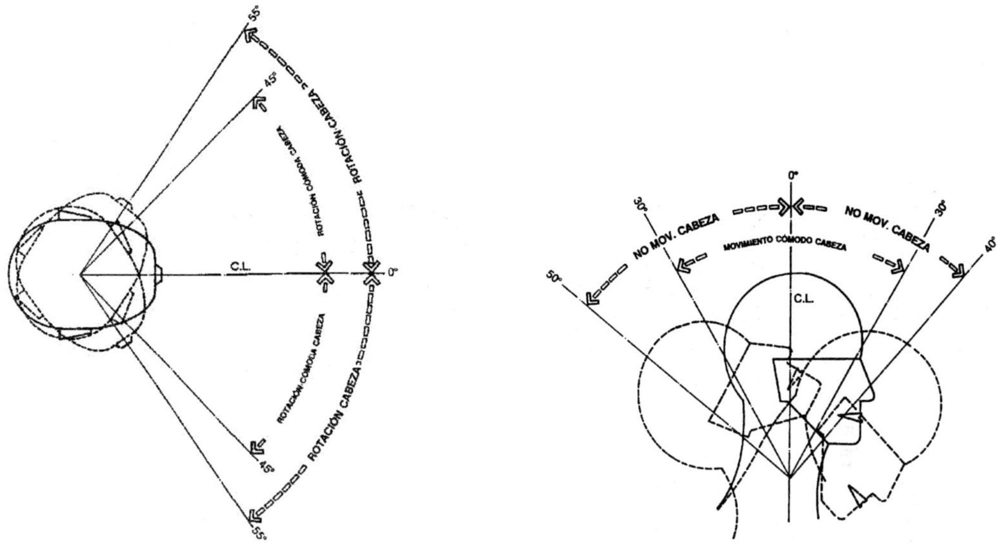

Figura 11. Movimientos de cabeza (Mercado Segoviano, 1988).

b) ¿Pueden presentarse los conceptos de la exposición utilizando técnicas multisensoriales?

4. *Colecciones*

a) ¿Hay muchos objetos en la colección que son demasiado grandes o pequeños para que puedan ser apreciados por el público con deficiencias visuales?
b) ¿Hay muchos objetos que son complejos desde el punto de vista visual?

5. *Conservación*

a) ¿Hay objetos en la colección que se pueden tocar?
b) ¿Hay objetos alternativos (objetos en almacén, reproducciones...) que se pueden incluir en la exposición?
c) ¿Puede establecerse un equilibrio entre accesibilidad y conservación?

6. *Consultores*

a) ¿Se ha contratado un consultor especializado para revisar la exposición?

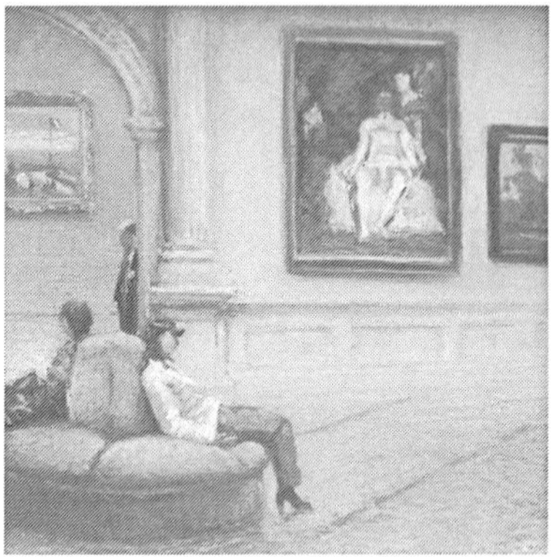

Foto 28.
Una inadecuada instalación y montaje ayuda a la aparición de la fatiga museística (*Museum Fatigue*, de Ray Hassar, 2002).

7. *Métodos de presentación*

   a) ¿Comunica la exposición de manera eficiente a visitantes con distintos niveles de aprendizaje?
   b) ¿Son todos los elementos de la exposición accesibles: módulos interactivos, audiovisuales, publicaciones, etcétera?
   c) ¿Son los programas públicos (actividades programadas) accesibles?

8. *Textos*

   a) ¿Es el contenido del texto y su lenguaje completamente accesible?
   b) ¿Las cartelas son del tamaño, color, tipografía, contraste adecuados y su localización visualmente correcta?
   c) ¿Está el texto también en braille o en sistemas de audio?

9. *Producción*

   a) ¿Se tienen en cuenta en la fase de diseño los objetivos sobre accesibilidad establecidos en la fase de diseño?

10. *Mercadotecnia* (*Marketing*/publicidad/relaciones públicas)

    a) ¿Está diseñada la campaña de publicidad para atraer al público con minusvalías?

11. *Construcción/instalación*

    a) ¿Se cumplen todos los requisitos sobre accesibilidad contemplados por la ley?

b) ¿Se contemplan todos los requisitos especificados en la fase de diseño?

Desde el punto de vista del diseño, lo anterior se traduce en los siguientes puntos y aplicaciones fundamentales:

1. Familiarizarse con la legislación, publicaciones e información existentes sobre accesibilidad.
2. Crear accesos con rampas, ascensores, puertas y acabados especiales (suelos, techos, paredes, etc.) en los distintos espacios del museo.
3. Suprimir de barreras arquitectónicas facilitando el acceso a todas las áreas.
4. Conseguir superficies bien iluminadas y diferenciadas tanto en las áreas de adaptación como de exposición.
5. Tener en cuenta todos los aspectos de orientación tanto geográfica como psicológica y adaptarla a las distintas necesidades.
6. Diseñar sistemas en braille en ascensores y puntos estratégicos de la exposición.
7. Facilitar la exposición interactiva desarrollando la experiencia sensorial.
8. Diseñar sistemas guiados de audio.
9. Asegurarse de que la información audible se encuentra también en forma visual.
10. Organizar visitas especializadas para atender a personas con todo tipo de deficiencias.

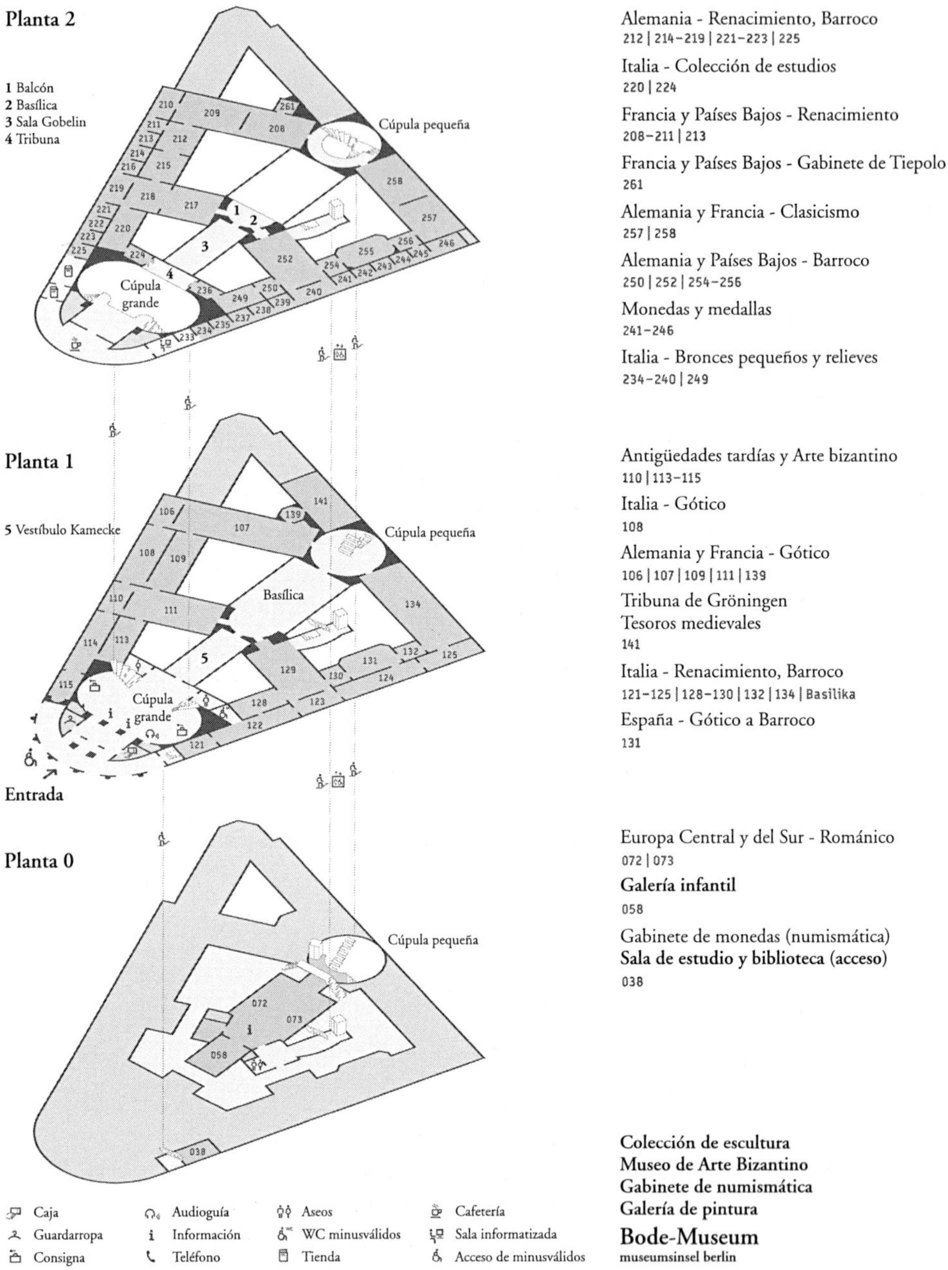

Figura 12.
Plano del Museo Bode de Berlín

5
Gestión y producción

La gestión y producción de exposiciones ha adquirido en nuestro tiempo un volumen e importancia extraordinarias, correlativas a las funciones científica, conservadora, educadora, de difusión y comunicación patrimonial que se le exige al museo. La exposición, como hemos venido insistiendo, no sólo es la faz pública del museo, sino especialmente el método de trabajo más adecuado para el diálogo entre el museólogo y el público (la comunidad). El acierto de esta tarea o función irrenunciable del museo (y de cualquiera otra institución análoga) depende esencialmente de la buena *gestión de las exposiciones*, que comprende estas tres decisivas actividades: la *política*, el *programa*, y la *creación* y *producción*.

Barry y Gail Dexter Lord ([1997] 1998: 106) simplifican estas tres actividades en dos: «la política de exposiciones y el proceso de creación de exposiciones», que consideran «dos herramientas de vital importancia para la correcta gestión de un programa de exposiciones. Los gestores no pueden prescindir de ellas».

La *política de exposiciones* es, sin duda, el medio de gestión indispensable para establecer tanto el perfil como los objetivos del «proyecto expositivo» de un museo que, a su vez, debe fijar el «sistema o modelos de presentación» y las «secuencias temporales» y «tipológicas de las exposiciones».

Nos permitimos también recomendar, como muestra de una forma generalizada de plantear su estudio, el apartado que, dentro del *Manual de gestión de museos*, dedican sus autores, Barry y Gail Dexter Lord ([1997] 1998: 105-119), a la política de exposiciones cuyos epígrafes son:

— Objetivos del programa de exposición.

— Modelo de presentación (contemplativo, temático, ambiental, sistemático, interactivo, se permite tocar).
— Número, frecuencia, tamaño y alcance de las exposiciones temporales. A propósito de este último punto, escriben:

> El número, frecuencia, tamaño y alcance de las exposiciones temporales es causa de un continuo debate. Determinar el número acertado de exposiciones tanto para el personal del museo como para el público es realmente difícil; muy a menudo ambas partes se contradicen. De forma parecida, es prácticamente imposible prever cuántas exposiciones podrá digerir el mercado. [...] La política de exposiciones sobre estas cuestiones tiene que proporcionar unos criterios generales que contribuyan a que la programación de las exposiciones sea coherente con la misión del museo y con los objetivos del programa de exposiciones. Así, la política debería tomar en consideración los diferentes tipos de exposición y establecer unos parámetros de frecuencia y alcance para cada tipo, incluyendo los siguientes aspectos de la cuestión:
>
> — alternar los objetos en exposición a efectos de una mejor conservación;
> — producir exposiciones de pequeño formato [...];
> — producir algunas exposiciones importantes de carácter temático [...];
> — organizar exposiciones producidas por otro museo [...];
> — producir o coproducir exposiciones ambiciosas de gran formato [...].

Ilustran esta propuesta, para museos pequeños o medianos, con el siguiente cuadro:

CUADRO-GUÍA PARA PLANIFICAR UN PROGRAMA DE EXPOSICIONES DE DOS AÑOS

Marco	*Materiales en renovación*	*Menores*	*Temáticas*	*En préstamo*
Local....................		3	2	
Regional..............	4	3	2	2
Nacional..............				2
Internacional........				1

El cuadro muestra una simple parrilla correspondiente a dos años que puede ser útil como guía para que la política de exposiciones mantenga un cierto equilibrio. La columna de la izquierda indica si la exposición es de tema básicamente local, regional, nacional o internacional. Los distintos tipos de exposición aparecen a lo largo del encabezamiento.

El *programa de la exposición* consiste en el establecimiento de cuantas variables (conceptuales, técnicas, procedimentales, sociológicas, antropométricas, didácticas, difusoras, publicitarias, etc., pero también administrativas, financieras y presupuestarias) constituyen la articulación o sistema de un método de trabajo sociocultural tan complejo e interdisciplinal como es la exposición comunicativa. En otras palabras, es el *temario* con el que componer un discurso integral.

La *creación* y *producción* de una exposición comprende el desarrollo del «proceso» de la exposición en todas sus fases (conceptualización, diseño, construcción, instalación, montaje, mantenimiento y evaluación), así como la «conformación» del *equipo humano* de realización y la aplicación de los *materiales* e *instrumentos* con los que ejecutar el *proyecto museográfico*, y culminar el «proyecto expositivo» con el análisis del público y la evaluación final [Figura 13].

La mayor parte de las cuestiones y actividades a que se refieren los bloques indicados se desarrollan a lo largo de los capítulos de este manual. Por lo que remitimos a cada uno de ellos y a los epígrafes correspondientes, y ofrecemos como síntesis de «gestión y producción» en el esquema de la página siguiente:

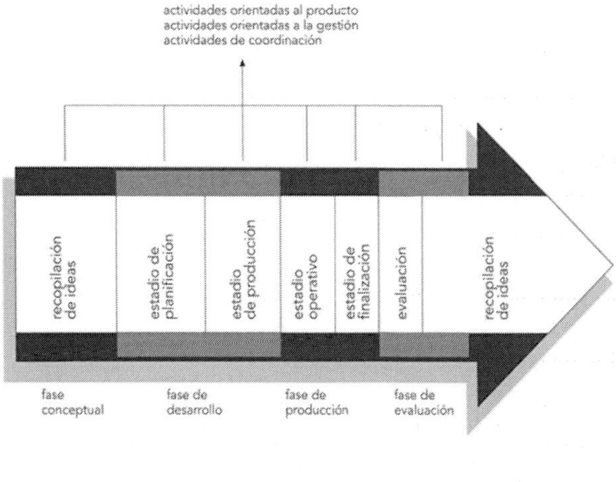

Figura 13.
Etapas de un proyecto expositivo (Dean, 1998: 8, lsd, 2009).

ESQUEMA GENERAL DEL DISEÑO DE UNA EXPOSICIÓN

Proceso de diseño:

1. Fase de planificación (o campo de actuación).
   — Investigación o recogida de datos.
   — Selección del equipo.
   — Fijación de objetivos.
   — Concepto o desarrollo temático.
   — Plan sobre un espacio previo o preliminar.
2. Fase de diseño.
   — Diseño preliminar.
   — Diseño esquemático.
   — Diseño final.
   — Documentación previa a la producción.
   — Aprobada la fase de diseño se inicia la fase de producción.
3. Fase de producción de diseño.
   — Preparados el diseño final y la construcción de dibujos, la reproducción artística y demás especificaciones.
   — Invitación y selección de contratistas, fabricantes y suministradores.
   — Completada la fase de producción de diseño, las siguientes completan el proyecto.
4. Supervisión de la fase de construcción.
   — Inspección de la fabricación e instalación.
   — Control de calidad y aceptación de especificaciones.
5. Fase de consultas en el proceso.
   — Revisiones periódicas, consultas a los asesores.
   — Revisar y actualizar los elementos de la exposición según las necesidades.

CONSIDERACIONES FUNDAMENTALES

Información normal:

1. Organizar la presentación de la información general.
   — Progresión lineal.
   — O libre recorrido.
2. Diferenciar las diversas opciones de presentación.
   — Para proporcionar alternativas al visitante.
   — Utilizar la mejor ejecución técnica de los medios para llevar el mejor mensaje al visitante; no abusar en el diseño de la más alta tecnología que impida la comunicación.

Lugar y espacio:

1. La exposición es un sistema experiencial.
   — Cada lugar y cada espacio condiciona y define tanto la exposición en sí como la experiencia que el visitante recoge.

2. El diseñador determina la experiencia espacial.
   — Las secuencias o el énfasis del recorrido dependen del diseñador.
   — La secuencia experiencial termina sólo cuando el diseñador no puede influir más en el espacio y el lugar.

Programa de iluminación:
1. Impacto de la naturaleza o condiciones del espacio sobre un plan de iluminación de una muestra concreta.
2. El ambiente de luz natural (ventanas, puertas, claraboyas): otra condición seria en la iluminación de una exposición.
3. Conservación. Los rayos ultravioleta e infrarrojos. Nivel de iluminación.
4. Aspectos técnicos. Tipos de lámparas e iluminantes. Control de sus efectos negativos sobre los objetos expuestos.

Público visitante:
1. Estímulo de la gente en el plano cognoscitivo y el afectivo.
2. Recursos interactivos; utilización y adaptación al visitante.
3. Recursos multimedia. Su integración y aplicación en las exposiciones.

Actuación conjunta del equipo:
1. El equipo de diseño y el programa.
2. El equipo de producción, construcción, instalación y montaje.

Estimación de costes y financiación:
1. El presupuesto económico. Función de la rentabilidad sociocultural de la exposición.
2. Recursos propios y búsqueda de ajenos.

Producción del proyecto:
1. Realización colectiva: «producción».
2. Aplicación. Construcción. Mantenimiento. Evaluación.

Del presupuesto, pero sobre todo de su buena gestión y administración, depende mucho el acierto de la *política de exposiciones* de un museo o centro especializado, como dependen en general la conservación, investigación, presentación, acrecentamiento y difusión del patrimonio museístico. Por estos cometidos, la sociedad actual concede a menudo al museo la categoría de empresa de primera línea, aunque, como por definición les corresponde, tengan que limitarse a los beneficios de una *rentabilidad* sociocultural. Se comienza, sin embargo, a denominar, por analogía con empresas de carácter cultural, *operadores culturales* a los museos cuando se trata de encontrar o construir su eficiencia, su rentabilidad en la sociedad, especialmente definida en el exterior por la *gestión y producción* de exposiciones.

Desde este punto de vista, y debido precisamente a las nuevas, complejas e intensas demandas sociales, y a los profundos cambios cuantitativos y cualitativos en sus funciones y servicios, los museos han iniciado o deben realizar un proceso de modernización general al menos en tres áreas fundamentales, si se pretende conseguir esa eficiencia o rentabilidad sociocultural de, entre otros servicios, la gestión y producción de exposiciones:

- *Renovación de los arquetipos profesionales* (sus contenidos funcionales y operativos vienen impulsados por una actividad interdisciplinal).
- *Modificación en el modo de utilización de los recursos y en los métodos de financiación* (no reducibles a sólo términos de mercado; a los museos no les justifica en modo alguno abandonarse a su suerte y no impulsar para la política de exposiciones tanto la generación de recursos propios como la búsqueda de otros medios a través del mecenazgo y patrocinio).
- *Renovación legal, administrativa e institucional* de los órganos de gobierno de los museos (de acuerdo con las nuevas necesidades y demandas sociales, y en función de los objetivos que el museo debe conseguir).

La rentabilidad sociocultural, dependiente por tanto de la buena gestión y administración de la institución museística (y en este caso concreto de la buena gestión y producción de las exposiciones), resulta a su vez también consecuencia de dos realidades interdependientes: la economía y la museología.

Según Barry y Gail Dexter Lord ([1997] 1998: 110-118) en una exposición intervienen:

- *Organización del proceso de desarrollo de una exposición*:
  — Comité de exposiciones.
  — Equipos de trabajo para los proyectos de exposición.
  — Comités asesores.

Con la inclusión en cada uno de representantes de las siguientes funciones museísticas:

— Gestión de colecciones:
conservación,
conservación-restauración,
documentación.
— Actividades:
exposición,
diseño,
educación,
publicaciones,
Marketing.
— Administración:
finanzas,
promoción y desarrollo,
seguridad,
atención al público.

- *Etapas en el desarrollo de la exposición*:
  1. Fase de conceptualización.
  2. Proyecto base de la exposición.
  3. Propuestas de diseño.
  4. Diseño final.
  5. Evaluación formativa.
  6. Montaje e instalación.
  7. La vigilia de la apertura.
  8. Evaluación.

— Interpretación:
1. Orientación: orientación física; orientación intelectual.
2. Rótulos y textos.

Y en su libro *Manual of Museum Exhibitions* (1999: 3) especifican la multidisciplinaridad de un proyecto de exposición (ver capítulo 3, gráfico 1).

En conclusión, no debemos olvidar e insistir con Susan Pearce (1995: 11) en que «cada exposición es una producción teatral; y, al igual que una representación teatral, es una obra específica de cultura que tiene sus propias reglas de juego»; o con Michael Belcher ([1991] 1994: 244), en que

> [...] hay tres aspectos relevantes para la comunicación a través de las exposiciones del museo: la estructura de la exposición y los medios de

> comunicación empleados; el mensaje, es decir, la naturaleza de la comunicación y su esencia (que incluye los objetos) y a los espectadores y su capacidad de entender o, de hecho, de reaccionar de cualquier otra forma ante la experiencia. Para valorar la efectividad de una exposición habrán de analizarse cada uno de estos tres aspectos.

O, dicho con otras palabras, la buena *gestión y producción* de las exposiciones incluye, obviamente, una acertada *política*, un bien estudiado programa y la aplicación museográfica rigurosa de un atractivo *proyecto expositivo*.

6
Materiales y fabricación

En la construcción de las exposiciones temporales suelen contratarse casi todos los trabajos, siendo el diseñador el que fija las especificaciones necesarias para la fabricación de los elementos expositivos, así como las directrices para su instalación.

Antes de iniciar la construcción, es necesario conocer qué número exacto de paneles, pedestales, vitrinas y otros elementos son necesarios, así como las dimensiones y los materiales a utilizar. Algunas instituciones pueden construir por sí mismas estos elementos en sus instalaciones, pero la gran mayoría deberá contratar fuera, por lo que resulta esencial la preparación y realización de dibujos claros y explicativos.

Además de la construcción en sí, es importante el acabado de todos los elementos, ya que en este resultado se basa en gran medida el diseño. La textura y apariencia deseada se consigue a base de distintas técnicas, como es la aplicación de pinturas especiales o la de otros elementos (papel, telas, etc.), dependiendo de cada exposición concreta.

Paneles

Los paneles pueden servir para:

- Dividir espacios.
- Sostener objetos o vitrinas.
- Montar textos o fotos.
- Combinación de varias utilidades.

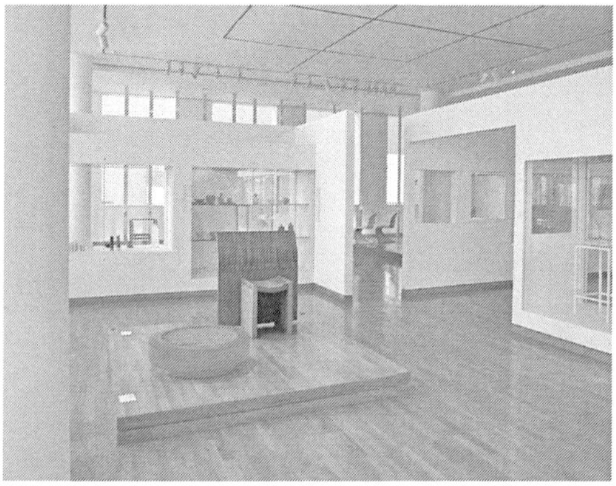

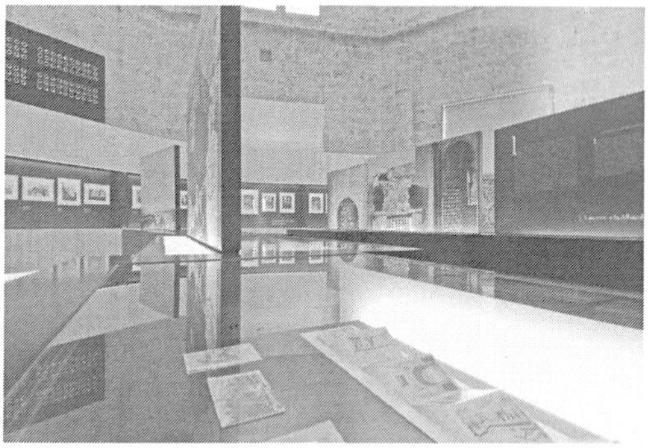

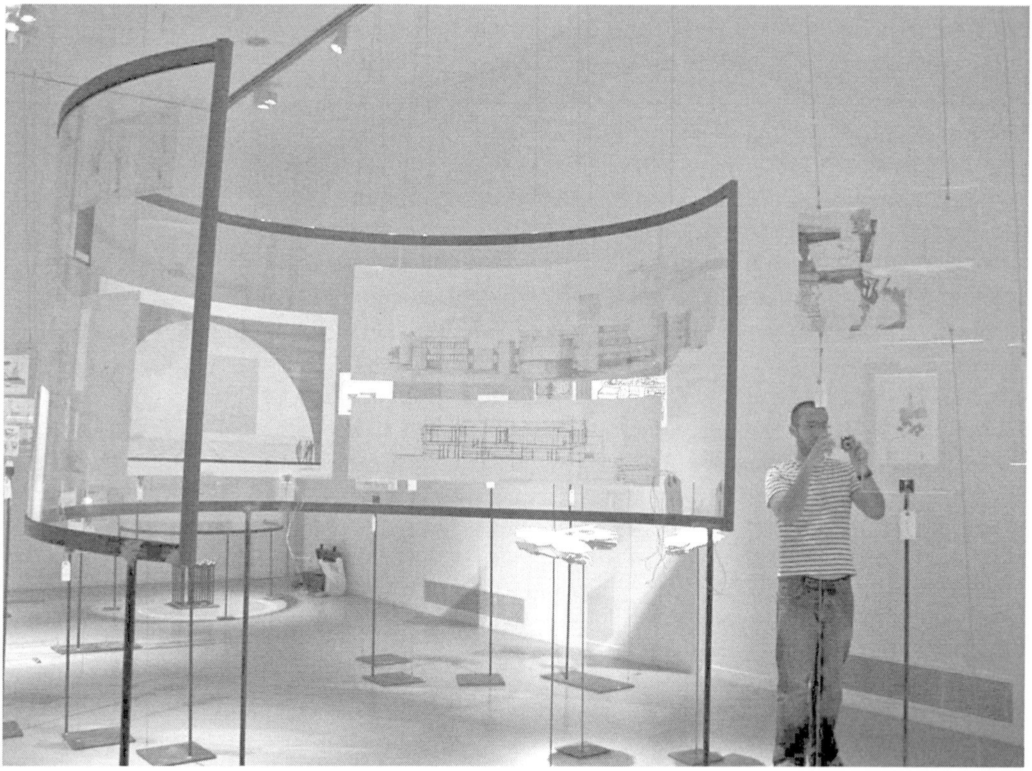

Foto 29.
Sistema de paneles y plataformas. Museo de Artes Decorativas, Frankfurt.

Foto 30.
Sistema de paneles, pedestales y vitrinas. Exposición «Luz sobre papel», Palacio de Carlos V, La Alhambra (Diseño: FRADE Arquitectos).

Foto 31.
Paneles curvos. «Inéditos», La Casa Encendida, 2005 (Diseño y montaje: Intervento, s.l.).

Según su colocación, los paneles pueden ser de pared o aislados; y según su construcción, pueden ser simples o compuestos, utilizando estos últimos elementos conectores.

Otras consideraciones a tener en cuenta son: si estos paneles van a servir para cubrir ventanas, puertas, etc., o si van a ser vistos de uno o de los dos lados incorporan sistemas de iluminación.

Las necesidades y los recursos imponen los límites a las posibilidades. Antes de decidir los tipos, realizar el diseño y elegir los materiales se tienen que evaluar las funciones, costes y grados de flexibilidad. Siempre que se pueda, han de elegirse materiales de buena calidad, ya que además de asegurar una larga duración, es posible reutilizarlos [Fotos 29, 30 y 31].

Pedestales y plataformas

En el diseño de muchas exposiciones se necesitan estos elementos presentadores, bien por razones de seguridad, de conservación o por los propios dictados del diseño. Pueden presentar múltiples formas según las necesidades, pero siempre deben ser sólidos y estables (si no son pesados, deben estar asegurados o lastrados al suelo). Suelen estar fabricados en madera, ya que es un material muy fácil y rápido de trabajar, además de permitir múltiples acabados. Sin embargo, se pueden emplear otros materiales como la piedra, el metal, el cristal, el metacrilato, el policarbonato, etcétera [Fotos 32, 33 y 34].

Vitrinas

La vitrina es un elemento de exposición a la vez que de preservación. Desde el punto de vista de la exposición, la mayoría de los diseñadores no están de acuerdo con su uso, ya que pueden ser un elemento de distracción si tenemos en cuenta la experiencia estética del objeto u obra de arte en sí mismo y su contemplación sin barreras. No obstante, la vitrina en nuchos casos es necesaria para la exposición ya que dentro de ella se crean ambientes, se establecer unidades temáticas, se sugieren ritmos visuales, etc. Y lo más importante, son los elementos fundamentales a la hora de crear microclimas para asegurar la conservación de los objetos. Así pues, no ha de subestimarse la vitrina como elemento de exposición, ya que en muchas ocasiones dictará la forma en que

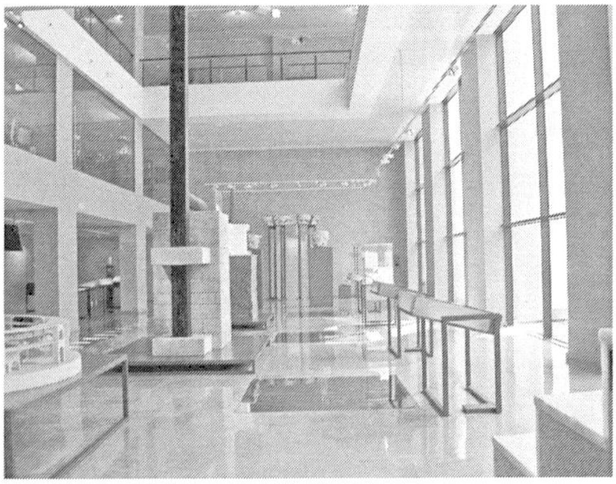

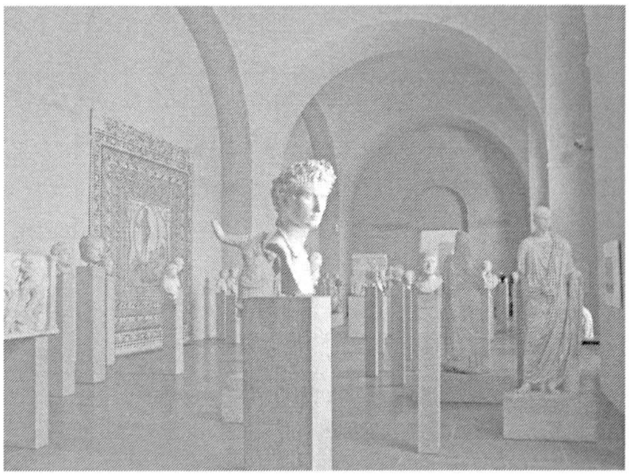

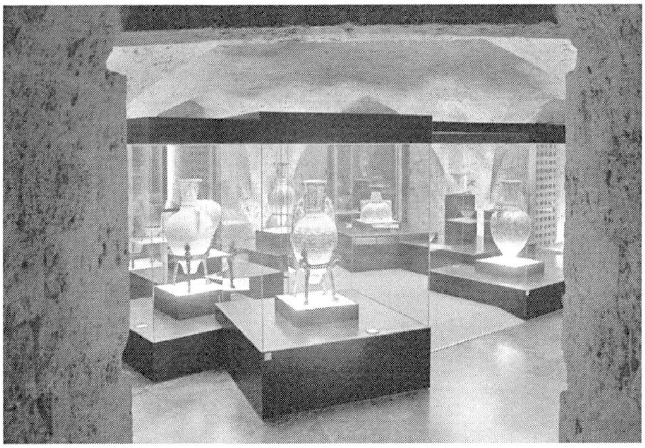

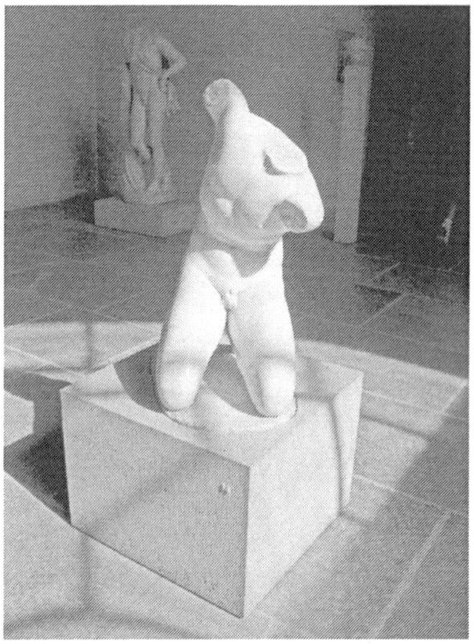

Foto 32.
Plataformas, pedestales y vitrinas. Museo del Teatro Romano, Zaragoza. Foto: Isabel García.

Foto 33.
Pedestales. Glyptotheka Múnich. Foto: Isabel García.

Foto 34.
Sistema de vitrinas, pedestales y soportes. Palacio de Carlos V, La Alhambra. (Diseño: FRADE Arquitectos).

Foto 35.
Pedestal. Glyptotheka Múnich. Foto: Isabel García.

la propia exposición será diseñada. Por lo que requiere una planificación tan cuidadosa como la de los espacios de exposición.

Tipología

Como apunta Margaret Hall (1987) la vitrina «todo uso» no ha sido diseñada todavía. Lo que podríamos llamar la vitrina perfecta tiene que ofrecer una serie de características, tales como completa seguridad, facilidad de acceso y estabilidad, a la vez que debe cumplir los requisitos adecuados para la conservación, la iluminación flexible y ser adaptable en cuanto a sus posibilidades de exposición [Figura 16] [Fotos 37a, b y c]. Finalmente también debe poseer una estética agradable que no distraiga la contemplación de las obras. Teniendo en cuenta lo anterior existe un número razonable de soluciones; aunque no perfectas, sí satisfactorias.

No es fácil establecer un sistema de clasificación que englobe todos los tipos de vitrinas. En general podemos hablar de diferentes *categorías de uso* y de *tipologías de diseño* de las vitrinas.

Atendiendo a las *categorías de uso* podemos clasificarlas como:

1. *Vitrinas existentes* en el museo o galería que seguramente en su día fueron creadas para la exposición permanente, y que pueden ser, a su vez, permanentes o por el contrario flexibles, lo que significa que sus elementos pueden separarse para crear diferentes tipos de configuraciones.
2. *Vitrinas construidas para una función específica*, ya sea para exposiciones temporales o por motivos de conservación de los objetos en exposición. Este tipo de vitrinas son, en general, difíciles de adaptar a otros usos. En el caso de vitrinas realizadas para exposiciones temporales suelen ser de construcción simple utilizando materiales ligeros y baratos, por lo que tienen una corta duración de uso. Los contenidos van a determinar el tamaño y el tipo de vitrina y son, por tanto, difícilmente adaptables a otras exposiciones.

Dentro de este grupo se encuentran las vitrinas que pueden combinar su uso en la exposición y en el almacén. Son de carácter práctico y permiten acomodar en el espacio disponible la mayor cantidad de objetos.

Atendiendo a las *tipologías de diseño* —o conformación— las vitrinas pueden adquirir una gran variedad de modelos, tamaños y formas.

Existen vitrinas diseñadas según todo tipo de formas geométricas (aunque por razones de facilidad de la construcción, la gran mayoría adquieren un perfil de forma rectilínea); de diseño simple o complejo, con luz integrada o sin ella. No obstante, todos los modelos pueden agruparse —según el carácter autónomo— en la tipología básica de: *vitrinas verticales* (de posición y contemplación frontal), *vitrinas inclinadas* (a modo de atriles) y *vitrinas horizontales* (a modo de mesetas o urnas de cristal planas).

Entre las primeras se encuentran las *vitrinas de pared* (empotradas o adosadas; colgadas, apoyadas o encajadas en la pared); entre las segundas y terceras, las *vitrinas exentas* (se pueden ver por cuatro lados); algunos autores subdividen, a su vez, estas últimas según sus dimensiones. Las variaciones dependen también de las posibilidades de construcción de los tipos de base y de los compartimentos superiores o de exposición, así como los modos de apertura [Figuras 14 y 15].

De las *vitrinas de pared*, las empotradas (o construidas en un muro o paramento fijo), generalmente no son tan flexibles en cuanto a posibilidades de exposición como las *vitrinas exentas*, ya que la profundidad es restringida y normalmente sólo permiten la contemplación de frente por lo que se utilizan frecuentemente para la exposición de objetos de pequeño tamaño o bidimensionales. Sin embargo, también sirven para crear los dioramas. Las *vitrinas adosadas* (al muro o al panel) son una variación mixta de las de pared y las exentas, y juegan diversas posibilidades, de acuerdo con la planta que dibujen —en forma de T o media cruz resultan visibles por el 75 por ciento de sus lados—, la naturaleza de los objetos y la tipología de la exposición. Las *vitrinas exentas* aportan la posibilidad de contemplación de los objetos dentro de un espacio autónomo, de modo análogo a como lo exige una escultura. Pero a nivel de instalación o circuito, esa misma autonomía crea dificultades de configuración, cuando se tienen que combinar o compartir espacio —que suele ser lo habitual— con otros objetos verticales o exentos.

A las vitrinas horizontales, algunos autores las consideran dentro y como una variante de la categoría de las verticales. Estas vitrinas y las inclinadas son las llamadas de mesa o a modo de atril, respectivamente, y su tipología depende del grado de inclinación de la parte superior o compartimento principal. Ambas son utilizadas generalmente para la exposición de objetos pequeños bi o tridimensionales, que requieren una apreciación desde arriba.

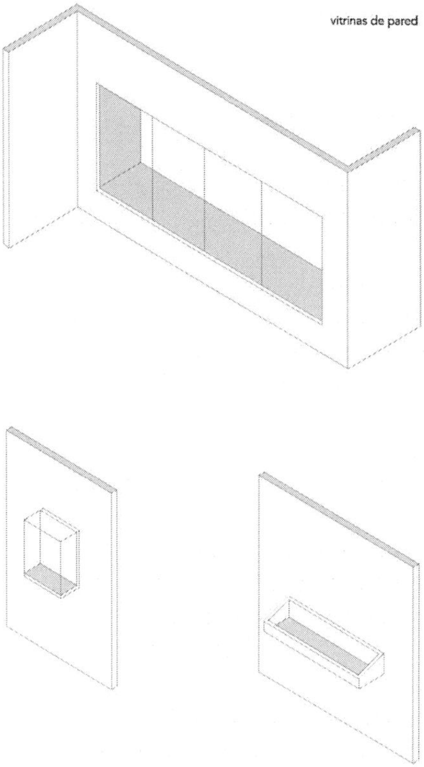

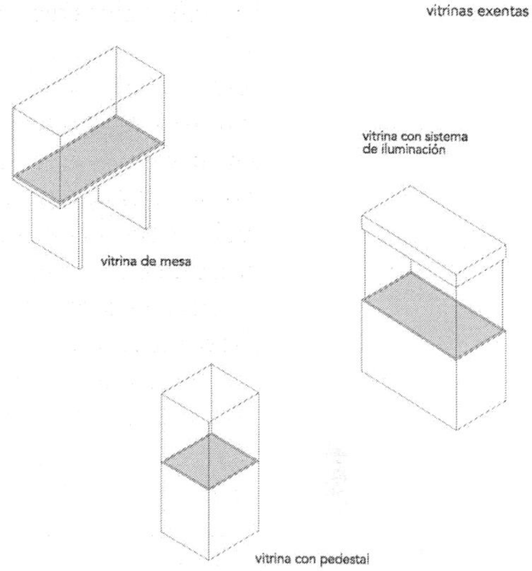

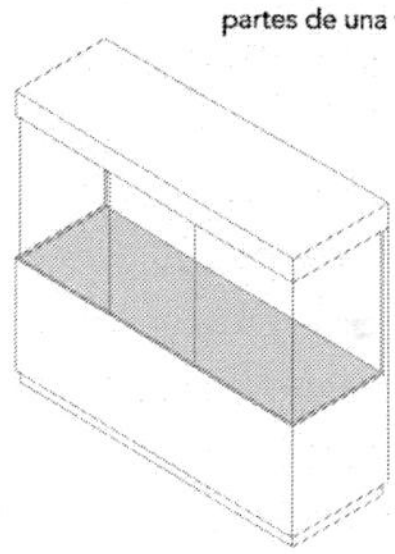

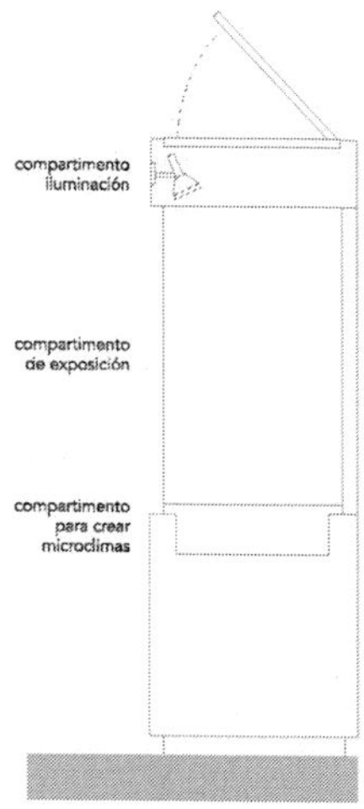

Figura 14.
Tipos de vitrinas. Vitrinas de pared.

Figura 15.
Tipos de vitrinas. Vitrinas exentas.

Figura 16.
Partes de una vitrina.

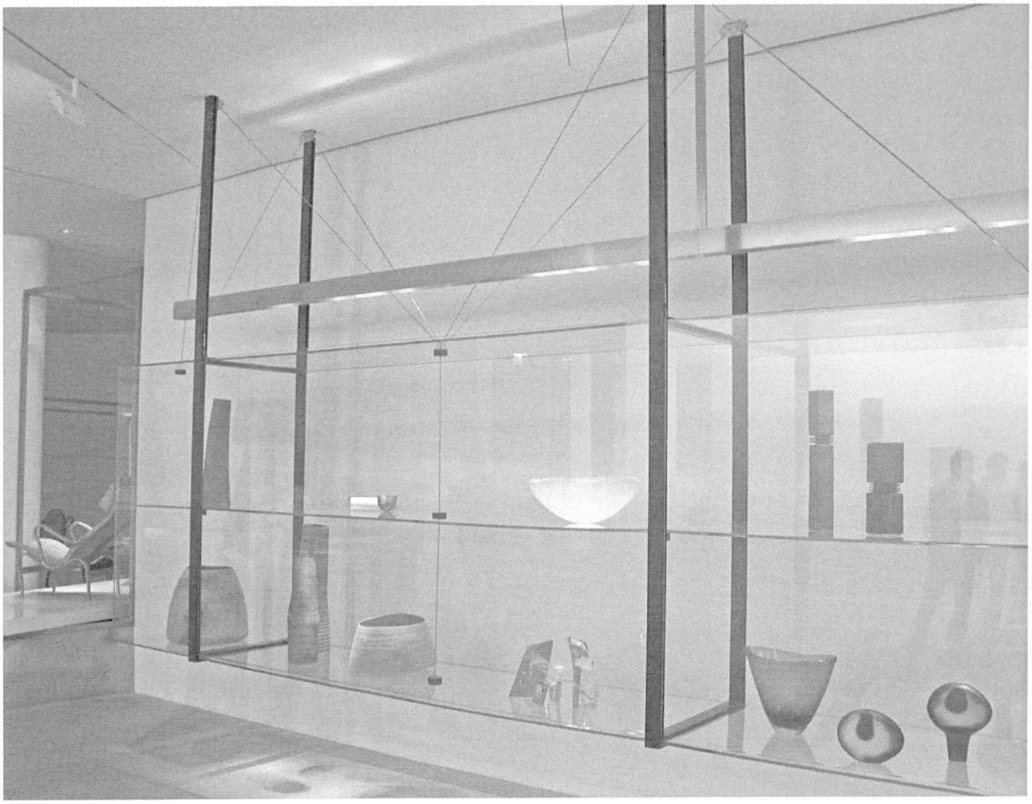

Foto 36. Vitrina suspendida. Pinakotheke der Moderne, Múnich. Foto: Isabel García.

Otro tipo a citar es el de las *vitrinas suspendidas* [Foto 36]. Aunque es un concepto muy atractivo, las vitrinas suspendidas o flotantes son difíciles de llevar a la práctica debido a los inconvenientes técnicos para encontrar medios de sujeción suficientemente rígidos con que impedir movimientos; las más estables son las sujetas al techo y al suelo.

Las tendencias actuales en el diseño de exposiciones abogan por una mayor flexibilidad del espacio y de los elementos integrantes del diseño. En relación con las vitrinas debe existir una adaptabilidad tanto interna como externa. La organización interna de la exposición dentro de vitrinas supone una reestructuración de soportes y una redistribución de piezas dependiendo del diseño y del contexto que se quiera crear. Por lo que se refiere a la adaptabilidad externa, ésta se centra fundamentalmente en las características de movilidad que debe

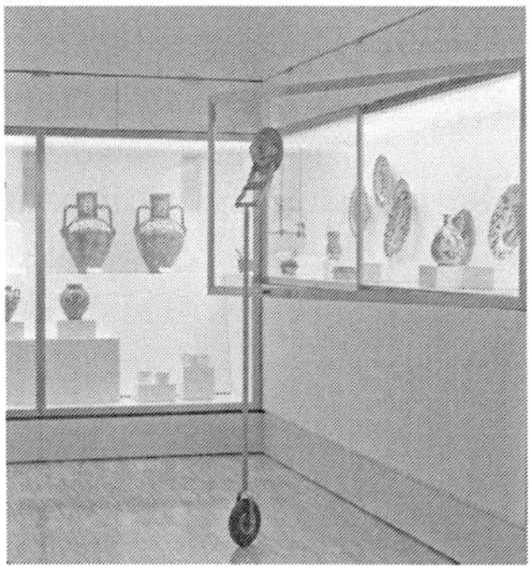

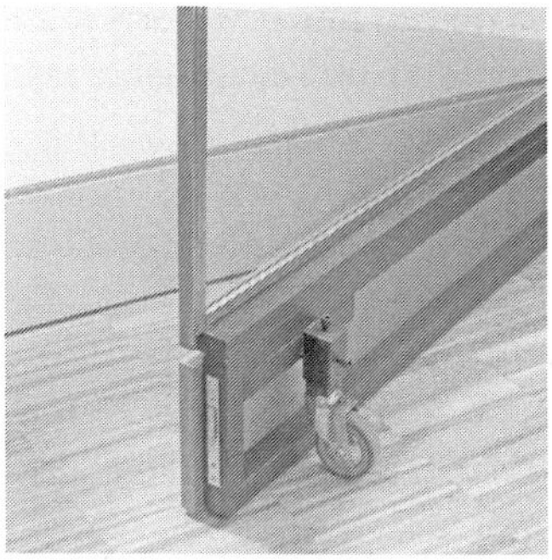

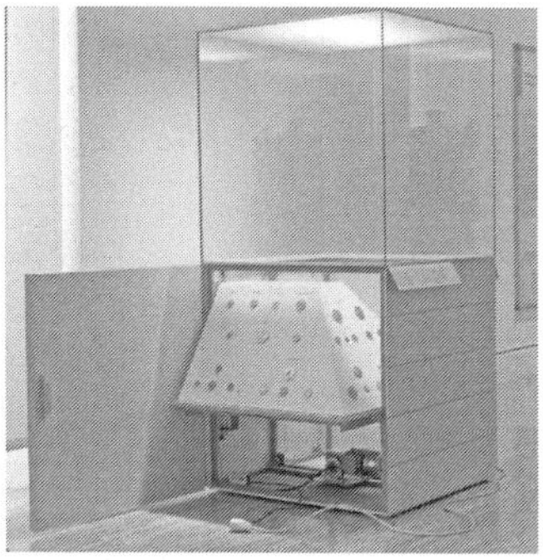

Foto 37a, b y c. Sistema de apertura de vitrinas. Salas MAN (Diseño: FRADE Arquitectos).

poseer, así como su pertenencia a un conjunto global que forman todos los elementos de exposición. A este respecto, cabe decir que existen sistemas comerciales de vitrinas que poseen estas características funcionales, aunque hay que evaluarlos utilizando otros baremos, tales como la estética del diseño y su capacidad para proporcionar la protección necesaria contra los agentes nocivos.

Del buen diseño de las vitrinas depende también el evitar la llamada *fatiga museística*, favoreciendo el confort del público por medio de la colocación de elementos de apoyo en la vitrina para que aquél pueda contemplar con mayor comodidad lo que allí se expone. Hay que tener en cuenta igualmente la facilidad de visión asociada básicamente a la disposición u organización de los objetos y los textos evitando por todos los medios los reflejos. Para ello, hay que prestar mucha atención al cono de visión del espectador, no colocando nada fuera de este campo, ya que de lo contrario estamos exigiendo un esfuerzo físico importante al visitante, que al final acabará con molestias. Del mismo modo, es importante acomodar las vitrinas a las condiciones de todo tipo de personas (de edades y características físicas distintas), adecuando la exposición a sus exigencias en la mayor medida posible.

Sistemas flexibles-sistemas comerciales

Utilizando unidades modulares flexibles, las exposiciones resultan más fáciles de planificar e instalar, y requieren menos tiempo y dinero. Algunos diseñadores no están a favor de estos sistemas, ya que, aunque se pueden transformar en distintas configuraciones, no ofrecen toda la flexibilidad que en muchos casos se requiere. Otro problema que presentan es que, si se utilizan mucho, las exposiciones terminan por parecerse todas.

Existen muchos tipos de sistemas estructurales en el mercado; la razón de ello es la abundancia de ferias y exposiciones temporales que se organizan. En la actualidad, del negocio de la construcción de elementos a medida se ha pasado a la construcción de sistemas modulares en serie (tipo estándar), más flexibles y en muchos casos más baratos. El mensaje que los fabricantes de estos sistemas lanzan se basa en el atractivo de los costes más bajos, del menor peso, de que son fáciles de instalar y desmontar sin la necesidad de personal especializado, y de que tienen la posibilidad de crear diseños atractivos posibles de cambiar en el útimo minuto.

Pero, en general, estos sistemas son caros y la mayoría de ellos presentan estructuras muy condicionantes. Hay dos consideraciones fundamentales que hacer y que deben tenerse presentes cuando se decide comprar uno de estos sistemas. Primera, que no deben dominar la exposición y, segunda, que tienen que ser muy funcionales.

Los distintos sistemas deben evaluarse de acuerdo con las siguientes características:

- Estructura solamente
- Estructura más panel
- Tamaño de las piezas, textura y color
- Posibilidad de crear o añadir vitrinas
- Flexibilidad estructural
- Tiene sistema propio de iluminación
- Durabilidad de las partes componentes
- Facilidad de ensamblaje y desensamblaje
- Dureza y estabilidad
- Apariencia
- Peso del sistema
- Facilidad para su almacén
- Accesorios

En general, se componen de estructuras de aluminio con conectores de acero (internos o externos) que sujetan los paneles.

Materiales

Los materiales empleados en el diseño de exposiciones comprenden desde los llamados estructurales a aquellos que son específicos para el empaquetado y el transporte. Entre los que reciben una mayor atención en la actualidad son los materiales sintéticos, que han desplazado en muchas ocasiones a los naturales, ya que debido a las posibilidades que ofrecen son más apropiados para muchos usos, sobre todo para embalaje, soporte y almacén. Pero no todos los productos sintéticos, al igual que todos los materiales naturales (orgánicos e inorgánicos) resultan adecuados. Las principales razones en contra de su uso son: algunos presentan superficies abrasivas, se degradan con el paso del tiempo perdiendo sus propiedades físicas y son químicamente inestables; lo que significa que van a liberar sustancias nocivas dando lugar a procesos de degradación. Su estabilidad e inocuidad son características esenciales que van a determinar su elección.

Materiales estructurales

— *Madera*. La madera tiene muchas ventajas. Es fácil de trabajar, se encuentra fácilmente en el mercado y es relativamente barata. Este material es muy común en la construcción de elementos de exposición, sobre todo en la realización de vitrinas.

Pero tienen que tenerse en cuenta a la hora de su elección estas dos consideraciones básicas: 1) asegurarse de que la madera esté bien seca (preferiblemente con el 6-7 por ciento de contenido de agua) a fin de garantizar su estabilidad cuando se haga cualquier tipo de ensamblaje; y 2) que sea segura, es decir, que no emita sustancias volátiles nocivas. En todos los casos hay que evitar su contacto con los objetos.

Por sus características las maderas pueden ser de dos tipos: maderas blandas y maderas duras. Las primeras provienen de coníferas; y a grandes rasgos se puede decir que son las más utilizadas, ya que son baratas, fáciles de trabajar y se encuentran más habitualmente en el mercado; son también más permeables, por lo que liberan con mayor facilidad sustancias volátiles. Las maderas duras proceden de árboles caducifolios, presentan una gran variedad de color, granos y texturas; en definitiva, una mejor apariencia que puede ser muy apreciada en ciertos diseños expositivos. Presentan un mayor grado de acidez que las maderas blandas, pero por lo general son más seguras.

Los productos manufacturados (contrachapado, aglomerado, etc.) a pesar de sus ventajas (disponibilidad y economía) no deben utilizarse para algunos usos, como por ejemplo la construcción de vitrinas herméticas. La razón fundamental es su alta emisión de sustancias volátiles dañinas. Los únicos productos indicados para su utilización en museos son los laminados o lacados convenientemente (contrachapados o laminados cubiertos con una lámina de plástico; por ejemplo, formica o contrachapado de alta o media densidad que están cubiertos por una o dos caras con un papel *kraft* grueso que reduce o detiene las emisiones dañinas).

— *Metal.* El metal es utilizado algunas veces en la construcción de elementos para exposiciones. Su empleo depende principalmente del diseño y del presupuesto, ya que se trata de un material caro y difícil de trabajar.

— *Cristal, metacrilato y policarbonato.* Los tres materiales se utilizan generalmente para la construcción de vitrinas y soportes, aunque pueden tener también otros usos, como es el de servir de elementos divisorios o estructurales. Son totalmente inertes, por lo que se pueden utilizar en contacto con los objetos.

El cristal corriente posee unas características ópticas excepcionales y es resistente a los arañazos aunque se rompe fácilmente. Existen otros tipos (laminado o templado), resistentes a los golpes que se utilizan en ocasiones en exposiciones. Sus características los hacen más apropiados para muchas aplicaciones, pero tienen el inconveniente de su precio, mucho más alto que el cristal corriente.

El cristal es un material pesado, generalmente utilizado para la construcción de vitrinas. El grosor depende de las vitrinas y de su diseño; hay que tener en cuenta que cuanto más grueso sea va a tener normalmente una apariencia más verdusca, lo que no es deseable, ya que interfiere en la apreciación de los objetos. Todo depende, por supuesto, de la calidad del cristal.

El polimetil metacrilato, comúnmente llamado metacrilato o plexiglás (recibe otros nombres, dependiendo de la compañía que los fabrica: Rohm and Haas, Cyro, General Electric, etc.) es un material muy versátil que se ha utilizado y se sigue utilizando mucho en exposiciones. Fácil de trabajar, cuentan entre sus características la claridad óptica, la resistencia a las sustancias químicas y a los impactos, el peso ligero y la estabilidad dimensional. Si lo comparamos con el cristal, observamos que es el doble de ligero, se dilata hasta ocho veces más, tiene una mayor resistencia a los impactos y cuando se rompe lo hace en trozos grandes. Tiene como desventajas que se araña fácilmente, que es más permeable a la humedad y que si se utiliza en superficies grandes no se soporta bien y tiende a curvarse, cuando su grosor no es lo suficientemente grande.

Existen dos tipos básicos de metacrilato, referidos al proceso de su fabricación: por extrusión o por molde. Este último presenta generalmente una mayor resistencia a los impactos y a ciertos productos químicos, además de no presentar imperfecciones. Dentro de estas dos categorías principales existen varios tipos que pueden utilizarse en la construcción de ciertos elementos de exposición, como son las resistentes a las abrasiones, las resistentes a los impactos y con filtro UV.

El policarbonato es más resistente que el metacrilato (resiste hasta 45 veces más que el metacrilato y 200 veces más que el cristal). Sin embargo, se araña más fácilmente y es menos transparente (transmite menos luz y tiene un ligero color grisáceo), que el metacrilato. Además, no es tan fácil de trabajar, y para conseguir juntas fuertes se hace necesario utilizar pegamentos o medios mecánicos, provocando que las juntas sean difíciles de disimular.

En otro sentido, por su alto contenido de agua, el policarbonato resulta difícil de moldear. Se fabrica por extrusión, es más caro que el metacrilato y al igual que éste recibe diferentes nombres dependiendo de la compañía que los fabrica. Sus variedades incluyen policarbonato resistente a las abrasiones y resistente a los impactos.

Materiales de control

— *Barreras: pinturas y barnices.* La gran cantidad de pinturas y barnices existentes ayudan a conseguir una amplia cantidad de acabados y texturas para cada uno de lo diversos diseños que puedan utilizarse en los diferentes elementos de exposición (techos, suelos, paneles, pedestales, plataformas, etcétera). Pero, ante la posibilidad de que compuestos dañinos se puedan transferir al objeto a través del contacto con los materiales de construcción, deben utilizarse barreras impermeables. La madera, como hemos visto, emite vapores dañinos que pueden reducirse o detenerse con la utilización de barreras.

Las propiedades de un buen material de aislamiento deben incluir alta estabilidad e impermeabilidad a los compuestos de interés. Las pinturas, barnices y lacas no son buenas barreras contra las emisiones de gases procedentes de los materiales de construcción, generalmente madera. En el mejor de los casos estas emisiones se pueden reducir pero no detener, aunque la efectividad aumenta con cada capa que se aplica. Muchas pinturas y barnices pueden emitir compuestos volátiles dañinos y algunas veces en la misma cantidad que la madera misma. Algunos compuestos volátiles no son necesariamente peligrosos (por ejemplo, agua emitida por emulsiones), mientras que otros son extremadamente corrosivos (por ejemplo, ácido fórmico emitido por pinturas alquídicas). Entre estos dos extremos existe una extensa lista de sustancias volátiles con un potencial desconocido para producir deterioro en los objetos.

Todas las pinturas deben analizarse antes de su aplicación, y si se consideran apropiadas se deben dejar el suficiente tiempo (de 15 días a un mes) para que se curen, ya que la concentración de sustancias volátiles decrece con el tiempo.

Otro tipo de barreras, mucho más efectivas, son los productos laminados plásticos (aplicados por presión o por pegado ordinario), láminas de metal o películas de polietileno metalizadas (Marvelseal®, Claryskin®, Moistop®); estas barreras detienen las emisiones, aunque para que sean de verdad efectivas no deben ser perforadas.

BARRERAS:
PINTURAS Y BARNICES (EN CONTACTO CON LOS OBJETOS)

Utilizar	*Evitar*
• Emulsiones acrílicas para interior y exterior	• Pinturas cuya base sea aceite
• Uretano acrílico	• Pintura
• Epoxis o uretanos (dos componentes)	• Pinturas alquídicas
• Líquidas plásticas con base de poliuretano	• Epoxis y uretanos (un componente)
• Vinilo acrílico o acrílico modificado	• Pinturas anticorrosión
• Pintura en polvo (sólo para metales)	• Barnices de látex

Materiales para decoración

Los materiales más importantes dentro de esta categoría son los textiles. Desde el punto de vista de la conservación, la lista de materiales considerados seguros es corta. Se recomienda en todos los casos lavar la tela antes de su utilización con el fin de eliminar los acabados y encoger la tela. En el caso de telas teñidas, hay que hacer pruebas de color para ver si éste es permanente.

En vitrinas herméticas, la lana no debe utilizarse nunca debido a que emite compuestos de azufre; por el contrario, al algodón virgen, o que no haya sido tratado, se le considera uno de los materiales más seguros que puedan utilizarse en exposiciones. Asimismo, el lino, la seda y las telas acrílicas son considerados también óptimos.

MATERIALES PARA DECORACIÓN (TELAS)

Usar	*Evitar*
• Algodón, lino descrudado	• Lana
• Seda natural	• Telas con tratamiento ignífugo
• Poliéster	• Moqueta
• Nailon	• Telas que destiñan
• Fieltro acrílico	
• Velcro (sin pegamento)	
• Tyvek (tela de poliestireno)	

7
Iluminación

Para muchos museólogos y diseñadores, la iluminación es el aspecto museográfico más difícil de resolver. Las necesidades de los distintos objetos expuestos, tanto las referidas al problema de su conservación y al de su visibilidad como a las condicionantes impuestas por la arquitectura, entre otros factores, hacen que la iluminación se convierta en una labor muy compleja y decisiva para la buena exposición de los objetos.

La organización de las exposiciones temporales y su diversidad imponen la instalación de sistemas flexibles que puedan ajustarse al mayor número de diseños. Sin embargo, no existe ninguna fórmula que pueda aplicarse taxativamente a la planificación de los sistemas de iluminación, aparte de las que hacen referencia a la conservación; es más, existe un debate inconcluso acerca de lo que se considera una buena iluminación.

La iluminación no es algo accesorio, sino una condición esencial para percibir físicamente las piezas en una exposición. Es el elemento fundamental para poder apreciar las características y matices de los objetos y obras de arte: su uso correcto tiene una decisiva influencia en la comprensión de lo que vemos. La luz crea ambientes y establece el carácter particular de la exposición guiando al visitante por las distintas estancias y estableciendo conectores incluso conceptuales entre los diferentes tramos del circuito.

Luz natural, luz artificial

La iluminación en museos y galerías hasta mediados del siglo pasado se basaba en el aprovechamiento de la luz natural, siendo ésta la que

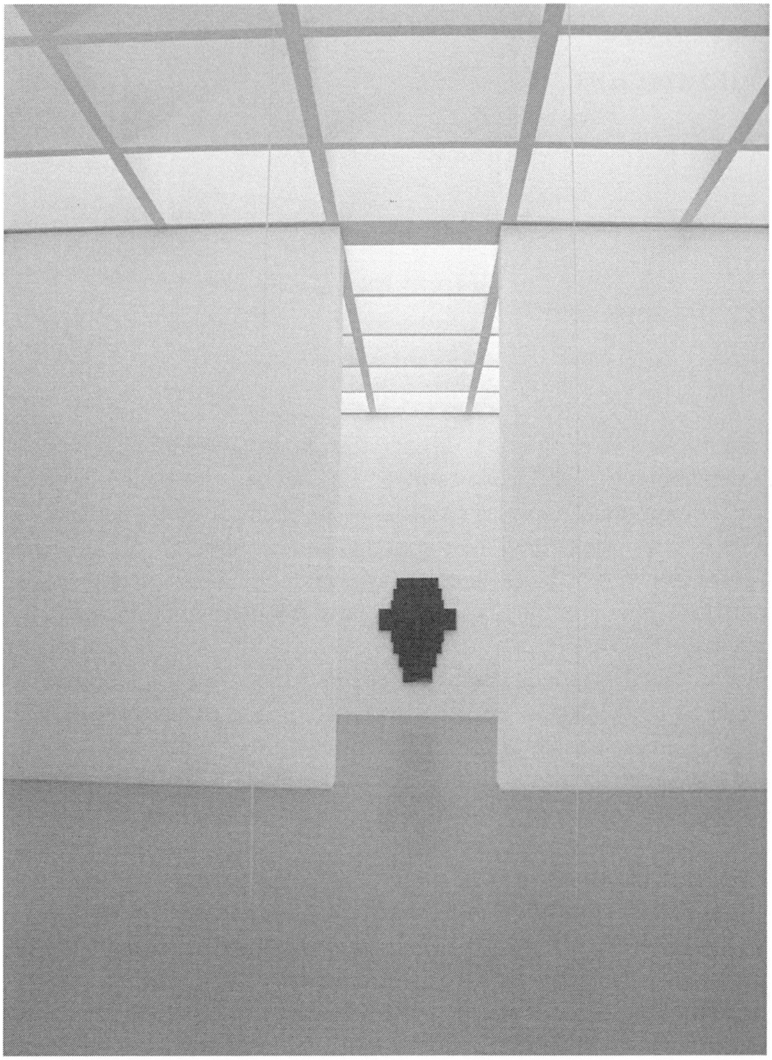

Foto 38. Iluminación con luz natural. Pinakotheke der Moderne, Múnich. Foto: Isabel García.

imponía los horarios de visita. Desde entonces, se han llevado a cabo muchos estudios para explorar las posibilidades de la luz del día como fuente satisfactoria de iluminación [Foto 38]. La realidad es que, en la actualidad, aunque existen edificios capaces de captar la luz natural de forma más o menos correcta, se necesita algún tipo de iluminación artificial que corrija sus carencias (entre ellas su variabilidad y falta de control para producir efectos diferentes). La combinación de ambos tipos de iluminación —natural y artificial— es lo ideal. De este modo, teniendo en cuenta el efecto de la luz sobre la respuesta psicosomática de las personas, la luz del día puede ayudar a estimular la concentración del espectador, mantener vivo el interés y disminuir la fatiga museística. La luz artificial, por otra parte, ofrece un mayor control sobre la iluminación, lo que revierte en una mejor valoración de los objetos y obras de arte.

Aspectos técnicos sobre iluminación

La iluminación se incluye dentro de los primeros estadios de la planificación expositiva; los tipos de lámparas y de iluminantes deben determinarse antes de la colocación de los objetos. En términos generales, un proyecto de iluminación debe contemplar los siguientes aspectos:

1. elección acertada de las fuentes de luz;
2. potencia;
3. óptica adecuada;
4. ubicación correcta dentro de la sala;
5. perfecta integración en el entorno arquitectónico.

Con relación a las fuentes de luz, hay que tener en cuenta varios conceptos: el flujo luminoso, la iluminancia, la temperatura de color, el índice de reproducción cromática, el porcentaje de emisión de radiación UV, la cantidad de vatios y la eficacia luminosa.

El flujo luminoso, frecuentemente denominado «resplandor de la lámpara», se define como la cantidad de luz emitida por un foco de luz proveniente de una fuente luminosa en todas direcciones. Se expresa en lúmenes (lm).

La iluminancia es el grado de intensidad de la luz, una medida del efecto de una fuente luminosa sobre la superficie alumbrada. Se expresa en unidades llamadas lux (lx), que se refiere a la iluminación de una superficie de un m^2 por un flujo luminoso de un lm. El luxómetro, instrumento utilizado para la medición de la iluminancia, es un aparato esencial para el diseño de cualquier exposición.

La temperatura de color se define como la apariencia de la fuente de luz; y se mide en grados Kelvin (°K). No tiene nada que ver con la intensidad de la luz ni con su apariencia. La mayoría de las personas asocian las lámparas incandescentes con una apariencia cálida, cuando su temperatura de color es más baja que la de las lámparas halógenas y fluorescentes a las que se considera frías (véase el cuadro de p. 135 «Características de las fuentes de luz encontradas en museos»).

El índice de reproducción cromática es una medida de la distorsión de los colores que producen las distintas fuentes de luz, definida de forma sencilla como la capacidad de la lámpara para producir la apariencia de un color, de la misma manera que lo hace la luz del día. Los valores establecidos llegan a un máximo de 100, que correspondería a la luz natural. Un índice de reproducción cromática alto es esencial para una visión correcta.

La emisión de radiación UV. Este tipo de radiación (la de los rayos ultravioleta) es la más dañina, ya que puede afectar seriamente a la conservación de los objetos, por lo que es necesario eliminarla en todos los casos. El contenido de radiación UV varía de una fuente a otra, así mientras que en las lámparas incandescentes de tungsteno es apenas apreciable (1 por ciento), las lámparas fluorescentes contienen de un 3 por ciento a un 7 por ciento y la luz del día puede alcanzar hasta un 25 por ciento.

La eficacia luminosa se define como el producto que resulta de dividir la emisión de la radiación visible en lúmenes (lm) por el consumo de energía eléctrica (W). Esta característica es muy importante a la hora de elegir las lámparas y luminarias ya que el consumo tiene su relación directa con el presupuesto de los proyectos.

Lámparas

Lámparas incandescentes

Este tipo de lámparas se fabrica en una gran cantidad de modelos y potencias. Son las más utilizadas en museos y galerías, ya que pueden usarse tanto para iluminación general como puntual. La tecnología aplicada al campo de la iluminación tiende a perfeccionar los modelos tradicionales, corrigiendo deficiencias como la alta emisión de radiación en las bandas amarilla e infrarroja. Son importantes las lámparas a las que se han añadido gases halógenos, que retrasan la evaporación del filamento y producen una luz más blanca. Estas lámparas operan a una temperatura muy elevada, por lo que la bombilla tiene que ser de cuarzo. Sus ventajas están asociadas a la calidad de luz que emiten y a la flexibilidad de diseño que ofrecen; sus desventajas tienen que ver con su alta emisión de radiación infrarroja y UV, aunque respecto a esta última conviene indicar la existencia en la actualidad de lámparas que parecen solucionar este problema.

Lámparas fluorescentes

Las lámparas fluorescentes se han utilizado como fuente de iluminación principal en edificios públicos —incluidos museos y galerías—, desde su primera aparición en 1939. Esto se debe a su alta eficacia luminosa y, como consecuencia también, a su bajo consumo. Al contrario que las lámparas incandescentes, las fluorescentes se fabrican en una gran gama o variedad de «blancos» o temperaturas de color, con las que se consiguen efectos distintos.

Sin embargo, es necesario destacar que las lámparas fluorescentes tradicionales no tienen un índice de reproducción cromática alto, ya que la distribución de los colores tiende más al extremo de los azules, verdes y amarillos, produciendo una sensación fría. No obstante, hoy en día se han creado modelos de lámparas fluorescentes que superan un índice de 90, por lo que pueden utilizarse en museos. También existe una gran variedad de lámparas fluorescentes por lo que se refiere a la cantidad de vatios y a las formas, adaptándose incluso a luminarias para lámparas incandescentes; con lo que puede darse solución a los distintos problemas de iluminación.

Los tubos fluorescentes son fuentes lineales de iluminación. La luz se transmite de manera igualitaria a lo largo y alrededor del tubo; la luz emitida es bastante uniforme, siendo ideal para una iluminación general de los espacios (cuando se utilizan difusores y reflectores, la luz es muy suave y prácticamente sin sombras). Las lámparas fluorescentes son también buenas para iluminar objetos bidimensionales, siempre y cuando no sea lo (más) importante a destacar la textura.

Lámparas de alta presión de vapor de mercurio, halogenuros metálicos y vapor de sodio

Son utilizadas en ocasiones para usos limitados en museos. Las ventajas que ofrecen son su alto rendimiento luminoso y bajo consumo, aunque en general su bajo índice de reproducción cromática las hace inadecuadas para la iluminación de exposiciones.

Fibra óptica

Los sistemas de fibra óptica consisten en docenas de pequeñas fibras cubiertas de una funda de plástico, formando una serie de colas que se insertan en una caja de luz que, a su vez, contiene generalmente una lámpara halógena, un transformador, un ventilador, controladores de intensidad y la opción de filtros. La luz que transmiten las fibras ópticas tiene una cualidad brillante, y de ella han desaparecido las radiaciones UV e infrarroja. El de la fibra óptica es un sistema muy flexible y versátil que permite lograr efectos múltiples, siendo su utilización generalizada en las vitrinas.

LED

Son las siglas de *Light Emitting Diode*. Esta tecnología se basa en un proyector electroluminiscente que emite luz mediante la recombinación de los pares de portadores de carga en un semiconductor. Los LED emiten una gama espectral de banda estrecha. La luz blanca se obtiene mediante mezcla RGB o conversión de luminiscencia. (Conversión de un espectro existente en otro espectro mediante polvos fluorescentes. Esta técnica se utiliza en los LED o en las lámparas fluorescentes, para generar luz visible a partir de radiación ultravioleta (fuente ERCO). Este tipo de lámparas se está empezando a utilizar en museos para la iluminación de espacios y objetos, ya que cuenta con una alta eficacia luminosa y una calidad de luz aceptable, aunque se espera que en un futuro cercano ésta pueda alcanzar los índices más altos de reproducción cromática.

Diseño de los sistemas de iluminación

La iluminación es una de las partes fundamentales en el diseño de exposiciones, pero sorprendentemente es el elemento al que, salvo excepciones, se le ha prestado —y se le sigue prestando— una menor atención. Lo habitual es ajustar los sistemas de iluminación después de la instalación y el montaje, cuando las obras y los objetos ya están colocados. Por esto, en la gran mayoría de casos, la iluminación resultará en parte deficiente.

El diseño del sistema de iluminación debe incluirse en los primeros estadios de la planificación de una exposición y, al igual que otros ele-

CARACTERÍSTICAS DE LAS FUENTES DE LUZ ENCONTRADAS EN MUSEOS

Fuente de luz	*Incandescente*		*Fluorescente*		*Otras eléctricas*			*Luz natural*
	Tradicional	*Halógena de cuarzo*	*Tradicional*	*Compacta*	*Vapor de mercurio alta presión*	*Vapor de sodio alta presión*	*Halogenuros metálicos alta presión*	
	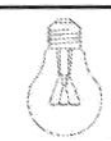	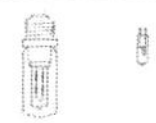	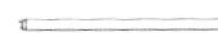	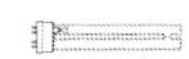	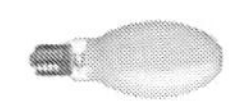	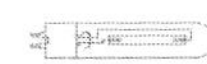	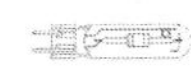	
Tipos comunes y nomenclatura	ej. A60, R50, PAR38 A: bombilla común R: reflector PAR: reflector parabólico El n° se refiere al diámetro El vatiaje varía: 25-1000W	ej. MR16, PAR30 MR: reflector múltiple PAR: reflector parabólico El n° se refiere al diámetro. También puede denominarse con letras: BAB, EXN, etc. Series Q: sin reflector, el n° se refiere al diámetro	ej. T8, T12 T: tubo fluorescente CW: blanca fría WW: blanca cálida CWX: CW deluxe WWX: WW deluxe «daylight»: luz natural Tipos especiales Vatiajes varían : 4-215W Longitud 10-240cm	TC, TC-D, TC-L Vatiajes varían : 5-25W Longitud: 10-75cm	HME, HMR Vatiajes varían: 50-250W y +	HSE, HST Vatiajes: 35-250W	HIE, HIT, HIPAR Vatiajes: 40-660W	
Construcción	Filamento de tungsteno que se calienta hasta la incandescencia dentro de un envoltorio de cristal lleno de un gas inerte	Filamento de tungsteno que se calienta hasta la incandescencia dentro de un envoltorio de cuarzo lleno de gases halógenos	Tubo de cristal con una capa interna de fósforo y atmósfera de mercurio que opera por descarga eléctrica		Tubo de cuarzo con una capa interna de fósforo y atmósfera de mercurio a alta presión que opera por descarga eléctrica	Tubo de cuarzo con atmósfera de sodio a alta presión que opera por descarga eléctrica	Tubo de cuarzo (a veces con una capa interna de fósforo) con atmósfera de mercurio a la que se han añadido halogenuros metálicos. Opera por descarga eléctrica	

CARACTERÍSTICAS DE LAS FUENTES DE LUZ ENCONTRADAS EN MUSEOS *(continuación)*

Fuente de luz	*Incandescente*		*Fluorescente*		*Otras eléctricas*			*Luz natural*
	Tradicional	*Halógena de cuarzo*	*Tradicional*	*Compacta*	*Vapor de mercurio alta presión*	*Vapor de sodio alta presión*	*Halogenuros metálicos alta presión*	
		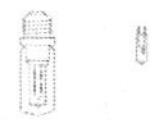	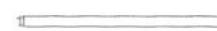	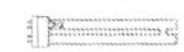	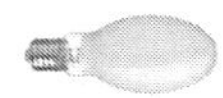	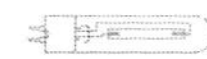	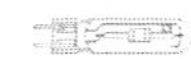	
Voltaje	220	220, 12, 6	220	220	220 y +	220	220 y +	
Vida media, horas	2.000 normal, algunas hasta 5.000	2.000 normal algunas hasta 4.000	5.000-30.000 10.000 normal	8.000-20.000 10.000 normal	5.000-25.000	10.000-24.000	6.000-20.000	
Temperatura de color °K	2.800 normal	3.000 normal	CW-4.200 normal WW-3.000 normal «daylight»-6.500	2.700-6.500	3.300-5.300	2.000-3.300	Varía, más común la cálida 4.000	3.000-9.000
Índice de Reproducción Cromática (excelente a inaceptable)	100, excelente	100, excelente	CW, WW: 50-60 inaceptable Deluxe: 70-90 regular a bueno Tipos especiales: 90-95, excelente	Aprox. 85, bueno	Las mejores 50, muchas por debajo de 30, inaceptable	+ alto 80	100, excelente	100, excelente
Eficacia luminosa lumens/vatio	8-20	15-25	Aprox. 50-90	Aprox. 60	36-54	50-140	70-115	

Emisión UV W/lumen (muy bajo a alto) filtros existentes	75 normal, bajo	100-200 medio filtro de cristal o de plástico si está a una distancia adecuada	50-250 varía, bajo-medio de películas de plástico	50-150 bajo-medio películas de plástico	Varía, generalmente alto. Existen filtros a medida	50-70 bajo	150-600, muy alto	300-600, muy alto películas de plástico autoadhesivas para ventanas, o cristal laminado con filtro incorporado
Ventajas de su uso en museos	Buena variedad del haz luminoso Recambios baratos Luminarias a bajo precio	Excelente variedad en tamaños de haz luminoso Luz más frías que las incandescentes tradicionales	Larga duración baja emisión de calor Bajo consumo de energía	La única fuente útil a distancias cortas Larga duración baja emisión de calor	Utilizada para la iluminación de grandes espacios para asegurar su seguridad	Generan poco calor Bajo consumo de energía	Alta eficacia luminosa Bajo consumo de energía Lámaparas con haz muy estrecho	Psicológicamente agradable
Desventajas de su uso en museos	Demasiado brillante a distancias cortas Alta emisión de calor Los haces luminosos no son muy estrechos	Demasiado brillante a distancias cortas Emisión de calor moderada El costo de la lámpara es alto, teniendo en cuenta su duración Luminarias caras	Demasiado brillante a distancias cortas No se puede dirigir fácilmente	No se puede dirigir fácilmente Pocas luminarias existentes todavía	Distorsión pronunciada del color	Distorsión pronunciada del color	Luz muy fría alto contenido de UV	Dificultad en el control de intensidad Ventanas y mecanismos de control caros de construir y mantener

mentos expositivos, debe ser sometido al análisis y a los cambios pertinentes durante las distintas fases del proceso de planificación, organización e instalación, con el fin de conseguir el mejor diseño posible, es decir, aquel en el que se obtenga una integración de todos los elementos.

Una iluminación óptima es difícil de obtener, al no existir reglas fijas que puedan aplicarse en todos los casos; por lo que en la mayoría de las situaciones se van a lograr los objetivos a través de la experiencia. Sin embargo, son dos los aspectos fundamentales que hay que tener en cuenta: visibilidad y conservación. El primero de ellos guarda relación con la comodidad —el confort— visual. Así, cuando se trabaja en un diseño específico, resulta necesario determinar las distintas situaciones lumínicas y sus contrastes considerando el efecto de los reflejos velados, los deslumbramientos reflejados y la adaptación transitoria. Para ello, hay que tener en cuenta los siguientes aspectos técnicos:

1. las dimensiones y la forma de la sala;
2. la reflectancia de las superficies;
3. el tipo de iluminante —llamado a veces luminarias comercialmente— y sus características, así como su localización.

Por lo que respecta a la conservación, hay que considerar que la luz —su acción fotoquímica— es un agente de deterioro que actúa de manera continua, siendo el efecto de su actuación irreversible; por lo que es necesario asumir los riesgos que van a producirse debido a nuestras decisiones de diseño. Los convencionales estándares de iluminación (50 lux para materiales sensibles, 150-200 lux para pintura al óleo y 300 lux para los restantes) siguen respetándose, aunque la tendencia actual es utilizar la ley de reciprocidad (el daño producido por la luz tiene que ver con el tiempo de exposición y el nivel de iluminación) para su planificación. Esto permite unos niveles más altos de luminosidad que en la mayoría de los casos, que revierten en una mejor visibilidad, y por unos tiempos de exposición más cortos.

Ejemplos:

Una exposición podría iluminarse durante 8 horas a un nivel de 300 lux durante un período de 28 días = 67.000 h/lux.

O esa misma exposición podría iluminarse durante 8 horas a un nivel de 600 lux durante un período de 14 días = 67.000 h/lux.

Principios básicos de iluminación

Un buen diseño requiere la apreciación de la forma, color, contenido y dimensiones tanto de los objetos expuestos como del espacio que los expone. El objeto debe ser visible cuando está expuesto y los niveles de iluminación vendrán dados por la sensibilidad de los objetos y las decisiones por parte de los responsables sobre el daño que se va a producir.

A principios de este siglo, ya se habían establecido y se había concentrado la atención sobre seis principios básicos de la iluminación que, aunque referidos a la luz natural, pueden ser aplicables a todo tipo de diseño de la iluminación expositiva. Son éstos:

1. El ángulo de reflexión es igual al ángulo de incidencia.
2. El ángulo al que la luz incide ayuda a la apreciación del objeto, o por el contrario a esconderlo. Es importante por tanto tener en cuenta sus dimensiones, características de la superficie y grado de reflectancia.
3. Todo objeto iluminado se convierte en una fuente de luz y su imagen es reflejada proporcionalmente a la iluminación relativa del objeto y a la superficie reflectante.
4. Cuanto más oscuro es el tono de la superficie reflectante, más iluminación va a necesitar.
5. La intensidad de la luz disminuye en proporción inversa al cuadrado de la distancia desde su fuente.
6. Los rayos de luz, si no se bloquean, irradian desde su fuente de forma igualitaria en todas las direcciones.
7. Los colores oscuros absorben la luz mientras que los colores claros y superficies pulidas la reflejan.

Disposición de los iluminantes

Para determinar el número de iluminantes (focos o proyectores de iluminación) y su distribución en el espacio, una vez que los niveles de iluminación han sido elegidos, se pueden utilizar varios métodos, entre ellos, el «método del lumen» (lumen *method*), que toma en consideración el número de iluminantes, su eficacia, el espaciado de las lámparas en relación con la altura y las superficies a iluminar, e incluye también factores relevantes como el tipo de iluminante y el grado de mantenimiento. Otro método utilizado, que se basa en la brillantez deseada y predeterminada por el diseñador, es el «método de la traza del diseño»

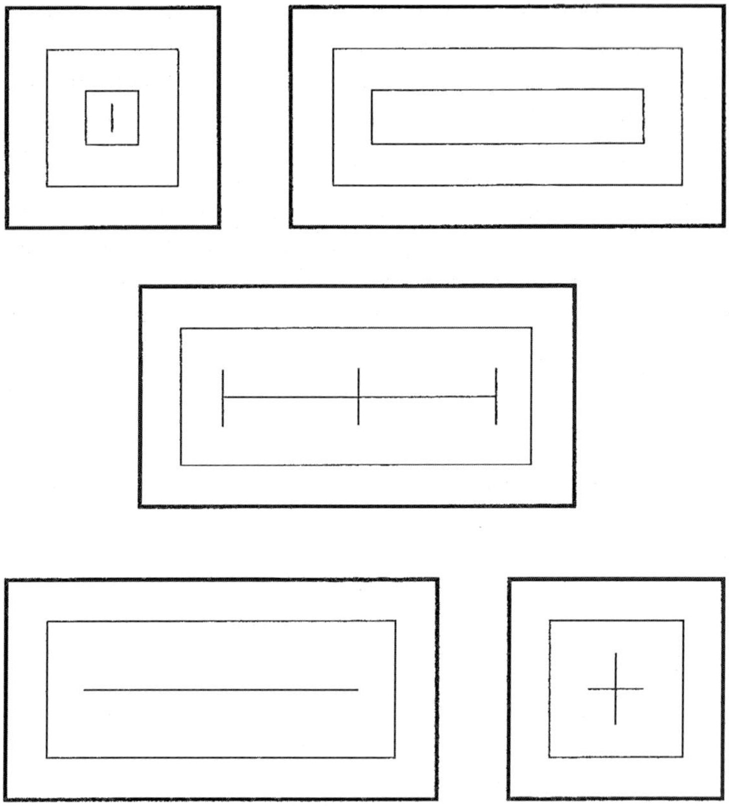

Figura 17. Ejemplos de esquemas de trazados de raíles para sistemas de iluminación.

(*design appearance method*), por cuanto esas luminosidades o brillanteces se pueden convertir en las correspondientes luminancias, teniendo en cuenta el valor de reflexión.

El sistema de iluminación más utilizado son los raíles electrificados debido a su versatilidad. Los distintos tipos de raíles y conexiones incluyen prácticamente todo tipo de focos o proyectores que emiten un amplio catálogo de haces luminosos. Los accesorios incluyen lentes y filtros que modifican las características del haz luminoso.

Cuatro son los problemas típicos de iluminación: objetos planos sobre superficies verticales, objetos tridimensionales, vitrinas, creación de espacios característicos o contextos.

En los diseños con objetos bidimensionales, la luz debe caer a un ángulo de 60° (respecto de la línea horizontal que marca la de visión media de un visitante adulto: 1,60 m). Este ángulo proporciona un buen equilibrio entre las sombras que puede arrojar el marco y los reflejos procedentes del cristal o del propio objeto, a la vez que mantiene la anchura adecuada del campo o cono de visión humana, cuyo ángulo normal es de 54°.

La disposición de los raíles debe adaptarse a las dimensiones de la sala (sobre todo a la altura del techo), al tamaño de los equipos eléctricos y a las dimensiones de los objetos que se exhiben. El sistema más flexible es el proporcionado por un sistema doble de raíles que distan uno de otro de 60 a 90 cm. Una alternativa a este sistema es un sistema único de raíles con secciones cortas perpendiculares al riel principal [Figura 17].

En todos los casos, la colocación de los raíles debe estar a la distancia adecuada de las paredes para evitar deslumbramientos, reflejos molestos y énfasis inadecuados en la superficie del objeto [Figuras 18 y 20]. Esta distancia se determina de acuerdo con la siguiente fórmula:

$$X = (h - 160) \times 0{,}577$$

x = la distancia en cm que los raíles deben respetar en su separación de la pared.
H = altura del techo o riel, si éste se encuentra suspendido.
160 cm = línea de visión media de un adulto.

Esta distancia debe considerarse como la adecuada, pero no en todas las ocasiones, ya que sólo sirve para obras de tamaño mediano o grande no excesivo. En el caso de que se expongan objetos de magnitudes superiores (por ejemplo, a los 4/5 m de altura) se debe añadir al menos 30 cm a la distancia calculada.

Para la iluminación de objetos tridimensionales es necesario darles volumen y plasticidad por ello se necesita que la luz proceda de 2 o más direcciones; con un haz de luz central cayendo a unos 30° de la vertical [Figura 21].

En cuanto a las vitrinas, hay que tener en cuenta que los reflejos no se pueden evitar totalmente, pero se pueden minimizar. En vitrinas sin iluminación interna se recomienda utilizar fondos oscuros, si tiene fuente de luz interior el contraste con el exterior debe ser de 1:10. Si se ilumina desde el exterior, la fuente de luz se debe colocar sobre el frente de la vitrina y dirigirla hacia abajo [Figura 19].

Por último, a la hora de crear espacios singulares o contextos que ayudan a contar la historia, se utilizan fuentes de luz escondidas y

Figura 18.
Posición correcta de un iluminante para la iluminación de objetos bidimensionales (IESNA, 1996: 23, lsd, 2009).

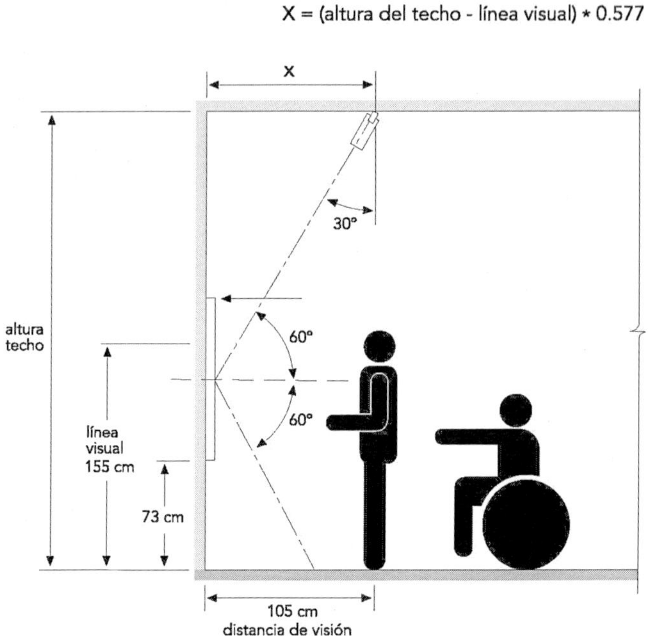

Figura 19.
Iluminación de vitrinas (IESNA, 1996: 24, lsd, 2009).

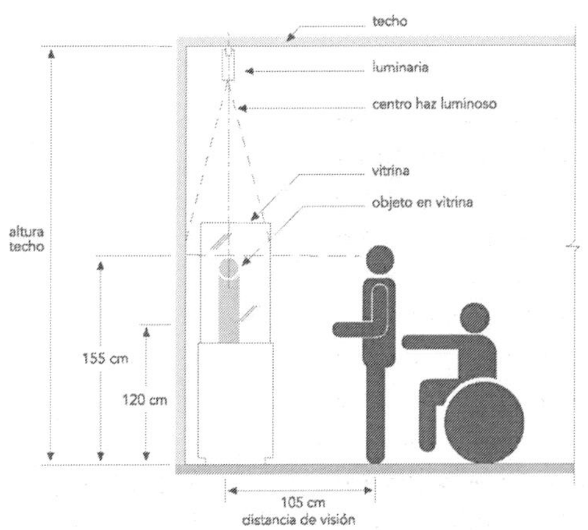

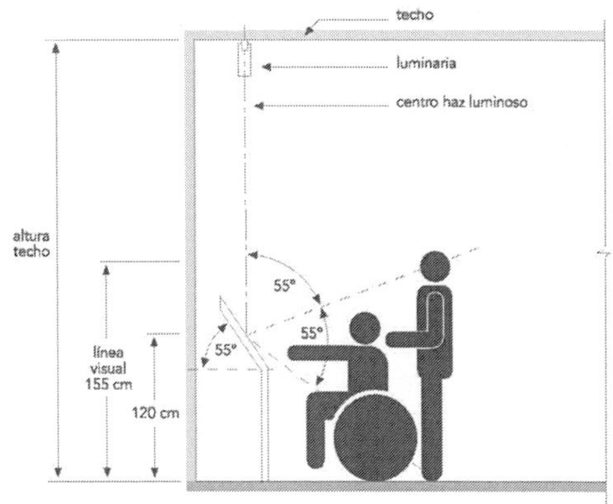

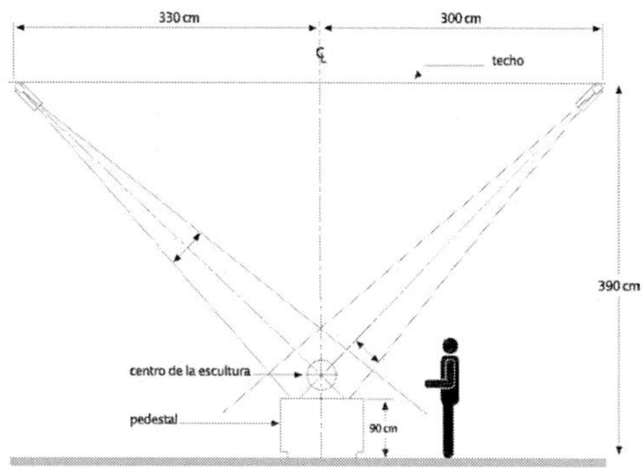

Figura 20.
Colocación de luminaria para evitar reflejos a los visitantes (IESNA, 1996: 58, lsd, 2009).

Figura 21.
Iluminación de objetos tridimensionales (IESNA, 1996: 29, lsd, 2009).

sistemas que controlen electrónicamente las distintas áreas con los distintos tipos de focos, su calidad e intensidad [Foto 39].

Elección de los iluminantes

Una combinación de iluminación general con lámparas fluorescentes y una iluminación puntual por medio de lámparas incandescentes es la solución ideal para la mayoría de salas de exposiciones. Esto es posible hoy día gracias a los avances técnicos de la luminotecnia, entre los que podemos destacar las correcciones de temperatura de color e índices de reproducción cromática que han permitido que estas dos fuentes de luz se puedan mezclar.

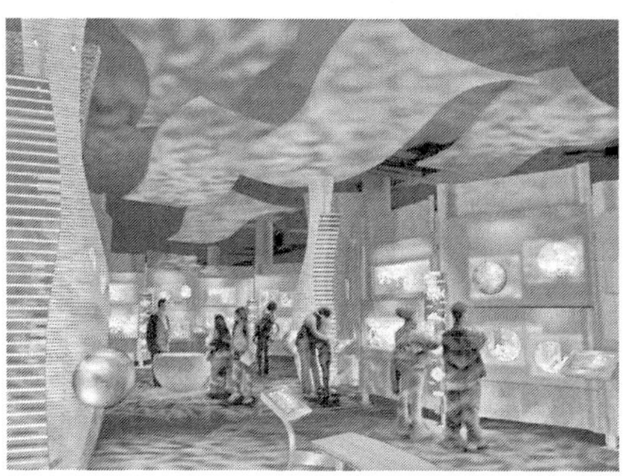

Foto 39.
Ejemplo de iluminación contextual. Academia de Ciencias de California, San Francisco.

8
Información, señalética y medios audiovisuales

La historia

En toda exposición existe una historia o relato que contar y poner en escena. Dependiendo del tipo de exposición, la historia se encuentra más o menos estructurada. En la mayoría de los casos no se puede comunicar de manera efectiva sin palabras, por lo que es necesario un tratamiento cuidadoso de la información.

El proceso de creación de los textos y medios audiovisuales entra dentro de la interpretación. El diseñador interpreta la información y la presenta de manera creativa y educativa. La historia debe ser visual y basada en hechos, y en ella tienen cabida conceptos, teorías, sentimientos, etc., que no son muy fácilmente traducibles a veces por medio de métodos tridimensionales.

La creación de la historia o relato a contar tiene lugar en el origen de la exposición, con la idea y el objetivo de la misma. Es entonces cuando el diseñador se pregunta cómo se va a comunicar el mensaje y cuál será la estrategia de comunicación a emplear por la exposición. La narrativa de la historia es competencia del conservador o comisario. Se trata de un documento generalmente largo y extenso, producto de la investigación sobre el tema de la exposición. Este documento es de vital importancia, ya que sin él la exposición será confusa, y su resultado el lógico probablemente de una mala interpretación. Después, se elaborará el esquema de la exposición, en el que se definirán los objetos educativos y se ofrecerá la lista preliminar de los objetos. A su vez, se definirán los temas principales y los subtemas. En la última etapa, y teniendo en cuenta todo lo anterior, se confeccionará una lista de títulos, subtítulos, textos, sistemas audiovisuales y puntos de información.

Estrategia de comunicación

El conjunto de estructuras, textos, imágenes, ilustraciones, módulos interactivos, sistemas audiovisuales y programas de ordenador se pueden describir como la estrategia de comunicación de la exposición, que debe estar concebida de manera que el visitante descubra y cuestione variados aspectos desde diferentes puntos de vista y saque sus propias conclusiones.

Una comunicación con éxito depende de la integración de los elementos dentro de la exposición. La historia contada a través de los textos debe estar en total armonía con el diseño y hay que hacer notar que los textos no son un listado de hechos o acontecimientos, sino que han de buscar explicar, guiar, motivar, informar y provocar la participación del visitante.

La comunicación en la exposición se producirá desde estos cuatro niveles de orientación —geográfico, psicológico, intelectual y conceptual—, que permitirán la accesibilidad a los contenidos. Las investigaciones sobre estudios de visitantes han demostrado que aquellos que comprenden la organización de la exposición y la siguen mediante la secuencia marcada pasan más tiempo en la exposición y sacan más partido de ella.

El diseño de la señalética tiende a la simplicidad y a la claridad en la presentación de los contenidos. Existen textos de señalética general que guían u orientan al visitante a través de las salas y le ayudan a ubicarse en el espacio. Los textos identificativos de cada área reciben un tratamiento gráfico y textual distintivo que ayudan no sólo a la orientación geográfica, sino también a la creación de ambientes.

A la entrada de cada exposición normalmente se colocan textos introductorios que ayudarán en la orientación geográfica y psicológica del visitante. Cada sala y cada área dentro de la sala podrá ser identificada por un título que ayudará a la orientación conceptual del visitante. La orientación intelectual se realizará por medio de textos más largos que tienen relación con la exposición en general o con algunos objetos en particular. La información deberá estar estructurada de manera jerárquica, contando con varios niveles de información. Las cartelas identificativas de los objetos, que contienen información elemental sobre ellos, completan la información básica de la exposición.

Los gráficos, dibujos, mapas y fotografías juegan un papel positivo (y a veces hasta decisivo) a la hora de ayudar al visitante en la comprensión y fijación de las ideas, pudiendo utilizarse éstos para conseguir las funciones siguientes:

— Identificar áreas y temas.
— Crear ambientes.
— Reforzar el mensaje de una exposición específica.
— Dar instrucciones.

Tanto el tratamiento de los textos como el de gráficos se sitúa dentro de una coherencia visual que tiene como propósito reforzar los mensajes de la exposición, haciendo que ésta sea atractiva, útil y bien orientada hacia la atención del visitante.

Producción de los textos

La mayoría de los diseñadores no está muy a favor de la información escrita. Leer hace más lento el movimiento o circulación del visitante —acaso también su percepción de la historia expositiva—, hasta el punto de que implica asimismo un cambio de marcha mental. Esto se debe a que el visitante tiene una forma de pensar propia y se ve obligado a adaptarse y asimilar la información que se ha producido a través de otros mecanismos de interesar el pensamiento.

Suele decirse que el público, en general, no lee los textos en las exposiciones. La observación del comportamiento de los visitantes y los numerosos estudios y evaluaciones que se han realizado sobre este tema lo pueden confirmar. Sin embargo, estas conclusiones no son aplicables a todos los visitantes ni se refieren a todas las exposiciones.

La media de tiempo que una persona invierte frente a un objeto es de 20 o 30 segundos; por supuesto, no todos los objetos reciben la misma atención. Se ha observado que la mayor parte del tiempo que un visitante consume en una exposición es leyendo más que contemplando objetos. De ahí, la importancia que tiene el que los textos sean claros y concisos. También se ha observado que el público retiene más información cuando se utilizan cartelas interactivas.

Los textos pueden dividirse en varias categorías o niveles, dependiendo de su contenido y estructura [Figura 22]:

— Títulos
— Subtítulos
— Texto introductorio
— Grupo de textos
— Cartelas

— Materiales de distribución
— Textos bilingües

1. Los *títulos* atraen la atención del visitante y le introducen en las diferentes materias. Los títulos resumen el contenido de la exposición; deben ser cortos, con letra grande y legible.
2. Los *subtítulos* son más pequeños en cuanto a la letra, pero un poco más extensos. Algunos diseñadores los comparan con los titulares de los periódicos. Sus contenidos se enfocan más al tema, con el fin de resultar más informativos.

   Después de la lectura de los títulos y subtítulos, el público tiene que haber recibido o sentirse capaz de adquirir un sentido general del tema de la exposición y de su contenido. Por ello, la importancia de la creación del contenido y del diseño.
3. El *texto introductorio* es el primer bloque de información que recibe el visitante. Y esto obliga a un esfuerzo intenso y cuidadoso en su redacción y producción, teniendo en cuenta, además, que este conjunto va a dictar el modo de presentación de los textos para toda la exposición. Por otra parte, si bien es necesario crear un ritmo informativo que lleve a una comprensión fácil de la información, debe existir asimismo una consistencia de todos los elementos.

   Su contenido debe ser cuidadosamente estructurado teniendo en cuenta su carácter explicativo y su función introductoria. A la hora de su redacción, se debe comenzar con párrafos cortos claramente separados para, poco a poco, continuar construyendo párrafos más largos.
4. Los *bloques de textos* se utilizan para introducir e interpretar segmentos de contenido de una exposición. Su propósito es unificar conceptualmente un grupo particular de objetos o información. Tienen que ser informativos o interpretativos, pudiendo acompañar a subtítulos o ser introducidos por títulos cortos.
5. Las *cartelas* son elementos críticos en la interpretación básica de las piezas. Proporcionan al visitante la información esencial sobre los objetos y obras de arte, y suelen ofrecer a veces algunos detalles específicos más amplios sobre algunos objetos concretos de la colección.

   El agrupamiento de las cartelas no debe hacerse sino con cuidado, teniendo en cuenta la disposición de los objetos en la exposición. Nunca deben ser muy largas ni colocarse demasiado lejos del objeto a que se refieren; y si resulta necesario agruparlas, debe hacerse con el menor número posible.

Dentro de este grupo se pueden destacar las cartelas que hacen referencia a las actividades interactivas, estos textos requieren establecer secuencias que expliquen los procesos de manera clara y precisa utilizando un vocabulario comprensible.

6. Los *materiales de distribución* se refieren a catálogos, dípticos, notas de galería o información complementaria. Todos estos elementos nos dan una información más extensa de la exposición, y sobre temas y elementos relacionados con ella.
7. *Textos bilingües*. Serrell (2006: 101) apunta que debe considerarse seriamente su inclusión, ya que duplican el número de palabras de una exposición. Son costosos de escribir, diseñar y producir por lo que se pueden plantear otras alternativas como hojas de galería en distintos idiomas, folletos o audioguías.

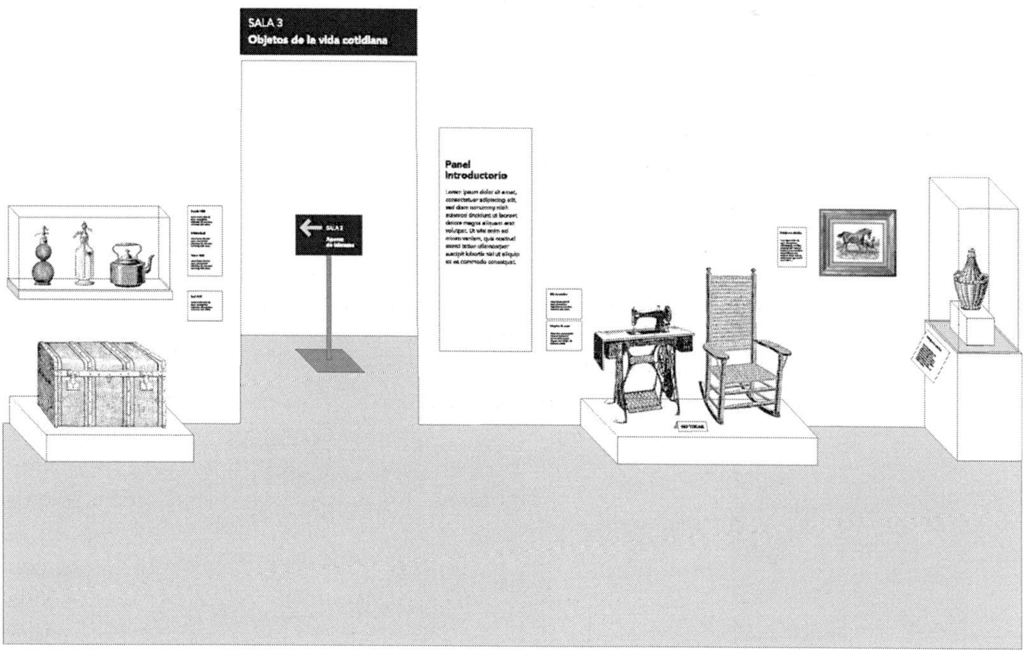

Figura 22.
Tipo de textos encontrados en una exposición (lsd, 2009).

Tipografía

Afecta de manera directa a la transmisión del mensaje. Su elección viene determinada fundamentalmente por el contenido y tipo de exposición. Las características de unos buenos textos además de que su contenido sea comprensible, se podrían resumir en éstas:

1. *Legibilidad*. La lectura de las letras se realiza por su forma; las mayúsculas son muy homogéneas, por lo que son más difíciles de leer que las minúsculas. El tipo de letra tiene gran influencia en la percepción. Entre los dos grandes grupos en que se divide la tipografía, los tipos serif suelen ser los preferidos, ya que son más fáciles de leer. Otras características juegan también un importante papel, como son las del peso (condensado, ligero, medio, negrita, itálica, etc.) y el espaciado.
2. *Visibilidad*. La colocación de los textos en el espacio de exposición es fundamental, lo que influye en su visibilidad; además ésta tiene que ver también con el tipo de letra, el tamaño y el contraste. Este último se refiere al color de letra y el fondo, que resulta cuanto más fuerte mejor (el contraste más alto es el negro sobre blanco) [Figura 23] [Foto 40].

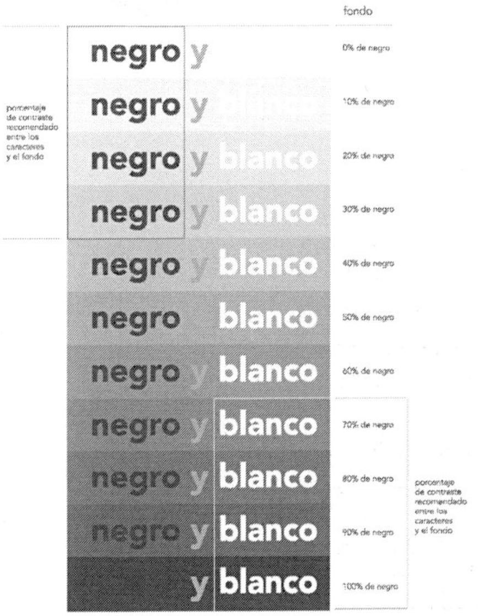

Figura 23. Contraste de color y legibilidad (AAM, 1995: 27).

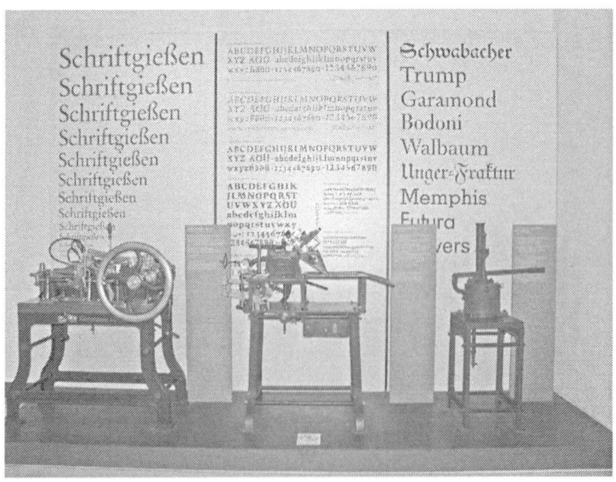

Foto 40. Tipografía. Deutsches Museum, Múnich. Foto: Isabel García.

La justificación es importante, aunque no repercute de manera determinante en que el texto sea legible, sí influye a nivel de apariencia.

Por último, y en relación a la producción física de los textos, cabe señalar que se ha efectuado una interesante evolución que va desde métodos tradicionales (letras pintadas, en *letraset* e incluso letras-bloque) a métodos donde se utiliza el ordenador: cortados en vinilo, serigrafiados, *ploteados* y grabados en distintos materiales. Con estos sistemas es incluso posible producir de manera duradera y relativamente barata los elementos de señalética, paneles y cartelas para utilizarse en el exterior [Foto 41].

ESTÁNDARES DE TEXTO EN EXPOSICIÓN (Lord, 1999: 398)

Elemento expositivo	*Número de palabras*	*Tamaño letra*
Títulos: Identificativos	3-8 palabras	Tienen que estar en consonancia con el tamaño de la exposición. Se suele utilizar como estándar un tamaño de 5 a 7,5 cm.
Subtítulos	10-25 palabras	100-120 puntos. Éstos contienen generalmente la información escrita más importante.
Grupo de textos: Textos explicativos	50-60 palabras	30-40 puntos. Estos textos desarrollan los subtítulos o describen un grupo de objetos en exposición.
Texto detallado: Argumentos	60-80 palabras	24-32 puntos. Este texto explora los argumentos e implicaciones de lo que se presenta en la exposición.
Cartela identificativa: Objetos individuales	10-20 palabras	18-22 puntos. Presentan la información de objetos específicos en exposición. Pueden ser cartelas individuales o de grupo.

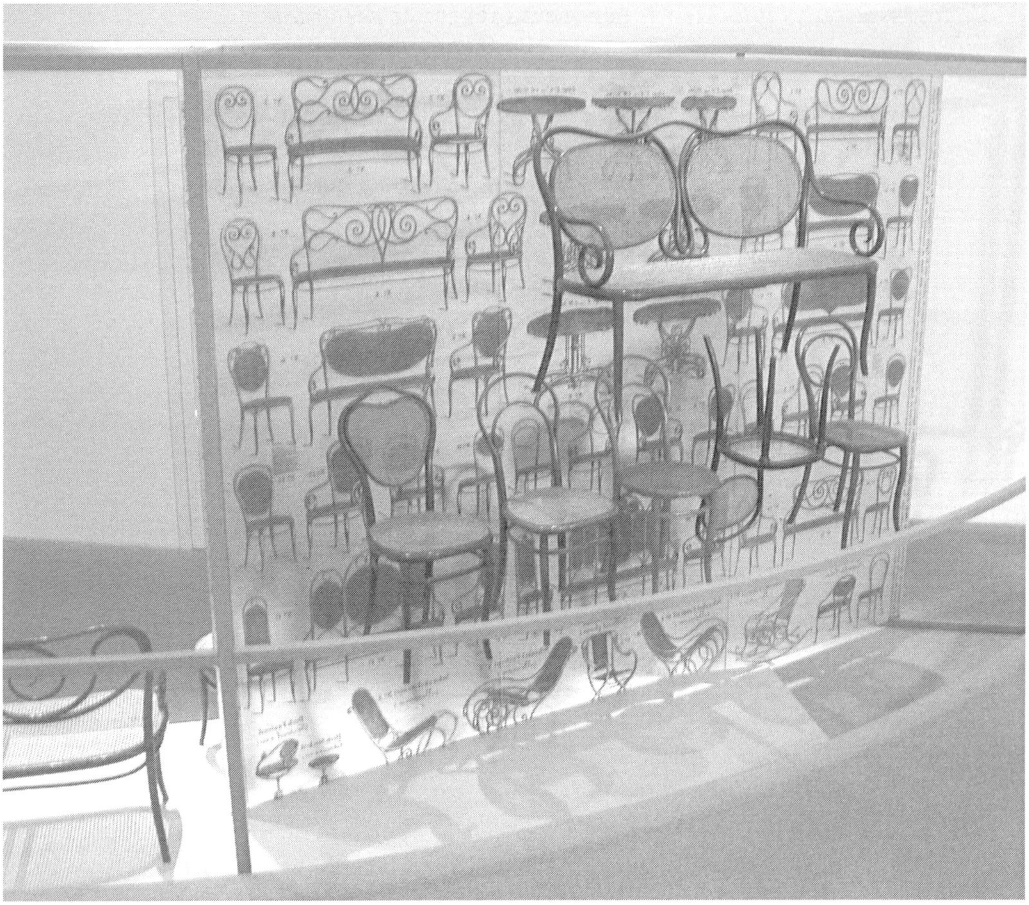

Foto 41. Panel explicativo. Pinakotheke der Moderne, Múnich. Foto: Isabel García.

Audiovisuales

Las técnicas audiovisuales incluyen desde sistemas simples de tratamiento de imágenes y sonidos (luces que se accionan mediante botones o sensores, proyectores de diapositivas sincronizados, vídeos) a sistemas multimedia, que se basan en la integración y combinación de sistemas de vídeo, fotografías, gráficos, textos y sistemas sonoros, donde el usuario es parte activa en la recepción del mensaje e interactúa con el medio. La comunicación es, pues, interactiva.

Existe un cambio de actitud de los diseñadores: antes eran reticentes a la utilización de estos sistemas, al considerarlos intrusos; ahora, sin embargo, si son bien utilizados, pueden servir para presentar mejor las teorías, las acciones y los procesos, potenciando su carácter educativo. No debemos olvidar, sin embargo, que los audiovisuales están dotados de una naturaleza y de un ritmo muy diferente a la realidad espacio-temporal del recorrido efectuado por el público en la exposición. Por ello, debe evitarse su instalación en puntos que obliguen al visitante a cambiar de improviso las pautas de apreciación (desde una situación espacio-temporal reversible a discreción, a la de una sucesión no retornable de imágenes sucesivas), o sin que se pondere como apropiada la fragmentación de la historia de los objetos que estos sistemas provocan necesariamente.

Cada tipología de la exposición debe dar lugar al modo más adecuado de audiovisual. Los sistemas audiovisuales son elementos de apoyo a la exposición, y nunca deben sustituir al objeto real, sino ayudar a su interpretación, del mismo modo que ayuda la gráfica, aunque obviamente con sus características especiales [Fotos 43a y b].

En su realización se parte de una idea inicial que debe estar en consonancia con los objetivos de la exposición. De ahí, se pasa a un guión a partir del cual se trabaja en los distintos aspectos: trucaje fotográfico, banda de sonido, sincronización, etc. Los profesionales que trabajan en su producción son realizadores, guionistas, productores, fotógrafos, técnicos de trucaje, sonido, filmación y en ocasiones en infografía.

Un sistema audiovisual puede contener lo siguiente, partiendo de esa idea y guión:

GUIÓN DE UN SISTEMA AUDIOVISUAL

Audio	*Diapositivas*	*Efectos de luz*
Cinta digital	35 mm	Control analógico y digital de sistemas de iluminación
CD Minidisco	6 × 6 cm Panorámicas	Humo Láser
Imágenes electrónicas	*Efectos especiales*	*Autómatas*
Vídeo Laser disc Vídeo CD Proyectores Ordenadores	Fuegos artificiales Efectos de luz	Pantallas-multipantallas Androides Espejos

Los aspectos más importantes en los sistemas audiovisuales y su relación con el diseño expositivo son los siguientes:

1. *Espacio.* Una aproximación básica sobre las necesidades de espacio de una persona de pie estaría en 1 m^2 o un radio de 30 cm. Esto condiciona el espacio necesario para la proyección de audiovisuales teniendo en cuenta igualmente la previsión de afluencia de público.
2. *Circulación-localización.* Los sistemas audiovisuales siempre deben ser accesibles y nunca entorpecer la circulación dentro del área de exposición.
3. *Iluminación.* Generalmente, los sistemas audiovisuales necesitan unas condiciones lumínicas especiales, distintas a las que se han especificado para las diversas exposiciones. Por ello, hay que adaptar un espacio especial para que se produzcan las condiciones óptimas de proyección. Asimismo normalmente hay que diseñar formas para guiar al público hacia ellos.
4. *Duración.* Dependiendo del tiempo que dure el audiovisual existen una serie de requisitos que afectan al visitante y también a la estructura del espacio; así, de 4 a 5 minutos de pie hasta 15 minutos se necesitan bancos, más de 15 minutos el banco debe llevar respaldo y de 25 a 30 hay que colocar asientos de cine.
5. *Mantenimiento.* Entre los factores destructivos de los equipos audiovisuales se cuentan el polvo y el calor. Los equipos necesitan, obviamente, espacios con temperatura controlada y una buena ventilación.

Por último, es necesario hacer referencia a los sistemas de información interactiva. Estos módulos son un medio de comunicación que permite, mediante una aplicación software multimedia preparada al efecto, transmitir la información del sistema al usuario y viceversa.

La comunicación es posible gracias a la utilización de periféricos (preferiblemente pantalla táctil) que facilitan al usuario el seleccionar y obtener la información requerida [Foto 42].

Entre las ventajas de estos módulos, se encuentran las siguientes: 1) El receptor participa activamente en el proceso de información; 2) se trata de un soporte atractivo y ameno por su capacidad de informar entreteniendo; 3) es un método de descubrimiento activo; 4) capta con facilidad la atención del público; 5) proporciona la posibilidad de comunicarse en varios idiomas, obtener datos y opiniones del usuario a

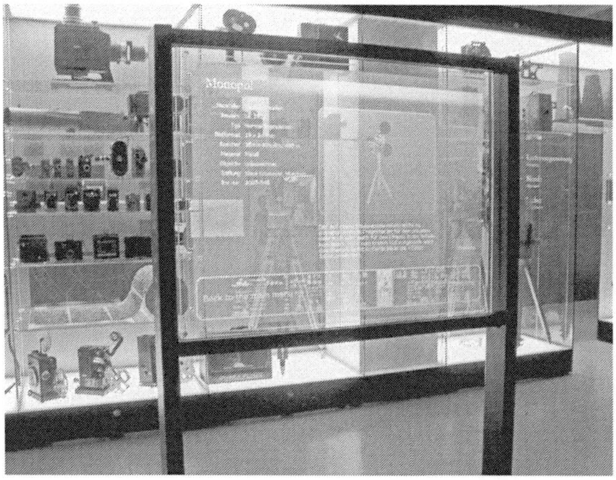

Foto 42.
Panel interactivo.
Deutsches Museum,
Múnich. Foto: Isabel
García.

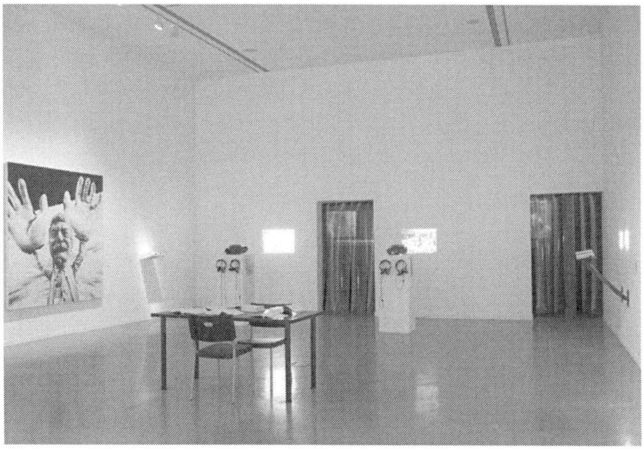

Foto 43 a.
Audiovisuales. «Así se
escribe la historia».
Inéditos, 2008 (Montaje:
Intervento, s.l.).

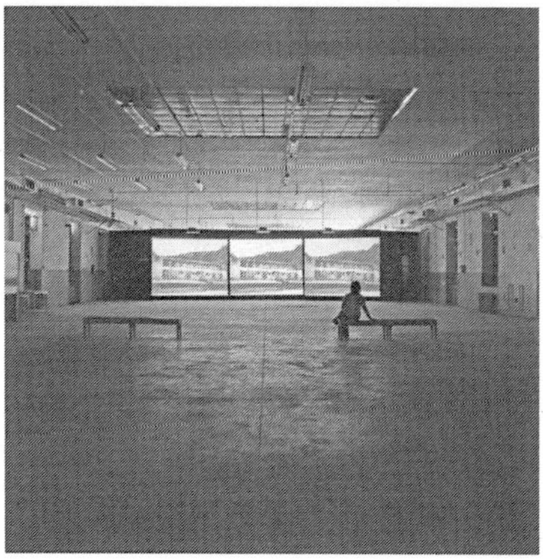

Foto 43 b.
«Párpados y labios»,
Chen Chieh-Jen, Antigua
Fábrica de Tabacos, PHE
04 (Montaje: Intervento
s.l.).

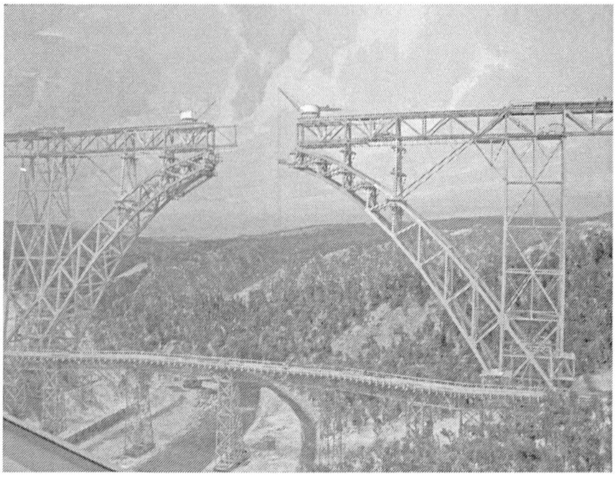

Foto 44.
Maqueta-diorama de la construcción de un puente, Deutsches Museum, Múnich.
Foto: Isabel García.

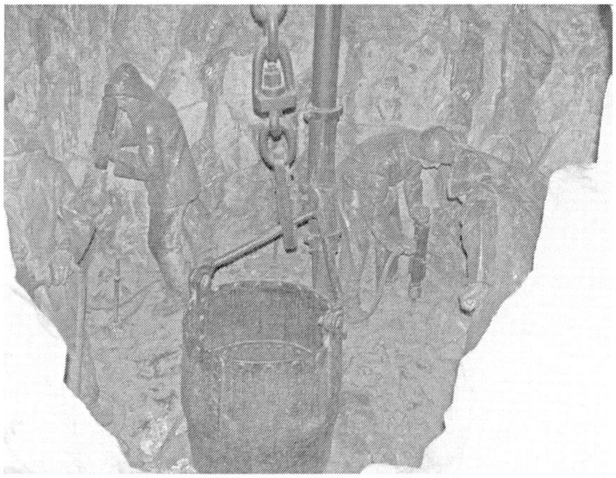

Foto 45.
Escenografía del trabajo en una mina, Deutsches Museum, Múnich.
Foto: Isabel García.

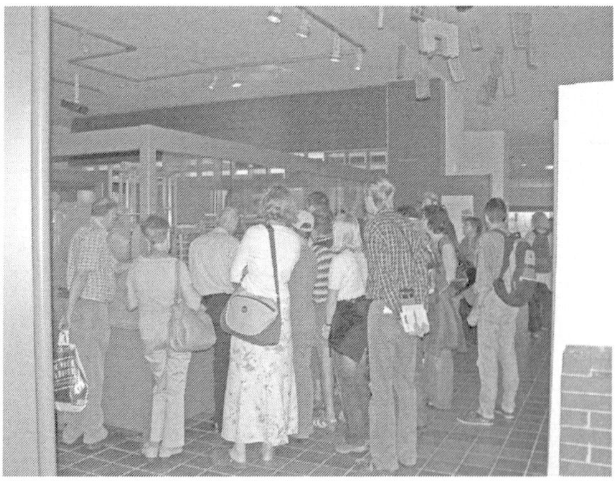

Foto 46.
Demostración en la sección de la tecnología cerámica, Deutsches Museum, Múnich.
Foto: Isabel García.

través de cuestionarios; y 6) se trata de sistemas «actualizables» y tienen la capacidad de acceso a Internet.

Otros elementos de comunicación

Las maquetas, los dioramas y las escenografías son otros medios utilizados para la comunicación con el visitante que se basan en la conexión de los elementos mostrados con la realidad plenamente reconocible por el visitante, y que éste puede interpretar sin necesidad de proporcionarle nuevas herramientas.

Se pueden definir como reconstrucciones de escenas «familiares» en 3D donde se presenta una acción. En el caso de los dioramas, su irrupción en el mundo de los museos data de finales del siglo XIX y se convirtieron en el elemento de exposición por excelencia de los museos de ciencias naturales revolucionando las presentaciones museográficas; pronto se extendieron a otro tipo de museos: historia, etnografía, ciencia y tecnología, arte... [Fotos 44 y 45].

En la creación de estos elementos un buen diseño es fundamental para conseguir la atmósfera correcta de modo que la escena sea creíble.

Por último, hay que hacer referencia a las demostraciones que son una herramienta muy utilizada en muchos museos y exposiciones de diversa tipología aunque priman los de ciencia y técnica. Estas demostraciones sirven para explicar los procesos de producción que ayudan a comprender mejor los objetos expuestos. La experiencia no es meramente visual, sino que frecuentemente se aplican otros sentidos, lo que facilita que la información se procese y se fije en la memoria del visitante de manera más duradera [Foto 46].

9
Instalación y montaje

El diseño de una exposición exige desde las fases iniciales la consideración y estudio previos de cuantos elementos, materiales y construcciones sean necesarios para su instalación y para el montaje de los objetos. En la práctica, una vez ha sido concebida, planificada y desarrollada la exposición en todos sus estadios, es el momento de construir las instalaciones diseñadas previamente y, consecuentemente, realizar el montaje de los objetos y demás contenidos.

Esta doble actuación final en la elaboración del proceso expositivo deberá atenerse con rigor al guión o programa establecido. De ella dependen directamente la presentación y puesta en escena de los objetos —es decir, la exposición misma desde el punto de vista de su morfología físico-estructural— y el acierto de su capacidad comunicativa a través de la materialidad y el contexto medioambiental de aquéllos.

Pero, en concreto, deberá integrar en la presentación su adecuada ubicación en el espacio, así como los medios o presentadores, los elementos físicos (paneles, soportes, vitrinas, etc.), el orden o secuencia para su mejor contemplación y lectura (concepto y mensaje a transmitir) y el ambiente más propicio (protección y seguridad, climatización, iluminación, etc.). Cada tipología de exposición y cada naturaleza de los objetos a exponer presentarán problemas particulares y específicos.

Instalación y montaje de los objetos

De entrada, debemos distinguir con claridad entre *instalación* y *montaje*, referidas ambas a la exposición. La primera, aunque su significado más inmediato o coloquial sea el de colocar en un lugar o edificio los aparatos o accesorios para un servicio determinado, sólo se produce en rigor cuando «altera o transforma estructuralmente el espacio». Es el conjunto de operaciones constructivas que, realizadas con los elementos o presentadores expositivos, crea una situación espacial nueva adecuada al diseño y al escenario previstos para la presentación de los objetos y la circulación del público. De modo análogo, la instalación como obra artística, tan utilizada en nuestro tiempo por los creadores plásticos, sólo debiera adquirir tal denominación cuando transforme no aparente sino estructuralmente el espacio; la mayor parte de las así llamadas instalaciones no pasan de ser montajes o colocación de «piezas» en un sector determinado del espacio, que sí lo modifican —como cualquier objeto introducido en un lugar—, pero no profunda y estructuralmente.

Montar, que en su significado más directo quiere decir ponerse o subirse encima de una cosa, desde una utilización académica o coloquial del término significa también colocar, armar o combinar debidamente las piezas de cualquier aparato o máquina. En el medio expositivo, es la operación dedicada a la ubicación, colocación, anclaje y ensambladura museográfica de las obras en la estructura de cada instalación expositiva, siempre variable de acuerdo con el perfil de la exposición y la naturaleza de las piezas a exponer. En el caso de los objetos artísticos, por ejemplo, la variedad de procedimientos, técnicas y materiales que han conformado y conforman su realidad a lo largo de la historia, pero especialmente en nuestro tiempo, particulariza en cierto modo la tipología, los problemas y las soluciones museográficas de la instalación y el montaje de una exposición.

Espacio y estructuras

Como elementos protagonistas de una exposición hemos citado el espacio y la iluminación, de cuyo estudio y organización se ha tratado en los capítulos 4 y 7, respectivamente, de este manual. Los dos constituyen —junto con los soportes, los anclajes y barras de sujeción, así como con el manejo o manipulación de los objetos y las actividades compositivas— los condicionantes máximos en la instalación y el montaje expositivos. Ambos elementos forman un combinado complementario, especialmente por su vinculación necesaria con la sala de exposiciones, ya que las condiciones museográficas de ésta dependen, en último término: 1) de la arquitectura (reutilizada o proyectada a este fin: de su planta y medidas; de las paredes, puertas y vanos; del suelo y techos, etc.); 2) de los elementos (fijos, semifijos y móviles);

3) de la iluminación, y 4) del almacén o del dique de carga y descarga, incluso.

Por elementos fijos entendemos aquellos propios de la arquitectura que conforman estructuralmente la sala, y que sólo admiten modificaciones de tipo formal: techos, suelo, paredes, columnas, arcos, ventanas, puertas, etc. Toda la estructura de la sala depende de ellos, y sólo pueden suprimirse o transformarse aparentemente (suprimirse huecos o ventanas, integrarse dos o más columnas en un solo elemento, alterar visualmente con el color cualquier ámbito, etcétera).

Los elementos semifijos no están integrados en la arquitectura, pero su instalación resulta compleja y, en cierto sentido, muy dependiente o identificada con aquélla. Normalmente, tienen como fin solucionar algún inconveniente de la sala para la presentación de los objetos. Así, los grandes paneles sujetos a la estructura y que dividen la sala para regular el recorrido o la circulación de los visitantes; o una vitrina adosada al muro, o un conjunto de ellas, cuya remoción resulta sólo posible con la aplicación de ciertos sistemas técnicos o de personal, etcétera.

Por elementos móviles o movibles entendemos todos aquellos que, por su tamaño, peso o conformación, son susceptibles de un rápido, fácil o total desplazamiento, como son algunos paneles, vitrinas, plintos, plataformas, etcétera.

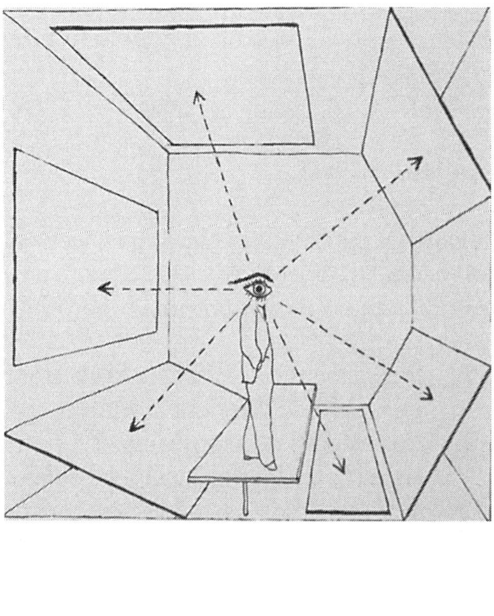

Figura 24. Diagrama del diseñador Herbert Bayer (revista P. M., 1939 basado en la idea del «campo de visión humana»).

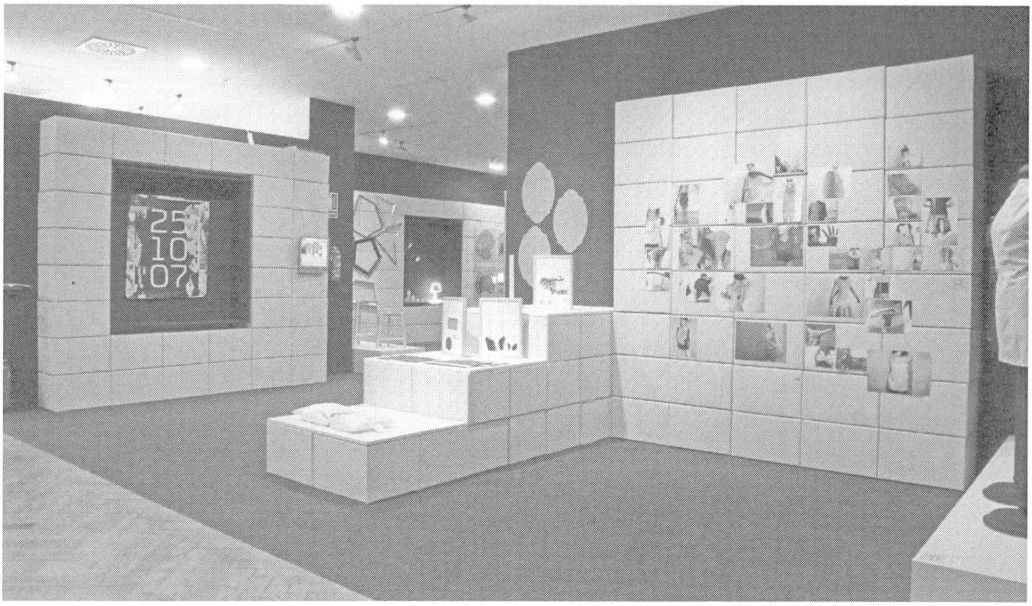

Foto 47. Estructura novedosa de paneles. Creaciones Torero, Círculo de Bellas Artes (Diseño y montaje: Intervento, s.l.).

Unos y otros contribuyen de manera decisiva a la definición de la estructura espacial. Y, en consecuencia, resulta imprescindible una mínima consideración al menos de los soportes o presentadores y de los elementos de sujeción, pues constituyen una parte esencial de la estructura sobre la que se asienta el contenido físico o material de los objetos. Sin aquéllos, sería imposible su puesta en escena [Figura 24] [Foto 47].

Soportes

Son muchos los objetos o piezas que necesitan soportes dentro de una exposición. Un objeto expuesto requiere un soporte para su presentación o puesta en escena por una o por estas tres razones principales:

1. Por razones estructurales: el objeto es débil o se encuentra en un estado de deterioro avanzado.
2. Por razones de exposición: el soporte puede ofrecer un mejor ángulo para la apreciación del objeto.
3. Por razones de manipulación o manejo.

Aunque suelen aparecer varias combinaciones, entre los tipos básicos de soportes podemos citar los siguientes:

- Soporte escondido.
- Soporte que asegura el objeto dentro de una vitrina.
- Soporte diseñado para absorber las vibraciones.
- Soporte que ayuda a preservar la estructura de un objeto.
- Soporte que está semifijo al objeto y funciona como agarradera.
- Soporte que asegura a un objeto al tiempo que se crea la ilusión de que el soporte es algo más.

Cuando se construye un soporte tienen que tenerse en cuenta dos aspectos interrelacionados. Por una parte, su diseño y, por otra, los materiales utilizados. La elección de materiales es una tarea complicada, ya que muchos de ellos no llegan a cubrir las necesidades del objeto o son fuente directa de deterioro; generalmente, los materiales se eligen basándose en su estabilidad, dureza y apariencia [Fotos 48a, b y c].

Los materiales utilizados para soportes deben ser compatibles con el objeto y ser inertes; deben servir de almohadillado, no deben tener bordes afilados ni ser fuente de abrasiones; tampoco deben utilizarse materiales que tengan pigmentos o tintes inestables. Desde el punto de vista del diseño, el centro de gravedad del objeto debe utilizarse como punto principal de referencia para el diseño del soporte, teniendo en cuenta siempre la intención original del uso del objeto. El soporte no debe perder estabilidad con el tiempo ni por las vibraciones; debe amortiguar los movimientos, y ser fácilmente accesible y fácil de quitar. Asimismo, deben utilizarse sistemas mecánicos para su colocación, pero nunca deberán estar unidos a los objetos permanentemente.

No hay que olvidar que la principal función del soporte es la de ofrecer una buena sujeción, permitiendo cambios dimensionales sin causar nuevas tensiones. Muchas veces aparecen motivos de conflicto entre la conservación y lo que se considera un soporte adecuado, y los aspectos estéticos de una apariencia agradable [Foto 48d]. Generalmente, el soporte puede fallar por una de estas cinco causas:

- Los puntos de apoyo están mal colocados.
- El objeto no está bien sujeto o está mal equilibrado.
- Los puntos de contacto no están almohadillados, causando de este modo distorsiones y abrasiones.

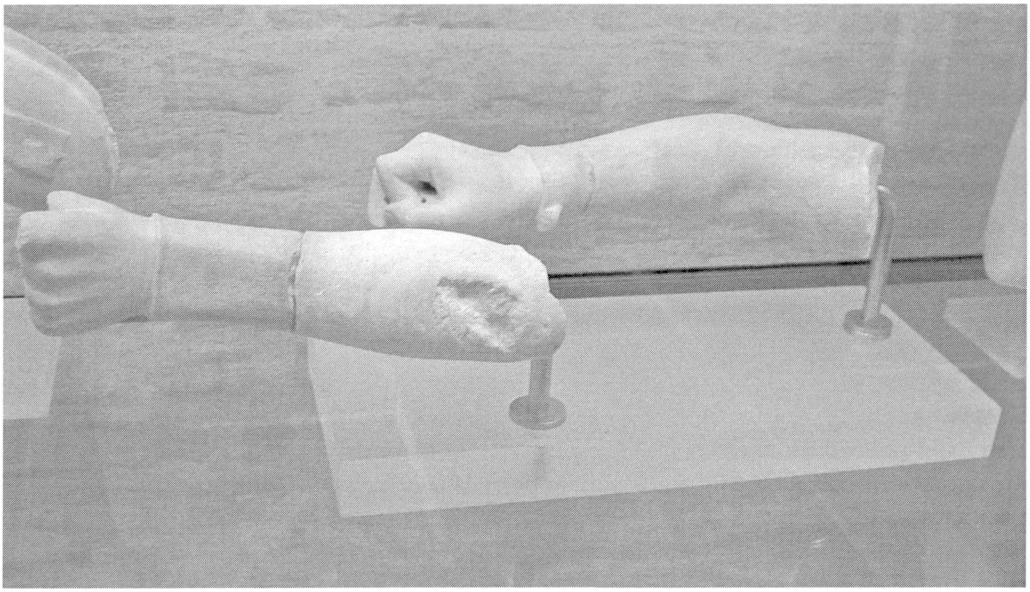

a

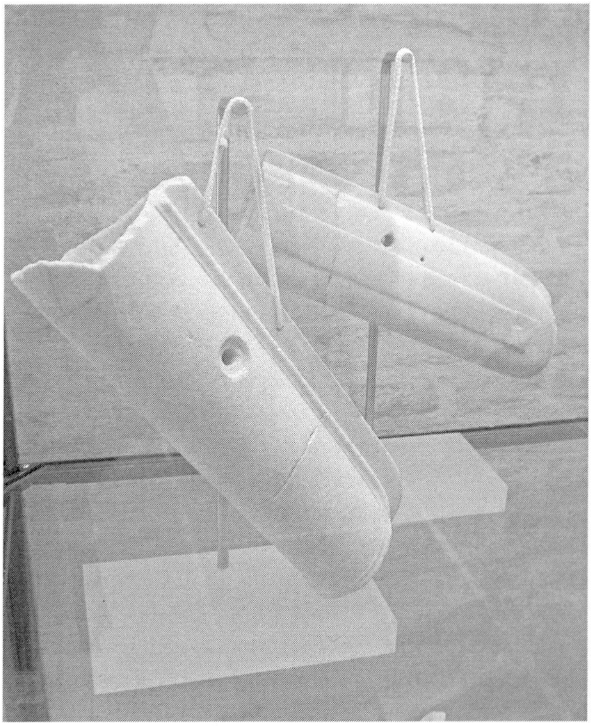

b

Fotos 48a, b y c. Soportes. Glyptotheka Múnich. Foto: Isabel García.

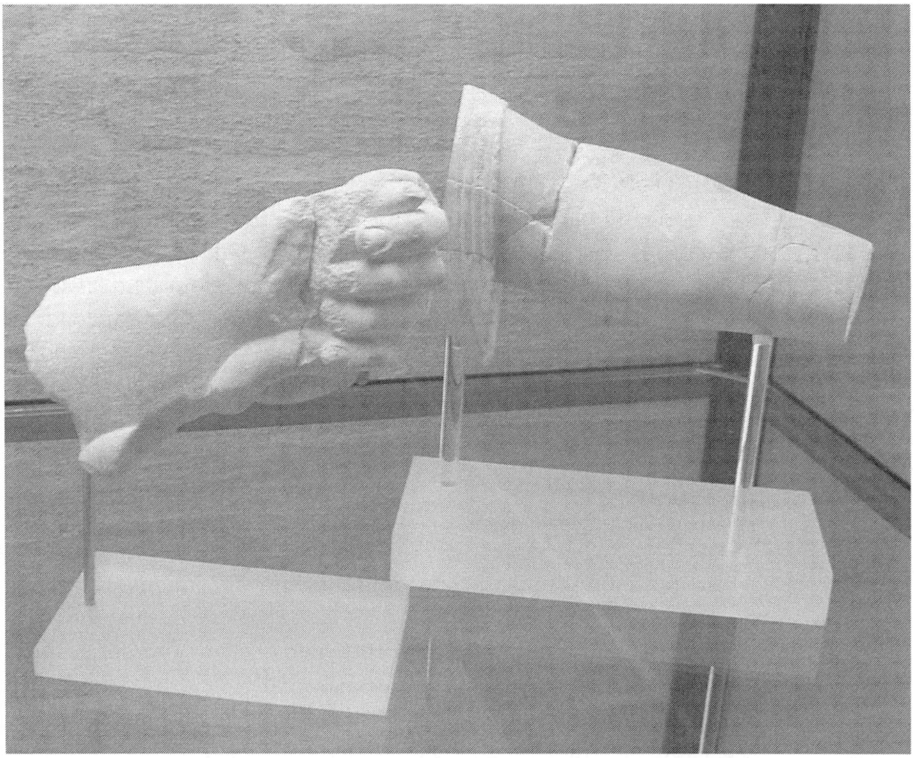

c

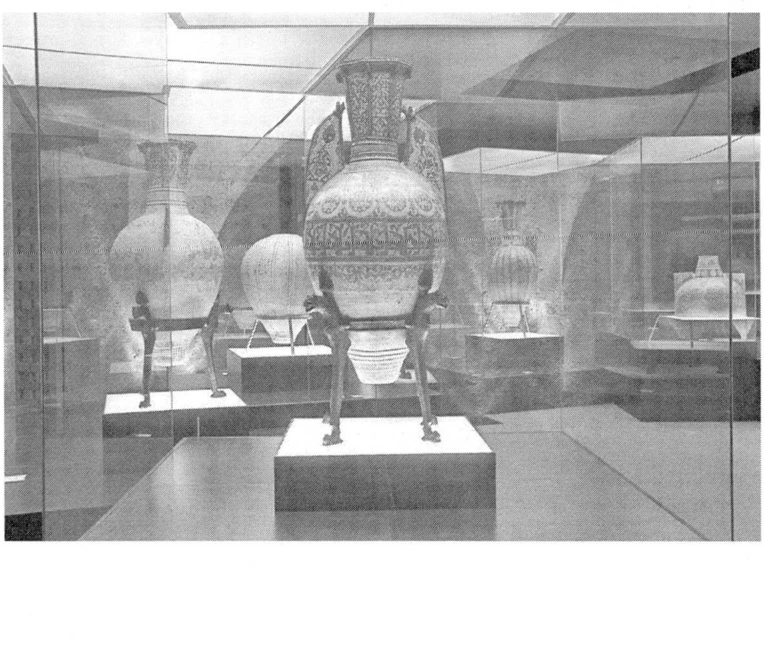

Foto 48d.
Soportes. Exposición Palacio de Carlos V, La Alhambra (Diseño: FRADE Arquitectos).

- El soporte está hecho de un material que puede afectar al objeto causando su deterioro.
- Desde el punto de vista estético el material de fabricación lo hace obstructivo.

Estos cinco aspectos han de tenerse en cuenta a la hora del diseño del soporte, intentado en todos los casos combinar las necesidades de conservación y las posibilidades de un diseño estético.

Por último, hemos de hacer referencia a los maniquíes utilizados en escenografía. Para su construcción se utiliza una gran variedad de materiales: escayola, plásticos, resinas... Son fundamentales en la exposición de textiles y su diseño y construcción se detallan en publicaciones como la de Brunn (2002).

Elementos de sujeción

Cada exposición resulta distinta tanto por su planteamiento como por su diseño. Esto se traduce también en la manera de instalar los objetos. Ésta es la pregunta más frecuente, como dice Witteborg (1981: 92), al respecto: ¿Cuál es la manera más fácil y mejor de colocar los objetos en la pared? Existen varios métodos, entre ellos la utilización de los sistemas tradicionales (clavos, pernios, alcayatas, etc.), que aseguran el objeto a la pared o a un panel de manera fija. Sigue siendo el más usado, rápido y práctico. Otras soluciones son [Foto 49]:

- Barras ajustables. Este sistema permite varias posibilidades que se pueden ajustar a las exposiciones; sin embargo, tienen, entre otros, los inconvenientes de provocar una cierta inestabilidad visual y de ser estéticamente obstructores.
- Alambres, hilos y cables. Fijos a una moldura en la pared, el problema que presentan es que es difícil de equilibrar.
- Sistemas regulables de anclaje fijo (barras instaladas en los paneles o paredes), que quedan ocultos por las obras.

Factores determinantes en la instalación y el montaje

Si, desde el punto de vista físico y estructural, son estos elementos citados los que determinarán no sólo las condiciones del receptáculo para la disposición y el anclaje de los objetos, sino también el lugar adecua-

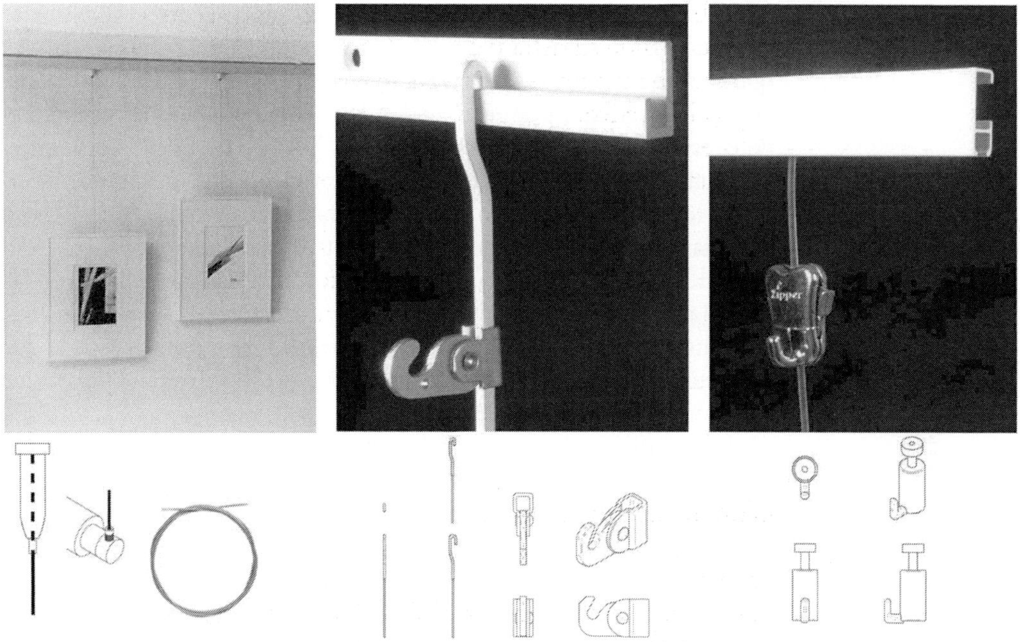

Foto 49.
Elementos de sujeción de obras bidimensionales.

do o no para la visita y circulación del público, son otros los factores que hay que tener en cuenta además para la mejor instalación y montaje de los objetos en una exposición.

En primer lugar, tanto la instalación como el montaje de los objetos debe atenerse, entre otras, a las reglas que la ergonomía (adaptación de los elementos a las condiciones del cuerpo humano) y la *proxémica* demandan, aplicadas a las actividades expositivas de un museo o exposición. *Proxémica* es la disciplina que estudia la percepción y uso del espacio humano como elaboración especializada de la cultura. Trata de la noción de distancia fuera del campo de la conciencia. La manera que tiene el hombre de estructurar el tiempo y el espacio constituye una forma de comunicación común a todos los miembros de una cultura de un modo tácito e implícito. La teoría de la imagen y los asuntos de la percepción visual son, por otra parte, otros aspectos insoslayables a la hora de planificar e instalar la muestra y montar los objetos, y que completan lo comentado anteriormente sobre «la dimensión humana en el diseño».

La colocación de los objetos está condicionada por tanto, por la tipología de la sala, como por las posibilidades —distancia del objeto, tamaño de la obra, densificación de público— que le ofrece al visitante el circuito de la muestra permanente o temporal. En cualquier caso, ya que la vista tiene tendencia a bajar más que a subir, las obras deben instalarse —un lienzo, por ejemplo— a baja altura, cuando la posibilidad de contemplación no admita dos o más líneas en fondo de visitantes. Los cuadros situados en alturas producen inconvenientes e incomodidades (entre ellos, el típico dolor de nuca), y una percepción en parte sesgada. Tienen que considerarse las diversas posibilidades que ofrece el cono de visión humana, en el que intervienen: a) las magnitudes de las obras (altura, anchura, profundidad); b) situación de la obra en su concreta instalación, respecto del nivel del suelo; c) distancia del espectador respecto de la obra instalada; d) campo de visión autónoma del objeto (relación con los contiguos), etcétera.

Una posición apropiada del espectador frente, por ejemplo, a un lienzo marca, según diversas experiencias y la aplicación de teorías sobre la percepción, de la perspectiva y los condicionantes espaciales y lumínicos, el siguiente esquema:

1. La visión humana describe un cono cuya máxima abertura ideal encuentra su correspondencia con la posición que respecto del suelo y del cuadro se sitúa el punto de vista humano. El ángulo visual normal humano es de 54°.
2. La altura media o centro de interés de la visión humana está en la teórica línea del horizonte. El centro de interés de una obra se halla en algún lugar de esa línea, y puede encontrarse aplicando lo que los clásicos llamaron número de oro o sección áurea. (Los griegos ya descubrieron la justa proporción o la sección áurea y el número de oro. Los pitagóricos llegaron a concretarlo prácticamente. Puede enunciarse así: Un segmento queda dividido en dos partes bien proporcionadas cuando *la relación de la menor a la mayor es la misma que la de ésta al total.* El centro de interés de un lienzo, por ejemplo, no es el punto geométrico o simétrico del cuadro, sino el resultante del cruce de dos coordenadas que parten de los lados mayor y menor del cuadro —horizontal y vertical. Al multiplicar la totalidad de un segmento por la fracción 0,618 se obtiene la parte mayor del fragmento [Figura 25].

El centro de interés, por ejemplo, del famoso cuadro de Goya *Los fusilamientos de La Moncloa* (1814) que expone el Museo del Prado, en Madrid, es el personaje de la camisa de blanco resplandor y brazos extendidos: marca el punto de interés dramático de la obra y coincide con el centro de la sección áurea) [Foto 50].

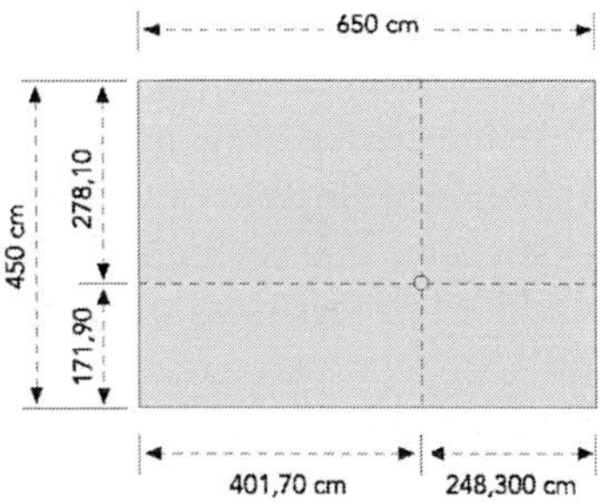

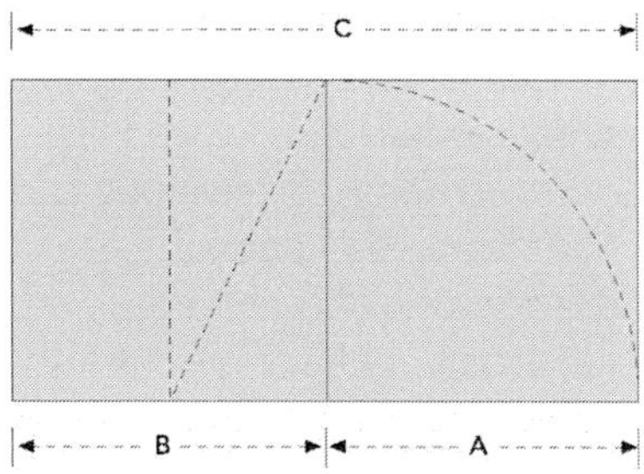

Figura de la izquierda:
Línea y punto de interés visual, hallados por la aplicación de la sección áurea:
650 cm × 0,618 = 401,70 cm
(401,70 + 248,30 = 650 cm)
450 cm × 0,618 = 278,10 cm
(278,10 + 171,90 = 450 cm)

Figura de la derecha:
En este rectángulo la proporción es la siguiente:

$$\frac{A}{C} = \frac{B}{C}, \text{ siendo } C = A + B$$

Figura 25.
Sección áurea.

3. La apertura final del cono de visión humana está directamente relacionada con la distancia del espectador respecto de la obra a contemplar. A mayor distancia, mayor amplitud final del campo de visión.

4. Unas condiciones ideales de visión son las que describe un ángulo del cono de visión de 54º (27º por encima de la línea del horizonte + 27º por debajo de la línea del horizonte, o visual). En ese caso, la línea de horizonte —y de interés visual— mantiene la horizontal respecto del suelo desde el punto de vista del espectador y hasta señalar el centro de interés de la obra. Cuando el espectador no la mantiene horizontal respecto del suelo, puede haber una variación de 6º por encima o por debajo de la visual (27º + 6º por arriba, 27º –6º = 21, por debajo), pero siempre manteniendo los 54º del ángulo visual humano.

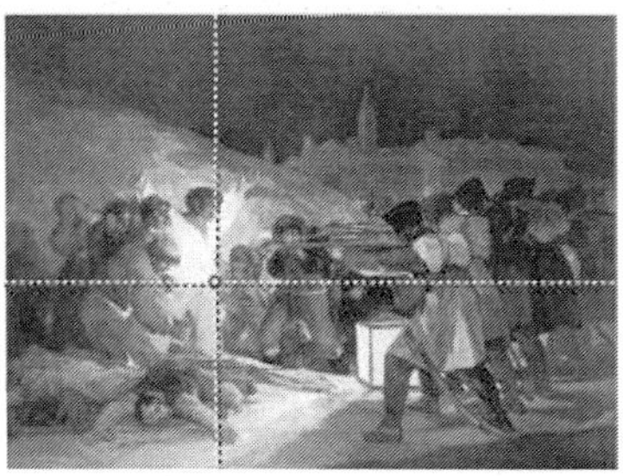

Foto 50.
Sección áurea aplicada a *Los fusilamientos de la Moncloa*, de Goya (lsd, 2009).

La buena visión de las obras depende, en cualquier caso, de la conjunción de varios elementos, como son la distancia y la situación en que se encuentran respecto del espectador, estableciéndose una triple relación correlativa: la altura de la obra, la porción de la obra que se sitúa por encima de la visual y la propia distancia en que se encuentra en relación con el espectador. Se han podido establecer unas escalas de distancias mínimas necesarias para una adecuada percepción de las obras instaladas en un muro o en posición vertical, como éstas:

ALTURAS Y DISTANCIAS

Altura de la obra (m)	*Por encima de la visual (m)*	*Distancia aproximada (m)*
0,50	0,25	0,50
1,00	0,50	1,00
1,50	0,80	1,50
2,00	1,30	2,50
2,50	1,80	3,50
3,00	2,30	4,50
3,50	2,80	5,50
4,00	3,30	6,50
4,50	3,80	7,50
5,00	4,30	8,50
6,00	5,30	10,50

Así, situado el punto de vista humano a una altura determinada (suele fijarse para adultos de pie la de una banda entre 1,30, 1,40 y 1,60 m sobre el suelo), la distancia adecuada entre el espectador y una obra de 50 cm de altura es, mínima de unos 50 cm, y máxima de unos 70 cm, siendo su cota máxima por encima de la visual de unos 0,25 / 0,35 m; para una obra de 2,00 m la distancia mínima es de unos 2,50 m y la máxima de unos 3,90 m, siendo su cota máxima por encima de la visual, de 1,30 m aproximadamente. Recordemos que la línea de interés visual de un cuadro está por debajo de su línea media, según la aplicación de la sección áurea o número de oro.

Situado el punto de vista humano a una altura entre 1,30 y 1,40 m, y manteniéndose los grados del ángulo de 54° (27° + 27°, o las variantes indicadas) y la horizontalidad señalados, la distancia de 2,55 m aproximados del espectador a la obra produce un campo de visión cónica de 1,35 m (apertura o diámetro de la base del cono sobre la obra), equivalente a la altura señalada del punto de vista. La altura máxima del cono de visión humana alcanza en ese caso, y en su punto superior —si se mantiene la horizontalidad de la visión y la distancia indicada—, entre 1,80 y 1,90 m. El inferior, entre 55 y 60 cm sobre el suelo. (El espacio comprendido entre ellos forma el buen campo de visión: 0,55/0,60 + 1,35 m = 1,90/1,95 m, aproximadamente.)

5. Si la distancia del espectador respecto de la obra es mayor de 2,55 m, el campo de visión aumentará la amplitud señalada; si es menor, disminuirá proporcionalmente. Como la línea del horizonte es una línea teórica que oscila de acuerdo con la posición (hacia arriba o hacia abajo) del punto de vista del espectador, el ángulo del cono de visión no variará (54°), pero sí lo harán los puntos máximo y mínimo de altura en relación con el suelo (el punto máximo debe señalar el borde superior del cuadro; el mínimo, el límite o borde inferior del cuadro). Este esquema gráfico del cono de visión puede aclararnos lo comentado.

De acuerdo con la figura 26, las distancias adecuadas serían: 70 cm del espectador para un cuadro de 35 cm de altura; 1,40 m para uno de 70 cm; 2,10 m para el de 105 cm; 2,80 m para el de 140 cm; y, finalmente, 3,50 m para el que mida unos 238 cm. Las alturas totales desde el suelo hasta el borde superior de los cuadros serían las siguientes: 1,54, 1,72, 1,89, 2,10 y 2,24 m, respectivamente. El borde inferior del primer cuadro estaría del suelo a 122,5 cm, y el último, a 52,5 cm.

La disposición, ordenación y colocación de los objetos sobre un muro o panel deben ser, por tanto, efectuadas según criterios de pro-

Figura 26.
Esquema gráfico del cono de visión y distancias.

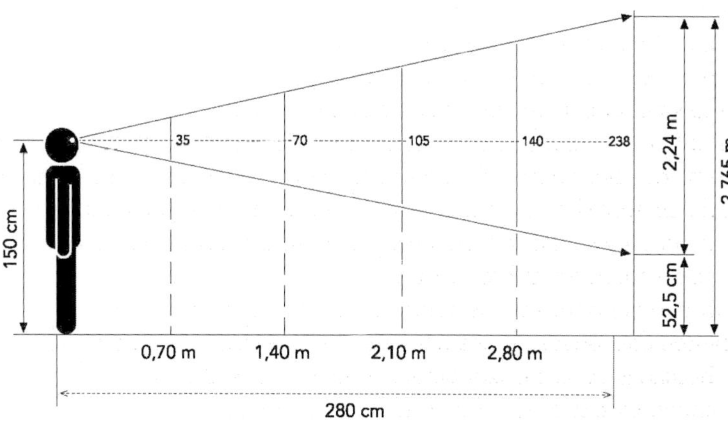

porcionalidad: tiene que hallarse el centro de interés de cada una de ellas, y hacer que pase la teórica línea del horizonte (entre 1,30 y 1, 40 m del suelo) por ellos. Nunca se alinearán (por ejemplo, cuadros o análogos) por la parte inferior o superior (marco o extremos del lienzo), a excepción de cuando las obras coincidan en tamaño y formato. La distancia entre los objetos alineados debe ser lo suficientemente amplia que no produzca interacción. Pero tampoco excesiva que impida en el recorrido establecer oportunas relaciones o comparaciones.

El criterio más acertado en la colocación y presentación de los objetos es el que nace del conocimiento perfecto de ellos: no solamente de su naturaleza y función, sino también de la intención confirmada del autor al crear la obra. O de la finalidad de carácter sociocultural que ha asumido históricamente, si no se conoce ni el autor ni especiales intenciones museográficas. Para Ernst Neufert ([1936] 1991: 486),

> las dimensiones del local de exposición dependen del tamaño de los cuadros. El ángulo visual normal en el hombre es de 54°, o sea de 27° por encima de la línea horizontal de la vista, lo que para una distancia de observación de 10 m da una altura del borde superior del cuadro de 4,5 m sobre la visual horizontal. El borde inferior del cuadro no debe quedar a más de 70 cm por debajo de la visual horizontal. Sólo cuando se trata de cuadros muy grandes se rebasarán estos límites, comprendiendo desde el mismo zócalo hasta un punto superior a la visual de 27°. Los cuadros pequeños se cuelgan con su centro de gravedad (horizonte del cuadro) a la altura de la vista.
>
> Superficie de pared por cuadro .... 3-4 m^2
> Superficie de suelo por escultura .... 6-10 m^2
> Superficie de vitrina para 400 toneladas .... 1 m^2.

Los objetos tridimensionales presentan, a nivel de instalación, problemas añadidos a los bidimensionales. Requieren un espacio autónomo, casi siempre en su derredor, a veces soportes o ámbitos especiales y sobre todo una protección espacial y un trato lumínico más complejos en razón de su corporeidad y situación en las salas.

Además del espacio autónomo y la posibilidad de circular a su alrededor, las convencionales esculturas presentan numerosas variantes de instalación: en el suelo, sobre una plataforma, sobre plintos, podios... En hornacinas, peanas, ménsulas, repisas, vitrinas... En soportes fijos o móviles (rotatorios). Las nuevas propuestas artísticas de los *montajes*, las llamadas *piezas* múltiples, o las *instalaciones* requieren el seguimiento fiel del «proyecto» del artista para su presentación adecuada. Lógicamente, las variantes están también asociadas a los diversos materiales (madera, bronce, cerámica, poliéster, acero, materiales mezclados, materiales povera o de desecho, etc.) que terminan por reclamar especiales atenciones de presentación (espacios e iluminación) y de protección y preservación ambiental.

Otras obras de arte, como los dibujos, grabados, fotografías, acuarelas, etc.; es decir, con soportes de papel o magnéticos (como los negativos fotográficos, las películas cinematográficas o los vídeos), así como requieren una conservación especial, también necesitan técnicas expositivas particulares. Las obras sobre papel deben llevar un enmarcado especial, *passe-partout* y cristal para exponerlos en muro o paneles, en mesitas, vitrinas, atriles...Y para conservarlos en portafolios y carpetas, etc., en anaqueles y archivos adecuados. Cabinas y salas para su proyección, etcétera.

La buena instalación y el adecuado montaje de los objetos deben apoyarse, por consiguiente, en un escrupuloso diseño y planificación donde priman los criterios estéticos. Su mejor presentación depende, en gran medida, de los medios tecnológicos y didácticos empleados, en función de una rentabilidad sociocultural de las piezas expuestas y del programa museológico global. Por ello, debemos dejar constancia aquí de la importancia de los sistemas audiovisuales en las exposiciones, sean permanentes o temporales e itinerantes del museo [Fotos 51a y 51b.

Fotos 51a y b.
Detalles de montaje de la exposición «Filipinas. Puerta de Oriente. Desde Legazpi a Malaspina», Museo Nacional de Filipinas (FRADE Arquitectos).

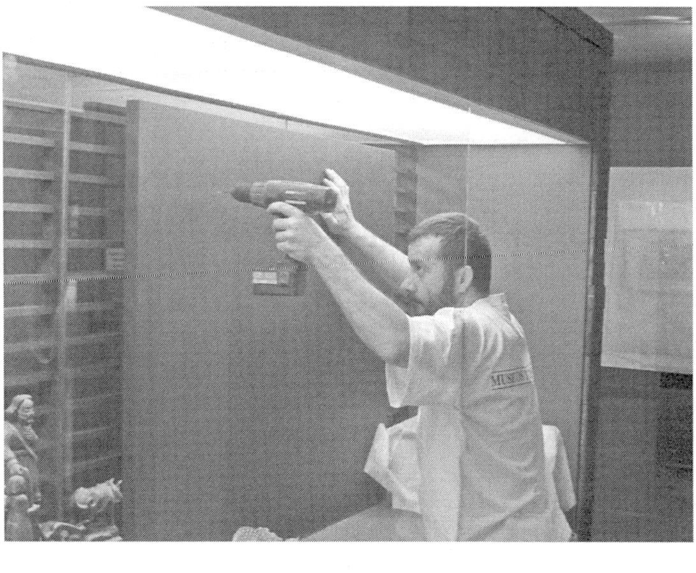

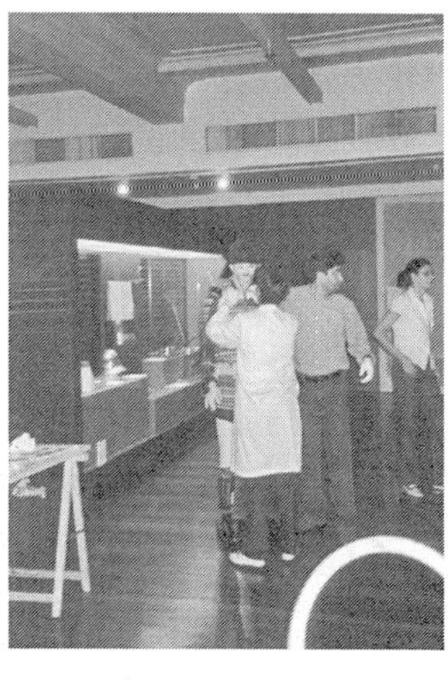

Síntesis operativa

El diseñador crea espacios definibles que provocan reacciones del visitante utilizando todos los elementos que hemos visto. La instalación y montaje de las exposiciones son, en definitiva, el resultado de combinar los presupuestos conceptuales y procedimentales, con el fin de contar de la mejor manera posible la «historia de la exposición»; y de completar la muestra como «la mejor» composición plástica. Deberán tenerse en cuenta, además, los ajustes y reajustes que por diversas causas (espaciales, lumínicas, coyunturales) se realizarán en la práctica final de la exposición en el espacio concreto. Por ello, recapitulamos todo este proceso en las siguientes cuestiones:

Foto 52. En la articulación del espacio expositivo: se combina la disposición arquitectónica (suelos, techos, y ventanas), los elementos expositivos como paneles dispuestos en diversos ángulos, plataformas, bancos para el descanso, y vitrinas que marcan el circuito y crean el ritmo, a lo que también contribuye la distribución de las obras, Museo De Young, San Francisco, 2009.

Foto 53. En el diseño de la exposición se tiene en cuenta los modelos de composición, en los que destaca la direccionalidad. En este caso, las líneas diagonales aportan dinamismo y profundidad al espacio. Por otro lado, en la composición y lectura de la exposición interviene la colocación de los objetos que depende del interés, peso e impacto visual de las obras, su interrelación de valor comunicativo de las mismas y, su relación con objetos similares en un vínculo de grupo o lugar. «España en el Mediterráneo», Biblioteca Nacional 2006-2007 (Diseño: FRADE Arquitectos).

Disposición de los objetos en la exposición: organización del espacio

El diseño de exposiciones, tal como apunta Dean (1998: 32), «es el arte y la ciencia de organizar visual, espacial y materialmente los elementos en un espacio por donde los visitantes se mueven».

Un espacio expositivo es un espacio creado y, por tanto, definible como acogedor, frío, inquietante, dinámico, atrayente, aburrido, misterioso, estimulante, etc... En su organización convergen muchos elementos y algunos de éstos se manifiestan como condicionantes del diseño y otros son puramente creativos.

Lo más importante en la exposición es la presentación de los objetos. La cultura occidental se reproduce no solamente a nivel de ideas y códigos, sino también por la organización de los espacios donde se instalan y muestran las obras. Por ejemplo, en las culturas occidentales en la instalación de los objetos se utiliza y ocupa el espacio periférico antes que el centro. Asimismo en la disposición de los elementos expositivos hay una preferencia por las esquinas y ángulos, sobre todo a 45° y 90°, y apenas se utilizan las formas curvas [Foto 52].

La exposición, al igual que la obra de arte, debe concebirse como una *composición* plástica, donde por lo general se busca el equilibrio y la armonía de todos los elementos. En la composición hay que tener en cuenta el color, la textura, las formas y tamaños, la direccionalidad, el contraste, la profundidad, la ilusión plástica, etc. En definitiva, el objetivo es conseguir orden y claridad para la buena percepción y contemplación, lo que resulta en la buena recepción del mensaje [Foto 53].

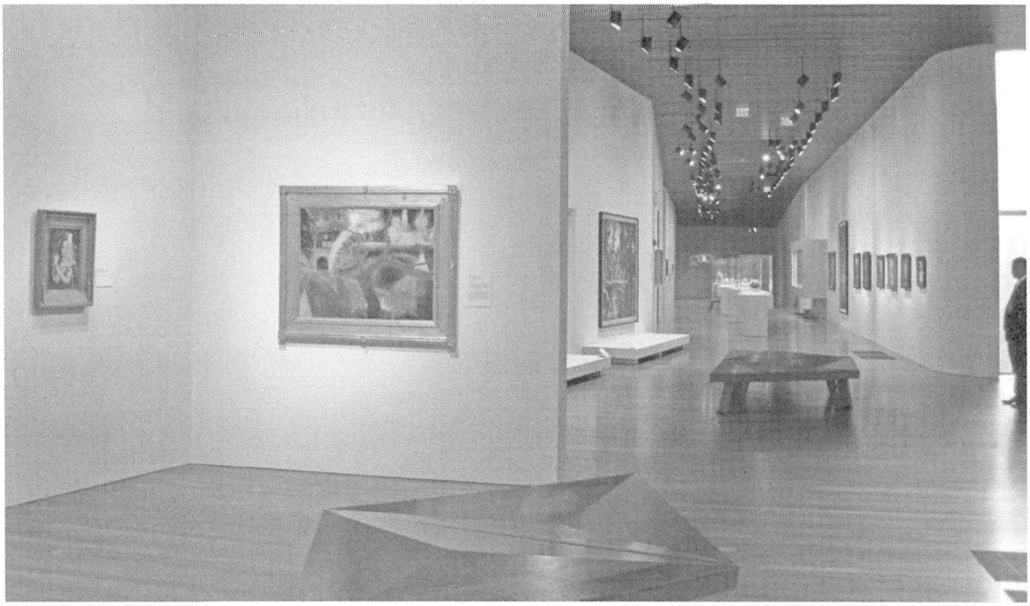

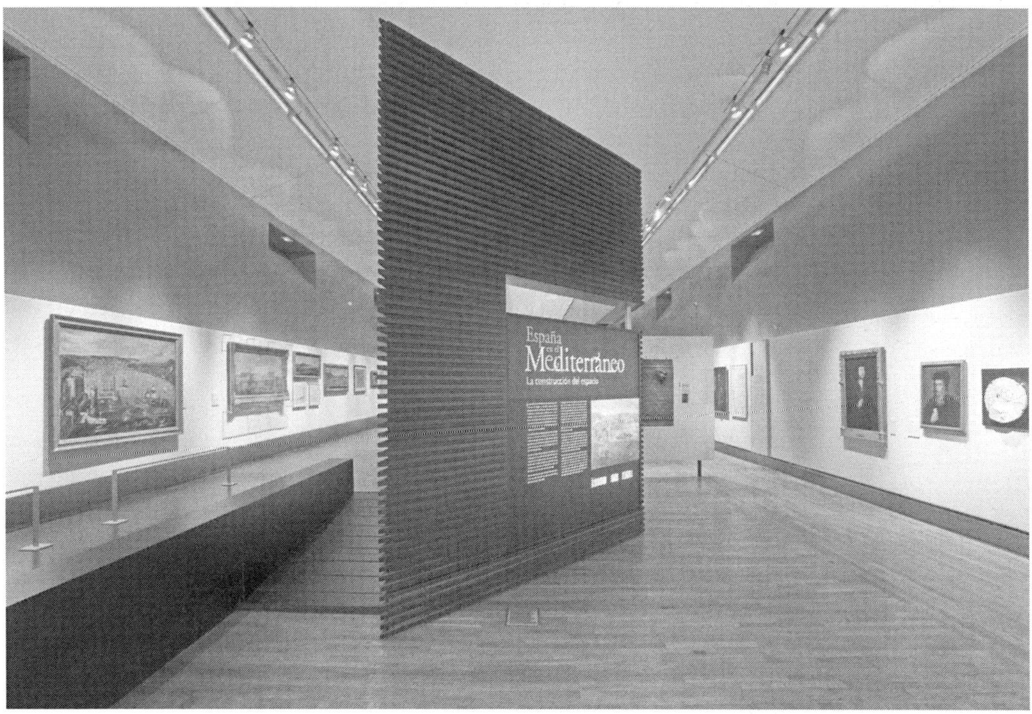
España
en el
Mediterráneo
La construcción del espacio

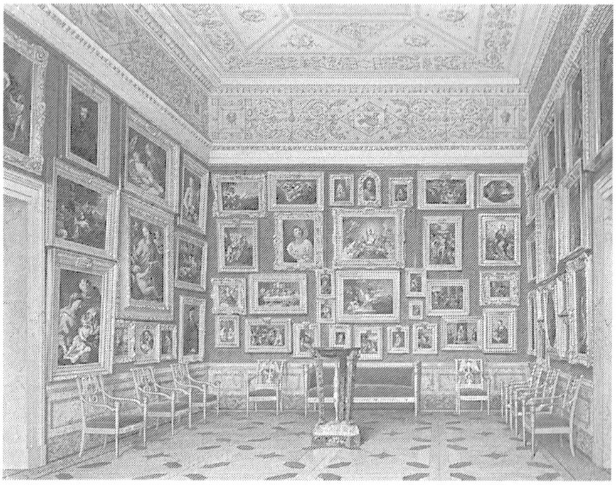

Foto 54. Equilibrio simétrico. De acuerdo con la posición de un eje imaginario que divide el plano de exposición se equilibran las fuerzas y pesos visuales. *Interior del Nuevo Hermitage. La sala de la Escuela italiana*, Luigi Premazzi, 1858, Museo del Hermitage.

Organización de elementos

La ubicación de los objetos respecto a la organización del circuito, su relación con otros objetos y elementos (fuerzas, atracciones, diferentes llamadas en el campo visual), su resalte utilizando medios de diseño determina su atracción para el visitante. Los objetos bidimensionales y tridimensionales no son tratados del mismo modo. Básicamente los objetos bidimensionales se aprecian de frente, por lo que se cuelgan o apoyan en paredes o suelos. Los objetos tridimensionales son apreciables por lo general en todo su perímetro.

Teniendo en cuenta las características visuales de los objetos, su ubicación se relaciona con su cómoda apreciación, además de estar dentro del cono de visión y seguir la línea visual. Los objetos en el plano horizontal no se alinean ni por arriba ni por abajo, sino que se busca el centro que coincide con la línea visual elegida.

En el plano vertical la forma de disponer los objetos busca el *equilibrio* visual. Una de las soluciones utilizadas desde el siglo XIX es el equilibrio axial, en donde las formas se equilibran a partir de un eje [Foto 54]. No obstante, lo que se busca generalmente es un equilibrio oculto donde las formas están equilibradas pero no se utiliza ningún tipo de simetría; en él intervienen todos los elementos presentes en el espacio: elementos arquitectónicos, elementos expositivos incluyendo niveles de iluminación y los objetos expuestos con sus características intrínsecas. El peso visual de cada elemento es el que establece también la distancia entre ellos [Foto 55].

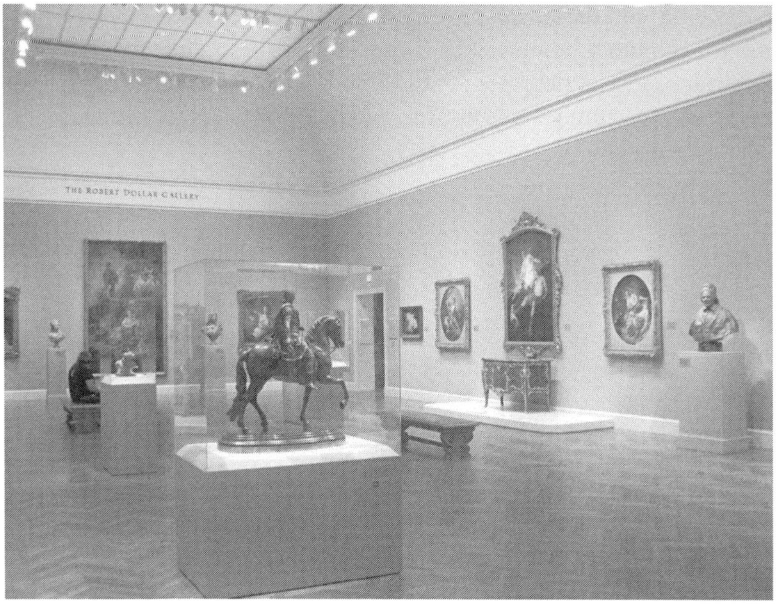

Foto 55.
En la percepción como un todo (conjunto de la sala) donde existe un equilibrio oculto influye el color uniforme utilizado para pintar la sala y los elementos expositivos. Los objetos bidimensionales se han colocado en las paredes siguiendo la línea visual que recorre su centro. Los objetos tridimensionales se exponen sobre pedestales cercanos a las paredes compensando los pesos visuales y logrando el equilibrio en el plano horizontal. Los objetos tridimensionales colocados en vitrinas en el centro de la sala crean otros focos de atracción visual y su disposición estructura el circuito y ayuda a crear el ritmo de visita del público. Museo de la Legión de Honor, San Francisco.

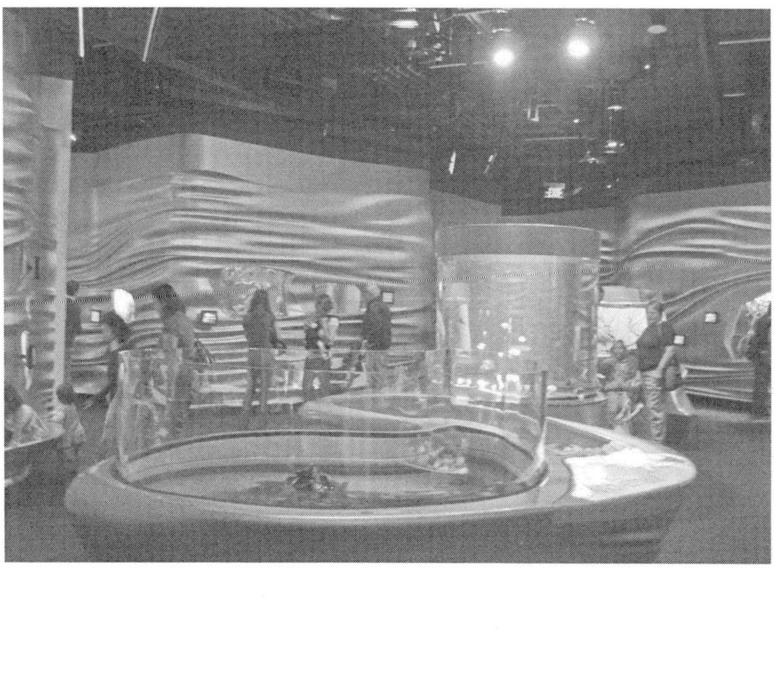

Foto 56.
La iluminación, las formas, la textura, el color, el campo visual, la ilusión plástica y el movimiento son factores determinantes en el diseño de exposiciones. Academia de Ciencias de California, San Francisco.

Por último, en la organización existe un *movimiento*, acción que implica cambio y tiempo, y es el que crea el ritmo de la exposición y determina la visita del público. El ritmo puede ser: simple, progresivo, alternante u oculto y suele estar producido por los objetos o la articulación del diseño.

10
Seguridad y protección

La seguridad debe contemplarse o tenerse presente en todos los estadios o fases del diseño de una exposición: conceptualización, diseño final, etc. Pero también durante su construcción, instalación y montaje, y durante todo el tiempo que dure aquélla. Debe ser supervisada a lo largo de todo el proceso por un profesional, que tendrá que evaluar las alteraciones realizadas en el espacio y que puedan afectar a la seguridad de las obras.

Todas las cuestiones de seguridad sólo pueden resolverse satisfactoriamente desde una planificación cuidadosa que afecte tanto a la seguridad física del edificio y las salas de exposiciones como a las actividades que se asocian al control de las colecciones. Pero, también, a las que afecten a la seguridad de los visitantes, que muchas veces se descuidan.

Entre las consideraciones generales para la planificación de la seguridad en las exposiciones de un museo, se encuentran:

1. Análisis periférico, volumétrico y puntual de áreas concretas.
2. Confeccionar un listado de lo que hay que proteger. Una cuidadosa catalogación de las piezas en el momento de su recepción facilita la indemnización de seguros, el control de inventarios y la resolución de posteriores controversias en caso de que se produzcan daños.
3. Considerar los peligros más probables. Prever lo que pueda ocurrirles a las colecciones aunque no existan muchos datos para evaluar las amenazas.
4. El desorden y el desaliño invitan al vandalismo, por lo que las instituciones deben asegurarse de que las áreas públicas estén limpias, los objetos dañados estén restaurados y los carteles y gráficos deteriorados, reemplazados.

5. Por último, existen peligros inesperados producidos por averías técnicas que incluyen daños en la estructura del edificio, interrupciones de suministro (electricidad, gas, agua, teléfono) o fallos en el sistema del control del medio ambiente, que van a requerir una respuesta rápida para mitigar el daño. El diseño arquitectónico y de ingeniería del edificio tendrán que ser los factores determinantes en la prevención de estos peligros.
6. Estudio de la acción destinada a contrarrestar los peligros. Revaluación de los sistemas de disuasión y control. Coordinación de los medios físicos, electrónicos y humanos.

El museo deberá articularse por zonas de protección: exterior, interior y puntual. Se trata de tipificar los sistemas de seguridad (accesos interiores y exteriores, comunicaciones verticales y horizontales), de acuerdo con el uso que se da a las distintas áreas diseñando para cada una un nivel de seguridad concreto. Aparte de formar parte de la seguridad periférica y volumétrica general en áreas de exposición, existe generalmente un sistema de protección puntual susceptible de ser conectado y desconectado dependiendo del tipo de exposición que se acoja en cada momento.

La seguridad en las exposiciones tiene que diseñarse individualmente adaptándose a sus necesidades específicas. El diseño condiciona la seguridad de muchas maneras. Entre los aspectos que influyen directamente están la organización y disposición del espacio, el diseño de los elementos de exposición, el color y la iluminación.

La disposición espacial, el diseño de los sistemas de iluminación y demás elementos de la exposición deben aprobarse antes de que empiecen los trabajos. Una inspección de la instalación de la exposición debe hacerse antes de la inauguración. Con respecto a la armonía estética de las medidas de seguridad, se puede proceder a su ocultamiento (por ej. en hornacinas empotradas en los muros, o tras paredes de *pladur*), teniendo en cuenta que también el criterio estético puede influir en su elección.

Los aspectos más concretos que influyen en el museo son los siguientes:

1. Preferencia por los espacios abiertos con el menor número posible de compartimentaciones.
2. Presencia obligada de un número determinado de guardias.
3. Elección del material, que debe ser totalmente ignífugo y seguro desde todos los puntos de vista.

4. Acceso restringido a los distintos espacios.
5. Presencia de instrucciones para el público sobre lo que pueden o no pueden hacer dentro de la exposición.
6. Organización espacial de vitrinas, paneles y otros elementos que deben considerarse en relación con el valor y naturaleza de las colecciones, y con la supervisión por medio de los sistemas de seguridad.

Fuego

Un museo con un funcionamiento normal puede estar sometido a muchos peligros de incendio. La organización e instalación de exposiciones pueden crear un potencial adicional de peligro: utilización de instalaciones eléctricas temporales, pinturas y disolventes, soldaduras y acumulación de basura —los peligros inherentes al funcionamiento normal del museo incluyen: mal funcionamiento del sistema de calefacción, equipos de laboratorio o cocina, descuido de los operadores y cigarrillos encendidos—; a lo que se une una elección y ubicación incorrecta de los sistemas eléctricos y de climatización. Todo ello incide directamente en una rápida propagación del fuego y el humo.

Tradicionalmente se había tratado la prevención del fuego y la seguridad como aspectos separados, aunque en la actualidad se han visto las ventajas de considerar ambos campos como compatibles. Desde el punto de vista operacional es más eficaz planificar y organizar ambos tipos de emergencia a la vez, ya que muchos aspectos de respuesta están interrelacionados, y porque la prevención sólo puede ser efectiva cuando exista una infraestructura adecuada, una organización eficaz y unas formas de funcionamiento racionales.

Al igual que en otros aspectos, es necesario especificar las medidas preventivas (ICOM, 1981: 23-33) que van a eliminar muchos de los problemas. Entre éstas, y son fundamentales, hay que destacar el mantenimiento del orden, una limpieza regular, la eliminación de los productos de desecho y una inspección periódica. Además, es necesario una revisión, desde el punto de vista de la prevención de incendios, de los planos de exposición e instalación para constatar la adecuación de:

1. Suministro de agua
2. Asistencia de los bomberos
3. Utilización de materiales de construcción resistentes al fuego

4. Salidas de emergencia
5. Áreas de construcción (y técnicas) seguras
6. Sistemas de detección de incendios
7. Sistemas de supresión de incendios
8. Control del trabajo de los constructores y sus herramientas y materiales
9. Instalación de extintores portátiles
10. Alarmas
11. Instalación eléctrica de acuerdo con los códigos de seguridad
12. Salas de audiovisuales con interruptores de seguridad, detectores de humo y ventilación.

Resulta vital que el fuego se detecte cuanto antes, ya que dañará con seguridad a las exposiciones de tal manera que no va a ser posible restaurarlas. Por ello, es esencial un sistema automático de detección del humo. (Un sistema de detección de incendios consta de elementos sensores, la caja de control y el aparato de señalización. La evaluación por parte de un experto ayudará a decidir el número y localización de sensores apropiados).

Entre los profesionales de la museología, encontramos todavía muchas reticencias al uso de sistemas automáticos de extinción de incendios. Dependiendo de la naturaleza del fuego que pueda producirse, existen diferentes tipos de equipos que pueden instalarse. Tres son los sistemas generales utilizados en museos: 1) extintores de agua pulverizada; 2) equipos de descarga química, y 3) equipos de descarga gaseosa.

Con relación a estos sistemas hay que señalar que, en los museos donde existen colecciones valiosas, los efectos dañinos del agua deben sopesarse en comparación con los efectos no-tóxicos producidos a las personas, ya que es un sistema comparativamente barato y relativamente fácil de instalar. Cuando el uso del agua no se puede tolerar y el riesgo de incendio existe, los efectos tóxicos de los gases tienen que considerarse teniendo en cuenta su coste y la posibilidad de que, si son insuficientes, se tiene que echar mano de algún sistema que utilice el agua como medio supresor de fuego.

Instalación de sistemas de seguridad

General

En las exposiciones, la decisión sobre la instalación de los sistemas de seguridad viene determinada por el valor y la rareza de los objetos mismos, y por la relación entre el costo y la eficacia del sistema de protección (Tillotson, 1977: 57 y ss.). La seguridad en las exposiciones debe encuadrarse dentro del diseño general de los sistemas de seguridad en el museo. La distribución racional del espacio y los sistemas mecánicos van a integrarse con los sistemas electrónicos para conseguir una protección efectiva contra robos, aunque, como bien dice Tillotson, no pueden reemplazar el efecto de las barreras físicas visibles y, por supuesto, dependen en su totalidad de una respuesta humana eficaz.

Cuanto mayor es un museo y más valiosas sus colecciones, más necesaria se hace la incorporación de un sistema de alarma para complementar el trabajo del personal de seguridad. En la elección de los sistemas han de tenerse en cuenta una serie de criterios técnicos, que Tillotson enumera de la siguiente manera:

1. La instalación debe hacerse con toda precisión, de modo que el dispositivo cumpla realmente los fines previstos. La instalación definitiva debe ir precedida de pruebas con equipos provisionales para asegurar los resultados.
2. Una vez instalado, el funcionamiento del sistema debe ser simple; en caso contrario, el museo deberá encargarse de proporcionar la formación necesaria al personal que tiene que manejarlo.
3. Es conveniente que las necesidades de mantenimiento sean mínimas. Pero, en cualquier caso, debe establecerse un programa regular de inspección y conservación.
4. La posibilidad de falsas alarmas debe ser baja. Aunque éstas proceden a veces de una instalación defectuosa, el sistema no debe ser ni demasiado sensible ni poco selectivo. Un elevado porcentaje de falsas alarmas es molesto para el personal de seguridad del museo y la policía, y, lo que es peor, para la seguridad en sí. Además, disminuye la atención y la efectividad de respuesta en caso de alarma real.
5. La instalación y sus circuitos deben protegerse contra posibles manipulaciones. Dado que el modo más fácil de neutralizar un sistema de alarma es cortar los cables, se recomienda que

estén protegidos u ocultos; y cualquier intento de desconexión o neutralización debe provocar una señal de aviso en el panel o estación de control. La casa instaladora debe facilitar planos completos, que se guardarán en lugar seguro, de la instalación y emplazamiento de los sensores.

6. Debe asegurarse la continuidad de la corriente eléctrica, incluso en caso de avería, por medio de un generador de reserva con autonomía para un mínimo de 48 horas. Cualquier corte de corriente en el sistema debe ser inmediatamente registrado (aunque no como una alarma), mientras el equipo de reserva entra en funcionamiento automáticamente.

La protección de galerías y salas de exposición es más sencilla y menos costosa que la protección individual de los objetos. No obstante, debido a distintas circunstancias muchas veces el museo tiene que depender de los sistemas diseñados para la seguridad individual de las piezas; también hay que decir que en muchos de estos casos son los más efectivos.

En vitrinas

Las vitrinas constituyen una barrera física que protege al objeto contra vandalismos y robos. Una seguridad óptima dentro de las vitrinas se puede conseguir mediante métodos mecánicos o electrónicos. La técnica más efectiva para proteger los objetos de arte durante las horas de visita del museo o galería es instalando sistemas de alarma para proteger objetos individuales y no instalar una alarma para toda la sala; protegiendo el objeto se consigue una vigilancia constante, sin impedir que los visitantes puedan acercarse a contemplarlo.

El diseño y la construcción de una vitrina se puede considerar como el primer instrumento de seguridad. Una construcción sólida, un cerramiento hermético y una buena resistencia a los impactos son los tres elementos esenciales que proporcionan una buena seguridad sin utilizar medios eléctricos o electrónicos. También los tornillos especiales son un método simple y barato de seguridad, al igual que las cerraduras, y existen muchas variedades en el mercado cuyo uso puede aplicarse a las vitrinas.

En las vitrinas pueden utilizarse sistemas eléctricos y electrónicos; entre ellos, interruptores magnéticos de contacto, sensores piezoeléctricos de rotura de vidrios, detectores de vibraciones, sensores de desplazamiento, etc., colocados en la misma vitrina. Existen otros sistemas que se pueden instalar alrededor de la vitrina, como los tapices de contacto, tapices sensibles a la presión o alfombras detectoras. Este sistema funciona cuando una persona invade el espacio protegido por el sensor que se coloca bajo el suelo. Con los sensores de proximidad se crea un campo eléctrico de referencia, cuya *capacitancia* se ve alterada por cualquier intrusión provocando que salte la alarma.

Dentro de los sistemas de alarma están los sistemas sin cable, que funcionan con baterías y están constituidos por tres elementos: sensores, transmisores y receptores (tienen también la opción de conectarse al panel de control). Existen dos tipos principales: transmisores sin cable conectados a un sensor y transmisores ultrasónicos e IR montados en el techo con un receptor colocado dentro de la vitrina.

Barreras

El vandalismo es un acto impredecible y violento que se puede prevenir parcialmente impidiendo el acceso a los objetivos y minimizando el daño potencial que puede producirse. Para evitarlo, la distribución de los espacios en el edificio y en las exposiciones deben dejar al visitante y a los objetos lo más a la vista posible. Exposiciones atractivas deben estar protegidas por cristal y colocadas detrás de barreras. Alarmas y otros aparatos electrónicos deben utilizarse siempre que sea posible, y que se asegure una rápida respuesta por parte del personal encargado de la seguridad.

Existe también lo que se denomina «daño no intencionado», que se diferencia del robo y el vandalismo precisamente en la intención, aunque sus consecuencias pueden ser igualmente nefastas. Las áreas o circunstancias de prevención a las que hay que prestar una particular atención son cuatro:

1. La marcada por la densidad o concentración de personas.
2. La definida por los artículos que llevan los visitantes.
3. La producida por los trabajos del personal del museo.
4. La que prevé la tentación o necesidad de tocar los objetos en las exposiciones.

La densidad o concentración de personas puede causar grandes daños a las exposiciones, tanto de tipo físico (roturas y desgastes de objetos y materiales) como químico, ya que el calor humano y la respiración crean microclimas que pueden dañar a los objetos de las exposiciones. Asimismo, pueden resultar perjudiciales los contaminantes de los que son portadores. Las visitas guiadas, los circuitos controlados de circulación y la ampliación de las horas de visita pueden ayudar a paliar este problema. En el diseño de exposiciones, este problema debe preverse y proporcionar el suficiente espacio para que el público visite las exposiciones con amplitud. Los objetos que llevan los visitantes y el personal del museo causan a menudo muchos daños. El control de los objetos personales que deben dejarse en el guardarropa y el cuidado ejercido por el personal del museo en el uso de herramientas pueden minimizar en gran medida este peligro.

Por último, hay que destacar que parte del público, entre el que destacan los niños, está deseoso de tocar y descubrir las cosas a través de una experiencia directa. Entre las medidas preventivas que se pueden aplicar están la colocación de los objetos en vitrinas, protegidos por cristales o detrás de barreras, aunque el diseñador puede dar satisfacción a estos deseos colocando algunos objetos o réplicas que se pueden tocar. Como dice Margaret Hall (1987), «son objetos para el sacrificio», y pueden ser suficiente motivo como para aplacar el vandalismo, animando por otra parte a la participación del visitante. Los objetos, en cualquier caso, deben ser sólidos y estar bien anclados.

Desde el punto de vista del diseño, las barreras —entre las que entrarían también las vitrinas—, son elementos a veces indeseables desde el punto de vista del diseño, pero necesarios para la seguridad de las piezas. En exposiciones abiertas, es decir, donde los objetos no se colocan en vitrinas, las barreras psicológicas deben ser un elemento más de la exposición (por ej., líneas de cuerdas o cordones, distinciones en el pavimento, etc.), éstas pueden ir reforzadas con detectores de presión subterránea y/o barreras infrarrojas; pudiendo tener también una función añadida, como es la de apoyo. En exposiciones cerradas o mixtas, las vitrinas son también un elemento de exposición, y como tal, deben ser diseñadas de acuerdo con unos criterios estéticos, además de tenerse muy en cuenta y respetarse todos los aspectos de seguridad que hemos tratado hasta aquí [Fotos 57a y b].

Normas de conservación en la exposición

Los objetos y obras de arte están sujetos a una serie de riesgos durante el proceso de diseño, construcción, instalación y montaje de una exposición, que pueden poner seriamente en peligro su integridad física. La

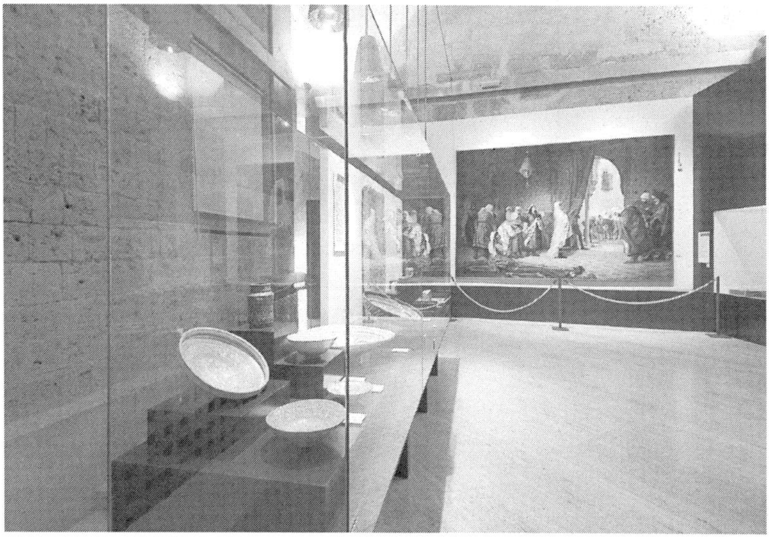

Fotos 57a y b.
Tipos de barreras en exposiciones (Diseño: FRADE Arquitectos).

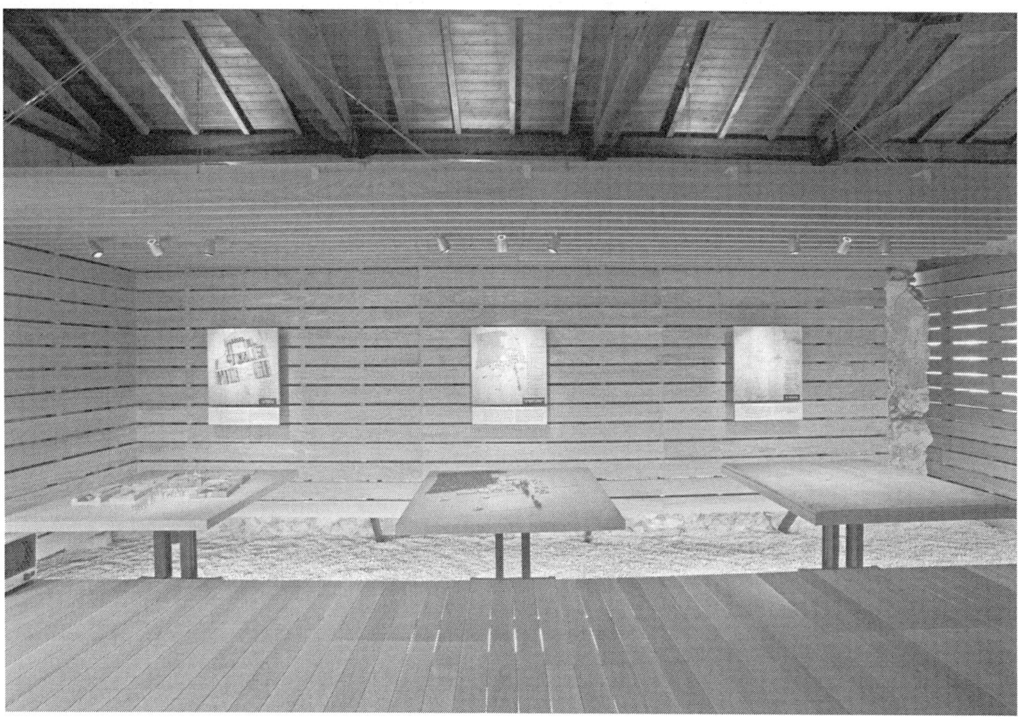

aplicación de la teoría y las técnicas de la conservación preventiva al diseño de exposiciones puede resumirse en una serie de puntos:

Generales

1. Cuando se proyecta una exposición, el restaurador tiene que formar parte del equipo de diseño.
2. No se permitirá fumar o el consumo de comidas o bebidas en las áreas de la exposición.
3. La utilización de trípodes o flashes debe estar estrictamente controlada, tanto por el posible daño a las obras, como a la percepción del público.

Espacio físico

1. Los suelos de los espacios de exposición deben ser lo suficiente y adecuadamente resistentes para soportar el peso del equipamiento de la exposición, los objetos y los visitantes.
2. En la construcción se deben tener en cuenta los niveles apropiados de HR y temperatura ambiente, proporcionando un aislamiento óptimo para los muros exteriores.
3. Es preferible que el revestimiento de las paredes sea liso.
4. Los accesos deben estar bien definidos; la acogida fácil para el público.
5. Se debe contemplar la posibilidad de aislar las áreas de exposición por razones de seguridad o conservación.
6. Es necesario dejar espacio suficiente entre los elementos estructurales y los de la exposición para permitir la inspección (control medioambiental, control de plagas, control de incendios, etcétera).
7. Hay que separar las áreas de acceso y de exposición para permitir la adaptación visual y ambiental del visitante (control de la iluminación y condiciones medioambientales).
8. Las salas deben ser seguras desde todos los puntos de vista —estructurales, funcionales y de conservación— y tener un medio ambiente controlado.
9. Para y por la seguridad de los objetos, la configuración del espacio tiene que permitir una circulación fluida, evitando aglomeraciones.

10. Debe señalarse un límite que permita estar en la sala a un máximo de personas a la vez, dependiendo este dato de la naturaleza del espacio de la exposición y de la capacidad del sistema de aire acondicionado.
11. Las áreas de exposición no deben estar dominadas por fuentes de luz natural, a no ser que los niveles de radiación UV, de infrarrojos y la intensidad de la luz estén perfectamente controlados.

Equipamiento

1. Si el museo tiene capacidad para construir y montar sus propias exposiciones, los talleres estarán separados de las áreas de exposición y de almacén.
2. Se evitarán instalaciones innecesarias dentro de las áreas de exposición.
3. Los aparatos de medición deberán estar presentes en los propios espacios expositivos.
4. Deberán instalarse sistemas de detección y extinción de incendios. Los extintores deberán estar visibles y accesibles.
5. Cuando sea posible, es preferible la instalación de sistemas de aire acondicionado zonales, de carga adecuada, buena circulación y sistemas de filtración efectivos.
6. Todos los elementos eléctricos deberán tener la certificación de estar en buen estado.
7. Las salas estarán equipadas con detectores de humo (y/o de calor) y con sistemas de extinción de incendios.
8. Los elementos de la exposición serán estables y sólidos, permitiendo asegurar bien a los objetos en sus soportes.
9. En la construcción de las exposiciones deberán utilizarse materiales seguros desde el punto de vista de la conservación (inertes y estables desde el punto de vista físico y químico).
10. Todos los elementos de exposición (vitrinas, plataformas, pedestales, paneles, etc.) deberán permitir el acceso adecuado al personal del museo durante la exposición.
11. Todos los equipos y elementos de la exposición deberán ser de fácil mantenimiento.
12. La humedad relativa y la temperatura ambiente en los espacios de exposición deberán ser registradas e interpretadas. Se revisará asimismo el funcionamiento de los equipos de medición.

13. Los niveles de iluminación en las salas de exposición deberán ser los suficientes como para proporcionar una adecuada visibilidad y, a la vez, recomendables para la sensibilidad de los objetos que se expongan.
14. Los niveles de radiación UV deberán mantenerse por debajo de los 75 microvatios/lumen. Se utilizarán los filtros apropiados para las distintas fuentes de luz. Deberán existir sistemas de bloqueo de la luz natural.
15. Las vitrinas deberán iluminarse desde fuera, pero si la vitrina tiene luz incorporada el compartimento de la luz debe estar separado del resto y bien ventilado.
16. Es conveniente que los sistemas de iluminación sean de niveles múltiples.
17. Todos los sistemas de iluminación deberán estar separados de los objetos y tener buena ventilación.
18. En las exposiciones interactivas donde haya equipos en uso, éstos deberán operar sin que afecten a las condiciones medioambientales y se utilizarán sólo objetos que sean reproducciones.
19. Las vitrinas deberán estar limpias y prevenir la entrada de polvo.

Colocación de los objetos

1. La colocación de los objetos deberá evitar la proximidad a corrientes de aire, fuentes de calor, entradas, ventanas, tuberías o paredes exteriores.
2. Los objetos deberán agruparse por niveles de sensibilidad a las condiciones medioambientales y controlar los parámetros.
3. Deberá considerarse la creación de microclimas en vitrinas que contengan materiales sensibles.
4. Los objetos deberán estar montados de tal manera que no se ponga en peligro su condición física.
5. Los objetos deberán estar separados entre sí y permitir un acceso fácil.
6. Los soportes tendrán que ser los adecuados para asegurar su estabilidad.

Procedimientos

1. La construcción de los elementos de la exposición debe hacerse con tiempo suficiente. La pintura fresca tiene que dejarse secar, permitiendo la circulación del aire durante al menos dos días; el trabajo de carpintería y enyesado deberá completarse varias semanas antes de la instalación de los objetos.
2. Todo el personal que trabaje con o alrededor de los objetos de la exposición deberá estar adiestrado en los procedimientos de manipulación o cuidados generales, dependiendo de sus actividades.
3. Sobre las salas deberá ejercerse una constante supervisión durante todo el tiempo que estén abiertas al público.
4. Es conveniente colocar carteles de «no tocar», de acuerdo con las necesidades, dentro de los espacios de la exposición.
5. Las responsabilidades de la producción y el mantenimiento de la exposición deberán estar bien definidos.
6. Se necesitará establecer un plan regular de mantenimiento de la exposición. Los procedimientos de limpieza y mantenimiento deberán ser aprobados por los conservadores y restauradores.

Manipulación y transporte

Dos de las actividades donde debe ejercerse con mayor cuidado la protección y seguridad de las obras es en su manipulación o manejo, y en el proceso de traslado o transporte. El control adecuado en cualquier tipo de movimiento de los objetos es una operación necesaria para la supervivencia y conservación de los objetos en la actividad diaria del museo y, en consecuencia, en las exposiciones. Muchos de los accidentes que pueden sufrir las colecciones alcanzan un mayor riesgo en esta necesaria actividad de manipulación y transporte, tan habitual en las funciones del museo de nuestro tiempo.

Para la mejor protección y seguridad de las colecciones de un museo, pero también para su preservación, estudio y mejor difusión, es imprescindible contar con un bien estructurado «Departamento de Registro». Éste debe ser —lo es de hecho— como la columna vertebral de la institución, por cuanto su cometido es controlar todos los fondos y sus movimientos, tanto verticales (internos), como horizontales (externos), y articular toda la actividad que en este sentido generen los demás departamentos del museo respecto del registro, control y seguridad de las piezas de la colección.

Los fondos de un museo pueden moverse con independencia de que pertenezcan a una colección permanente o a una temporal o provisional. Los movimientos verticales pueden ser de carácter temporal a largo y a corto plazo.

Los movimientos internos a largo plazo se realizan o bien a las salas de exposición o al almacén de reservas. Necesitan la actualización de la signatura topográfica. Los movimientos internos a corto plazo son los producidos por causas circunstanciales, como puede ser su traslado al taller de restauración, al laboratorio de fotografía, a los departamentos científicos de investigación, o a las salas de exposiciones temporales, etcétera.

Los movimientos horizontales (externos) son los producidos por el ingreso o la salida de las obras del museo. Pueden ser préstamos, depósitos, propuestas para estudio de adquisición, etc., que entran o salen de la institución; pueden ser obras de la colección permanente o del almacén de reservas que salen al exterior como préstamos de exposiciones temporales, o que regresan. En cualquiera de los supuestos, estos movimientos de obras pueden realizarse por un período corto o largo de tiempo, necesitando la autorización de las máximas autoridades, y el levantamiento de las correspondientes actas de entrega y recepción. En el caso de obras de museos públicos (p. ej., dependientes del Estado en España), se requiere una orden ministerial que autorice los movimientos externos de las piezas, además de los preceptivos informes favorables de los conservadores.

Pero, en definitiva, sea cual sea el movimiento realizado de las piezas, es el Departamento de Registro el que tiene la clave y la responsabilidad de controlar la entrada y salida de las obras, y del movimiento interno de las mismas, dentro de un organigrama interrelacionado entre los distintos departamentos implicados, incluidos el de protección y seguridad, y de anotar y registrar esos movimientos en la base de datos. Los elementos esenciales en el movimiento o transporte de obras son la manipulación cuidadosa, los responsables del traslado y la seguridad de aquél.

La manipulación de objetos y obras de arte

En el museo, las colecciones se mueven o manipulan por diversos motivos y para numerosas funciones: restauración, exposición, investigación, etc. De todas ellas, es la exposición la que demanda un mayor movimiento de las piezas. La mayoría de los accidentes que ocurren en el museo se deben al traslado y transporte descuidado de los objetos, y en muchas ocasiones podrían evitarse. A fin de conseguir una determinada seguridad, los profesionales de los museos y, en otros casos, personas ajenas a la plantilla pero que tienen acceso a las obras, deben extremar los cuidados en su trato con ellas. La regla principal es evitar una innecesaria manipulación; cuando tiene que moverse un objeto, primero debe ser examinado y han de reconocerse las partes que lo componen, los puntos débiles, los daños y restauraciones sufridos, etc., para determinar el procedimiento a seguir.

Existen publicaciones que detallan los procedimientos para la redacción de los pliegos de prescripciones técnicas para el embalaje y transporte de bienes culturales, de informes del estado y condiciones de conservación de la obra en tránsito y que ofrecen información sobre los convenios y pólizas de seguros para las obras en préstamo (ver Grupo Español IIC-Fundación Duques de Soria, 2008).

Transporte y embalaje

El transporte de las obras tiene unas exigencias concretas, que incluyen el proceso de planificación con los correspondientes seguros o sistemas de indemnización, es decir, los cuatro componentes de su propia estrategia: 1. La calidad o naturaleza del medio de transporte; 2. las especificaciones para el embalaje y desembalaje; 3. los seguros e indemnizaciones durante el trayecto; y 4. la decisión de utilizar o no los servicios de agentes especiales de escolta o mensajeros. Son interdependientes, y cada uno tiene que tener en cuenta a todos los demás.

Todos los objetos y obras de arte están en peligro cada vez que se mueven. El interés y la organización crecientes de exposiciones temporales ha traído consigo el análisis y la consideración de los diversos profesionales sobre muchos aspectos que antes no se contemplaban. Se ha intensificado, de este modo, la atención hacia numerosas cuestiones que constituyen los verdaderos riesgos del transporte. En medio de una tensa polémica, las posibles soluciones a estos problemas parecen complicadas, aunque hay un punto común y de total coincidencia: es necesario conseguir un medio ambiente estable, ya que éste reduce el daño que puede producirse en los objetos.

Las técnicas de empaquetado (o embalaje) y transporte han llegado a ser objeto y objetivo de una investigación exhaustiva. Los estudios recientes han evaluado los riesgos y recomiendan la aplicación de una serie de técnicas protectoras, que pueden o deben utilizarse en estos dos procesos.

En primer lugar, existe hoy día una nueva, muy numerosa y significativa información sobre las propiedades materiales de los distintos objetos y sus respuestas a las condiciones medioambientales, vibraciones, choques, manipulación y tensión producidos durante el proceso que va desde el momento que dejan su medio ambiente hasta que vuelven otra vez a él. Toda esta nueva información se ha constituido en un instrumento utilísimo para la investigación y aparición de las nuevas tecnologías aplicables a la protección de la obra de arte en tránsito.

Tres son los aspectos a tener en cuenta cuando se transporta un objeto, interrelacionados sin duda, aunque puedan considerarse por separado:

1. Los valores medioambientales encontrados durante el transporte
2. La fragilidad del objeto, su condición física
3. El tipo de material y el diseño de los sistemas de embalaje

1. En el primer apartado se incluyen tanto los factores climáticos (temperatura ambiente y humedad relativa, HR) como físicos (choques y vibraciones). Es posible predecir las condiciones generales a las que se verá sometido un objeto durante su transporte, ya que industrias como la del embalaje y la militar, por ejemplo, han acumulado abundantes datos referentes a varios tipos de medios de transporte. Asimismo, centros de investigación importantes como la Galería Nacional en Washington, el Museum Conservation Institute (MCI), antes Conservation Analytical Laboratory (CAL) perteneciente a la Smithsonian Institution o el Instituto Canadiense de Conservación (CCI) de Ottawa han llevado a cabo estudios para prever la severidad de los choques y vibraciones según los distintos medios de transporte y sus efectos sobre objetos y obras de arte.

El conocimiento de las condiciones en que se producen choques y vibraciones durante el transporte son particularmente importantes cuando se diseñan los sistemas de embalaje, ya que son éstos los que provocan el mayor potencial de daño a los objetos. Los golpes más intensos son debidos a caídas producidas por una mala manipulación (caídas accidentales o manejo inadecuado en los puntos de traslado) y las vibraciones se producen durante el transporte propiamente dicho.

La información proporcionada por la variada y abundante literatura existente sobre embalajes puede ser muy útil en relación con el transporte de objetos y obras de arte. Las descripciones de las condiciones de transporte referidas a la aparición de golpes y vibraciones pueden ayudar a las personas encargadas del embalaje a estimar los riesgos que existen en un envío determinando, así como cuándo éstos pueden o van a presentarse. Las características de la mayoría de los materiales utilizados para embalaje están documentadas, y resultan relativamente fáciles de aplicar las técnicas para su uso adecuado (Richard, 1991; Marcon, 1991).

Además de los factores mecánicos, hay que tener en cuenta los factores climáticos. La temperatura y la HR fuera de las cajas de embalaje pueden afectar al medio ambiente interno. Los datos meteorológicos pueden utilizarse como una guía para la conservación cuando se organiza algún envío; y de acuerdo con ellos, puede planearse la estrategia a seguir. Sin embargo, y por lo general, resulta más fácil controlar estos valores alrededor del objeto, sobre todo en lo que a la HR se refiere. Dentro de las cajas de embalaje, pueden mantenerse unos valores de la HR bastante estables, cuando aquéllas cuentan con materiales aislantes y son razonablemente herméticas.

Debido a que existe poco intercambio de aire entre el interior y el exterior de la caja, el contenido de humedad de los materiales higroscópicos permanece constante (el grado de control del contenido de humedad se relaciona con una serie de factores entre los que se incluyen el grado de variación de la temperatura dentro de la caja, la cantidad de material absorbente en relación con el volumen de la caja y las técnicas de embalaje y el material utilizado). Esto se cumple con mayor rigor cuando los objetos orgánicos se envuelven en un material relativamente impermeable como es el polietileno, creando un microclima donde el objeto se va a estabilizar de acuerdo con su propio contenido de humedad. La aplicación de este procedimiento es extremadamente importante en situaciones donde las cajas de embalaje se almacenan en condiciones inapropiadas.

2. Para diseñar el embalaje de un objeto, deben conocerse la fragilidad del mismo y su sensibilidad a los agentes de deterioro. La mayoría de los estudios se han hecho sobre el efecto de la HR en distintos materiales y pocos sobre la sensibilidad de éstos a los choques, vibraciones y cambios de temperatura.

Para determinar la fragilidad de algunas obras, sobre todo pinturas al óleo, Mecklenburg (1992) ha recopilado información y datos importantes sobre la estabilidad de varios materiales tales como lienzos, adhesivos, gesso y pinturas utilizadas en la elaboración de obras artísticas. Los resultados de esta investigación han sido confirmados por los datos resultantes de los tests llevados a cabo por el Instituto Canadiense de Conservación (CCI) que ha utilizado los tests de caída para evaluar las predicciones generadas a través de un programa por ordenador que puede predecir las fuerzas generadas en un cuadro cuando es sometido a algún golpe o vibración o cuando se producen cambios en la temperatura y la HR, pudiendo predecir cómo van a ser afectados esos materiales.

Por último, conviene apuntar que, aunque la mayoría de los estudios hasta la fecha se han centrado en obras de arte bidimensionales, preferentemente cuadros, en la actualidad se están llevando a cabo estudios para predecir la fragilidad de obras tridimensionales.

3. Una vez que se tienen los datos sobre los dos aspectos anteriores, el paso final es el diseño y construcción de las cajas de embalaje que reducirán los problemas ocasionados por varios agentes de deterioro a un nivel aceptable. Los materiales modernos de embalaje son capaces de proporcionar altos niveles de protección contra golpes y vibraciones cuando se utilizan de manera adecuada. El diseño de sistemas de embalaje requiere que se relacionen correctamente el peso del objeto, sus dimensiones y su fragilidad. El propósito es conseguir una compresión correcta del material de embalaje en el momento del golpe: si el material de embalaje es demasiado blando, el objeto puede golpear la parte interior del contenedor en el momento del impacto; y si el material es demasiado duro, no va a comprimirse de manera adecuada [Foto 58].

Por último, respecto a los medios de transporte los más utilizados son el transporte aéreo y el transporte por carretera; el ferrocarril y el barco sólo se utilizan si no hay más alternativa, éste es el caso de obras de gran tamaño para las que no existen ni camiones, ni bodegas lo suficientemente grandes. La mayoría de los desplazamientos se hacen mediante camiones especiales dotados con todas las medidas de seguridad (suspensión neumática, controles de medioambiente y seguridad, etc.), se ha comprobado que éste es el medio de transporte más seguro, ya que realmente cuando se producen los daños es a la entrada o salida del vehículo, y en esto, los camiones cuentan con todas las ventajas.

Las especificaciones para el embalaje y transporte dependerán, en definitiva, como ha escrito Peter Cannon-Brookes (1995: 55):

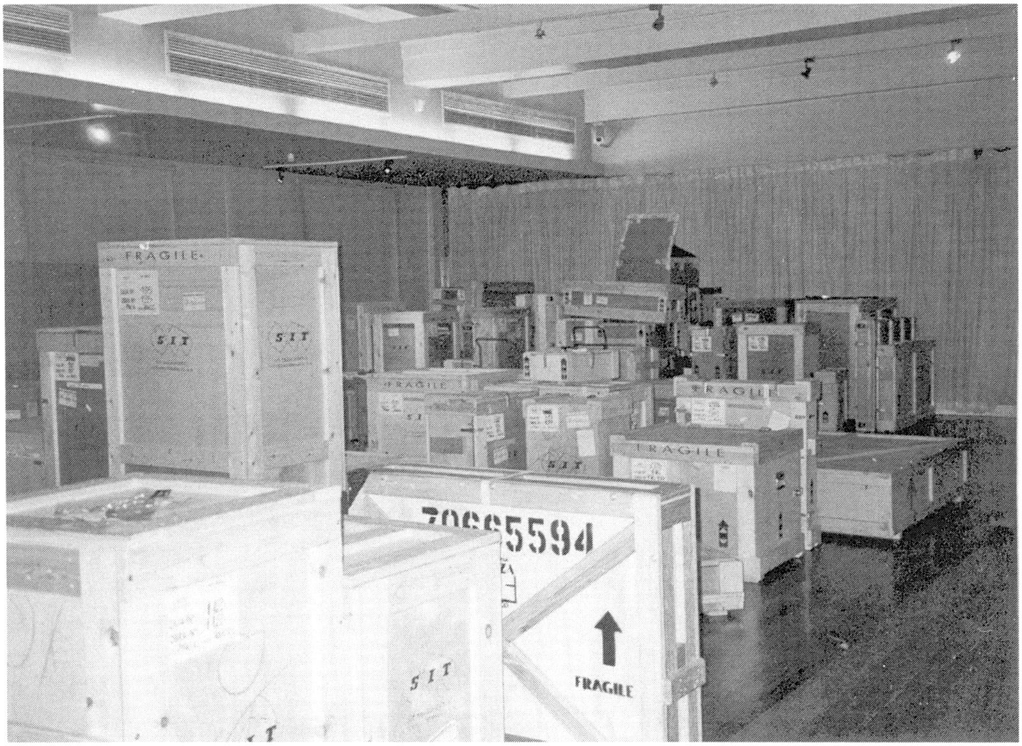

Foto 58.
Cajas de embalaje
(FRADE Arquitectos).

[...] de que el cajón sea transportado por avión o sólo por carretera; de si viaja con escolta especial o forma parte de un envío común, junto con otros bienes; de si el asegurador o el administrador de las indemnizaciones va a estimular determinadas condiciones al fijar el tipo de prima o al aceptar la cobertura por indemnización. La función de la estrategia de transporte, como instrumento de gestión de los riesgos, consiste en minimizar tanto los imprevistos a que se expone el objeto transportado como los correspondientes costes.

11
Difusión, educación, publicidad

En una época como la nuestra, tan propicia a la hegemonía de los medios de información y comunicación, los museos no pueden estar ajenos a una demanda social tan fuerte como la del público que visita sus exposiciones permanentes y temporales, y que no solamente requiere calidad y entretenimiento de lo que se le ofrece, sino que también espera de estas instituciones —y ahí están las encuestas para confirmarlo— un fuerte caudal informativo.

Hemos insistido en que la exposición es, ante todo, un medio de comunicación. El museo en sí, cuya faz pública es, reiteramos, la exposición, se convierte de hecho todo él en un instrumento de información, comunicación y diálogo. Aspectos éstos que están estrechamente ligados a la misión educativa que deben tener los museos, siendo ésta uno de los factores más analizados y resaltados desde su renovación en el último tercio de siglo. Desde la segunda posguerra europea, la preocupación pedagógica y la acción cultural en bastantes países occidentales han venido constituyendo en no pocos sentidos la punta de lanza de la ruptura formal que se ha producido en los museos y que ha impulsado hacia el futuro un nuevo diseño de participación del público.

Desde cualquier punto de vista que se considere, tanto el contenido, como el contenedor y la actividad museológico-museográfica sólo pueden justificarse social y culturalmente en función de su destinatario: el público. Ésta es la razón por la que la mayor parte de las investigaciones y experiencias desarrolladas en los últimos años —aparte de las dedicadas a las técnicas de conservación y exposición, que han sido muy importantes— hayan estado enfocadas a la dimensión pedagógica del museo. Tanto la UNESCO por medio de sus reuniones y seminarios y de sus publicaciones especializadas en el tema, como el ICOM por medio de las conferencias internacionales y de su Comité

Internacional para la Educación y Acción Cultural (CECA); así como también por medio del trabajo de los departamentos de Museología y de Pedagogía de las más importantes universidades del mundo y, por supuesto, por la actividad cada vez más intensa y profesionalizada de los departamentos de Educación y Acción Cultural de los museos (los DEAC); con el trabajo de todos ellos, se ha fortalecido la dimensión pedagógica del museo, la de difusión de sus contenidos, así como su papel cultural y social.

Para proveer de la información adecuada al público son necesarios los canales indicados por Barry y Gail Lord, pero siempre coordinados por el Departamento de Difusión, llámese de Educación y/o de Acción Cultural. El público, que ha terminado por asumir en los últimos años un protagonismo innegable como espectador activo en las exposiciones e instituciones museísticas (de espectador pasivo, la dinamización cultural y su concienciación le han convertido en un actor relevante), plantea serios problemas tanto a nivel de relación con el objeto (percepción-exposición-comprensión-animación), como en el plano de una estructura adecuada y válida para todo tipo de visitantes. Información y comunicación están necesariamente en la base de la mejor educación posible y desarrollo comunitario que pueda proporcionar el museo.

Descubrimiento, interpretación y difusión de la cultura material

Una de las apuestas permanentes de la actividad difusora del museo a través de sus departamentos de educación y acción cultural debe ser la concienciación de una comunidad sobre el valor que representa el descubrimiento e interpretación de su patrimonio, y sobre los beneficios educativos que de todo ello pueda recibir. Ese descubrimiento e interpretación por parte de los visitantes tienen que ser propiciados tanto por la estructura y organización del museo, como por la calidad y preparación de sus profesionales, medios e instalaciones, objetivos y tareas, y por los programas concretos de acción educativa. Tratar de atraer a otros miembros de la comunidad que todavía no se acercan al museo es otro reto y al propio tiempo un complemento de sus objetivos difusores. El descubrimiento y beneficio sociocultural del patrimonio —no sólo material, sino también inmaterial, natural y cultural, como insiste la nueva museología—, encuentra sin embargo en la expresión y connotaciones de cultura material de los objetos su más reconocido y universal predicamento.

Susan M. Pearce (1989: 1) escribe que

> [...] las colecciones del museo representan la cultura material del pasado almacenada, en tanto que las exposiciones del museo son el principal medio a través del cual el pasado es presentado públicamente.

Y defiende que es necesario e imprescindible ocuparse de este aspecto, ya que, partiendo de la cultura material de los objetos, éstos encuentran su sentido en la exposición y difusión, como medio de comunicación y diálogo, mediante técnicas de estudio del público, e incluso concibiendo el museo como centro de investigación del público.

Cuando nos referimos a la cultura material, partimos del supuesto de que el museo es el encargado de mostrarnos los objetos que transmiten ese tipo de cultura, propia o ajena, actual o del pasado, y responsable también de la investigación científica que nos acerque al contexto cultural donde nació y se desarrolló aquél. Es decir, el museo debe ser el instrumento que nos haga descubrir el objeto y nos lo presente del modo más contextualizado y didáctico.

Por tanto, la primera condición que se requiere es que el objeto del museo posea capacidad para comunicar, que tenga lenguaje con el que justificar su condición de exponente de significación y testimonio de alguna porción por pequeña que sea de la evolución cultural de la Humanidad. Una condición radicalmente diferente a lo que ocurre con los objetos no museísticos, los de la vida cotidiana, que transmiten inmediatamente su nivel significativo, su valor funcional o simbólico incluso, por el solo hecho de ser objetos de uso común. Su comprensión resulta normalmente fácil: al conocer su funcionalidad, conocemos de inmediato su uso.

En cambio, el objeto museístico —es decir, aquel que se encuentra en el museo por su condición de poseer un cierto nivel y valor cultural de representatividad y significación decantadas—, ha llegado condicionado por el factor tiempo (que deteriora la significación) y por el factor cultural (que lo cualifica como entidad que trasciende su pura realidad material), necesitando de un medio con el que redescubrir su significación. Ese medio es la contextualización, y el sistema para llegar a ella, la investigación del objeto, cuyo proyecto se inicia con el establecimiento de hipótesis por analogía con nuestros objetos actuales. El descubrimiento de la cultura material del objeto conlleva una especial estima de sus características específicas (rareza, valor estético, cualidad científica, significativa antigüedad, originalidad, excepcionalidad, etc.) y su consiguiente reconocimiento sociocultural.

> El objeto es un documento. La cultura material está constituida por los objetos, por cualquier objeto al que suponemos portador de una información en sí mismo. Este hecho le da valor de documento con unas características determinadas.
>
> A. García Blanco, 1988: 7

En una síntesis de las características del objeto, la primera es ésta del objeto como documento, en la que se basa su capacidad para comunicar, y que no es otra que la de haber cumplido en su momento una función determinada, desaparecida la cual nos permite conocer las características de la sociedad en que nació y se desarrolló, es decir, su contexto. La segunda es la de que el objeto es objetivo, siempre fiel a sí mismo. La tercera remite a su carácter involuntario, ya que el objeto se crea por necesidad, para cumplir una función. La cuarta hace referencia a su cualidad notarial o testimonial, que nos permite redescubrir y escribir la historia de la Humanidad. La quinta es su condición universal. La sexta, finalmente, se refiere al carácter integral del objeto, entendido como un microcosmos, ya que en él cohabitan todos los elementos significativos y representativos (materia, técnica, procedimiento, tema, función, calidad estética, valor simbólico, etc.) que han hecho de él un auténtico documento.

En la medida en que conozcamos el contexto cultural en que nació el objeto, en esa misma medida se producirá su comunicación. Siempre aparecerá asociado a otros objetos, ya que el contexto es en realidad un conjunto de objetos interrelacionados, que comparten una unidad de espacio, tiempo y función. En su relación, como partes de un todo, unas explican a las otras, y también el todo. Producen una especie de discurso científico convertido en mensaje, cuyo perfil connotativo proviene del carácter polisémico establecido cuando se descubre el significado simbólico, el que le permite relacionarse con los demás objetos. El objeto se convierte así en soporte material de un concepto cultural. Las exposiciones son las encargadas de transmitir al público ese soporte material actualizado en una comunicación cultural.

Información

Barry y Gail Dexter Lord ([1997] 1998: 120-124) estudian la «información en un museo» en estos tres apartados y subapartados:

a) Provisión de información:

— El mostrador de información
— El personal de información
— Centros de información
— La biblioteca
— Terminales de ordenador y terminales multimedia
— Guías sonoras
— Visitas guiadas, conferencias y demostraciones

b) Idiomas
c) Gestión de la información.

Y el tema de la «educación en el museo» lo estructuran de este modo:

a) Servicios para las escuelas:

— Comités asesores
— Centros de recursos para profesores
— Grupos asesores de la juventud
— Internet

b) Actividades educativas para el público.

Estamos de acuerdo con estos autores en que «el mostrador de información es la primera línea de información»; y que «el personal de información» (en muchos museos de Glasgow los vigilantes se han formado para poder dar información puntual a los visitantes y de esta manera han mejorado el nivel de su puesto de trabajo); «los centros de información» («se están desarrollando en algunos museos para proporcionar a los visitantes una información abundante y a fondo sobre los contenidos del museo»); «la biblioteca», «los terminales de ordenador y multimedia» («para proporcionar información contextual, o acceso a fichas del catálogo específicas, e incluso pueden ofrecer ejercicios de simulación y juegos para explicar procesos, conceptos y principios»); «las guías sonoras» («antes se usaban para realizar el recorri-

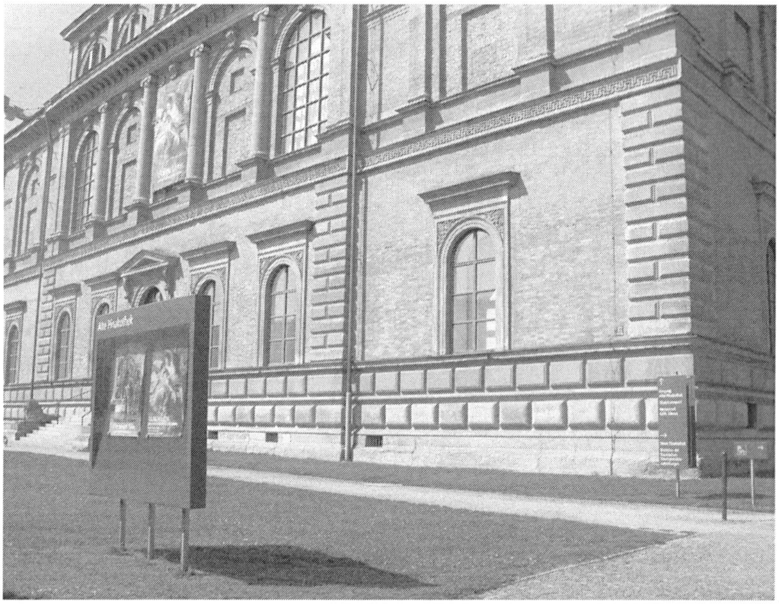

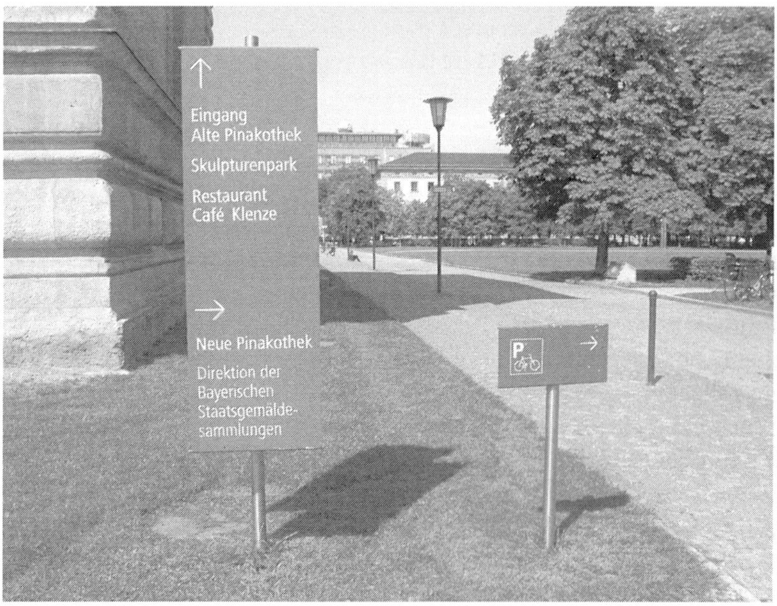

Fotos 59a y b. Instrumentos de orientación. Señalética exterior, Neues Pinakothek, Múnich.

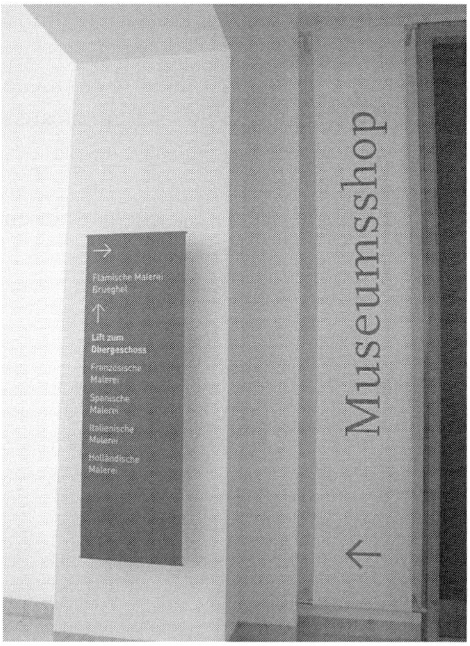

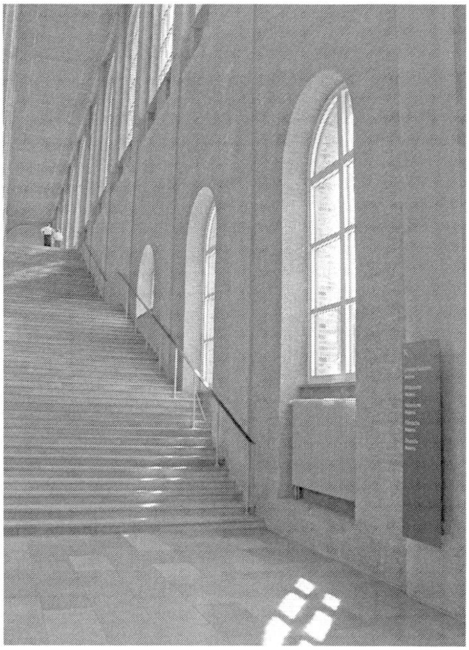

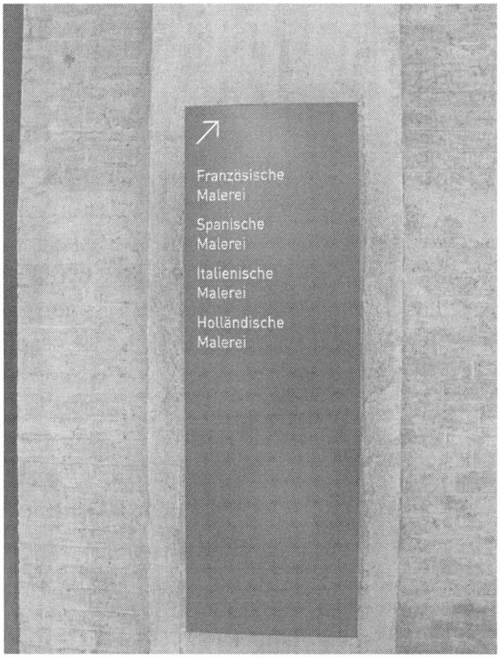

Fotos 60a, b y c. Instrumentos de orientación. Señalética interior, Neues Pinakothek Múnich.

do por las exposiciones temporales, pero hoy día se utilizan a menudo para explicar las colecciones permanentes») y «las visitas guiadas, las conferencias y las demostraciones» («debido a la calidad que puede ofrecerse, para muchos visitantes éstos siguen siendo los medios de educación preferidos»); todos ellos en conjunto constituyen los canales de información imprescindibles o más aconsejables en un museo. Las funciones informativa y comunicativa de la exposición encuentran en ellos sus cauces más adecuados.

Por otra parte,

> Los idiomas en que proporcionar la comunicación, así como la provisión de medios para los visitantes ciegos y sordos constituyen dos consideraciones importantes en la política de interpretación. [...] Los textos de las exposiciones pueden reproducirse en hojas y repartirse en distintos idiomas, sin olvidar una versión en tamaño de letra grande para los visitantes con problemas de visión. [...] Es muy importante que las visitas guiadas puedan ofrecerse en diversos idiomas, además de atender a grupos especiales como los ciegos.

Respecto a la «gestión de información [...], parece sensato crear un equipo interdepartamental de interpretación dedicado a llevar a cabo la política de interpretación del museo» [Fotos 59 y 60].

Educación

Es una labor, como decimos, clave en el museo, que obliga a estas instituciones a plantearse día a día su redefinición y su calidad de servicios. No obstante la planificación de actividades por estratos sociales, edades o niveles culturales, lo cierto es que el museo debe siempre ejercer su misión pedagógica y cultural teniendo en cuenta fundamentalmente dos grupos o tipologías de público que acude a sus servicios: el espectador (visitante pasivo) y el público actor (visitante activo), pero también un tercero, el del público *no visitante* del museo. El cambio sustancial de su actitud respecto de la participación en el museo ha tenido un desarrollo paralelo a la renovación museológica y los diferentes cambios sociológicos y tecnológicos acaecidos en los últimos cincuenta años.

Determinadas experiencias pedagógicas puntuales —no sólo la actividad continuada de los departamentos de educación y difusión del museo—, mantenidas durante un tiempo más o menos amplio, han confirmado los esfuerzos realizados por estas instituciones por proyectar su realidad y contenidos en su entorno social; y por dinamizarlo desde la escuela a los estratos de la gente mayor de la sociedad de nuestro tiempo. Ha terminado, en todo caso, por establecerse una serie de condiciones para la efectividad de la función pedagógica de las exposiciones, actividades en general y del propio museo, que pueden sintetizarse en estos tres puntos:

1. Respeto absoluto a los modos y formas culturales de cualquier comunidad.
2. Sensibilización previa del público, a quien va dirigida la experiencia del museo.
3. Posibilitar que sea el público —más que los técnicos y los especialistas— quien decida la forma en que el museo ha de hacer acto de presencia en su comunidad.

Niveles de información didáctica

Si hemos incluido este apartado de *la educación* dentro de la difusión, es por su decisiva importancia en la producción de exposiciones. Por su propia naturaleza, todas las exposiciones tienen algún contenido educativo, aunque haya algunas en que éste no sea lo más importante. En el objetivo u objetivos de la exposición van a definirse el grado y modo de aprendizaje que este método de diálogo con el público va a proporcionar.

En los comienzos de la historia de los museos no se les prestaba mucha atención a los procesos de aprendizaje. No existía ningún intento de explicar el significado de los objetos, y no se hacían concesiones al ignorante o desinformado. Sin embargo, entrando en la nueva era, Brown Goode (1891) definirá lo que es un museo educativo y *eficiente*: una «colección de cartelas instructivas, cada una ilustrada con un espécimen bien seleccionado». Aunque esta definición no sea del todo adecuada, tiene la importancia de reivindicar la naturaleza educativa del museo y de la exposición, por más que parece un poco excesivo el énfasis dado a la información.

El objeto por sí mismo no puede comunicar más allá de su propia existencia —de ello tenemos que ser muy conscientes—, ya que no existe el hecho simple y puro; lo que percibimos se determina por nuestra experiencia previa, nuestro conocimiento y nuestras expectativas. Por consiguiente, los objetos necesitan un contexto coherente e informativo donde se relacionen con otros objetos, hechos e ideas más amplias y unificadoras; aquí se hace patente sobre todo la labor del diseñador, educador y conservador. Lo decimos en coincidencia con lo que al respecto viene a defender una personalidad tan destacada como Karl Popper.

Aprender y comprender son dos conceptos muy diferentes. Aprender es registrar conceptos o impresiones en la memoria, no implica necesariamente una secuencia jerárquica de eventos; mientras que comprender sí lo necesita. La exposición es un medio único para el aprendizaje, ya que se genera un ambiente totalmente informal que permite al visitante plena libertad para elegir la información que quiere asimilar.

Cuando el objetivo de la exposición es la comprensión, hay ciertas reglas generales que hay que seguir referentes al orden en que se presentan los conceptos (hay que tener en cuenta que la mayoría de los visitantes sienten deseos de aprender, pero no quieren pasar mucho tiempo o hacer mucho esfuerzo tratando de descifrar la información). Se pueden establecer estructuras de varios niveles, como dice Miles (1988: 51-52), no menos de dos. El primer nivel incluye el mínimo absoluto de los conceptos y detalles consistentes con la coherencia del tema. El nivel tercero lleva al visitante a las fronteras del conocimiento y le invita a conocer más en profundidad los distintos temas. Por último, el nivel dos se introduce para llenar el espacio entre los niveles uno y tres; lo que puede ser muy complicado.

El modo como se presenta la información va a despertar la curiosidad del visitante y estimular su deseo de conocer. Como hemos señalado más arriba, todo visitante entra en el museo con datos aprendidos y personalizados, y con ideas formadas sobre lo que va a ver. Si se encuentra con conceptos que no le son familiares, o que están lejos de su visión, va a sentirse incómodo, y tal reacción va a cerrar las puertas a la comunicación, que es, en último término, el objetivo de la exposición. Para atraer la atención del visitante, guiarle e inspirarle, independientemente de los niveles de información elegidos, es necesario proporcionar conceptos, visiones o ideas familiares y relacionarlos con nuevos conceptos.

En la relación del visitante con el mensaje expositivo existe la necesidad de información complementaria, en la que hay que cuidar la finalidad y el contenido, y tener en cuenta su clasificación según lenguajes y soportes. El visitante debe poder optar entre varias ofertas y para ello debe poseer las claves antes de elegir. Para un buen aprendizaje no es adecuado leer toda la información antes de elegir. El lema podría ser: «Provocar la pregunta para tener la respuesta preparada».

Al título que se quiera expresar debe acompañar una información complementaria (verbal, icónica o tridimensional), que facilite la comprensión del discurso científico. Los objetos son significantes que han adquirido esta condición porque la investigación científica sobre la cultura y la sociedad de la época así se lo han conferido.

La producción de paneles informativos debe atender a la buena clasificación de los textos según su contenido y soportes, y poseer las debidas condiciones de legibilidad, motivación y comprensión, tanto de los textos y las ilustraciones como respecto de su ubicación y colocación en los paneles.

Los textos se pueden clasificar en orientativos, introductorios o identificativos. Los textos *orientativos* son los correspondientes a los títulos de la exposición y es la primera información que recibe el público. Pueden ser considerados como una guía conceptual para el visitante de lo que se expone. Contienen un combinado de vieja y nueva información. Los textos *explicativos* no deben sobrepasar las 30 o 60

Tipos de textos interpretativos	*Objetivo*	*Número de palabras*
Títulos (exposición y secciones)	Atraer la atención Informar sobre los temas Identificar	1-7
Textos de introducción	Introducir una «gran idea» Orientar a los visitantes en su recorrido	20-300
Grupo de cartelas	Explicar un grupo específico de objetos Introducir los subtemas	20-150
Textos identificativos	Interpretar objetos individuales, maquetas, fenómenos...	20-150

Fuente: Serrell, B. 1996: 33.

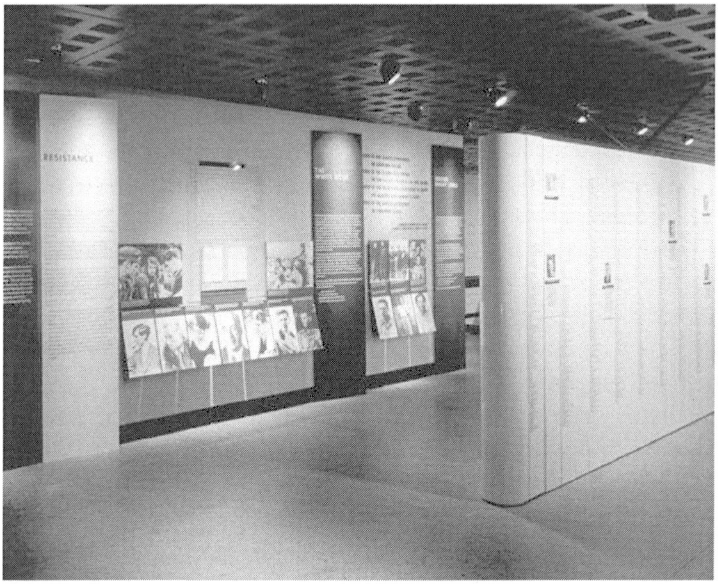

Foto 61. Ejemplos de textos en exposición. US Holocaust Museum, Washington, D.C.

Foto 62. Textos en exposición. «Mi Movida madrileña», Pablo Pérez Mínguez, 1979-1985. Museo Municipal de Arte Contemporáneo (Diseño y montaje: Intervento, s.l.).

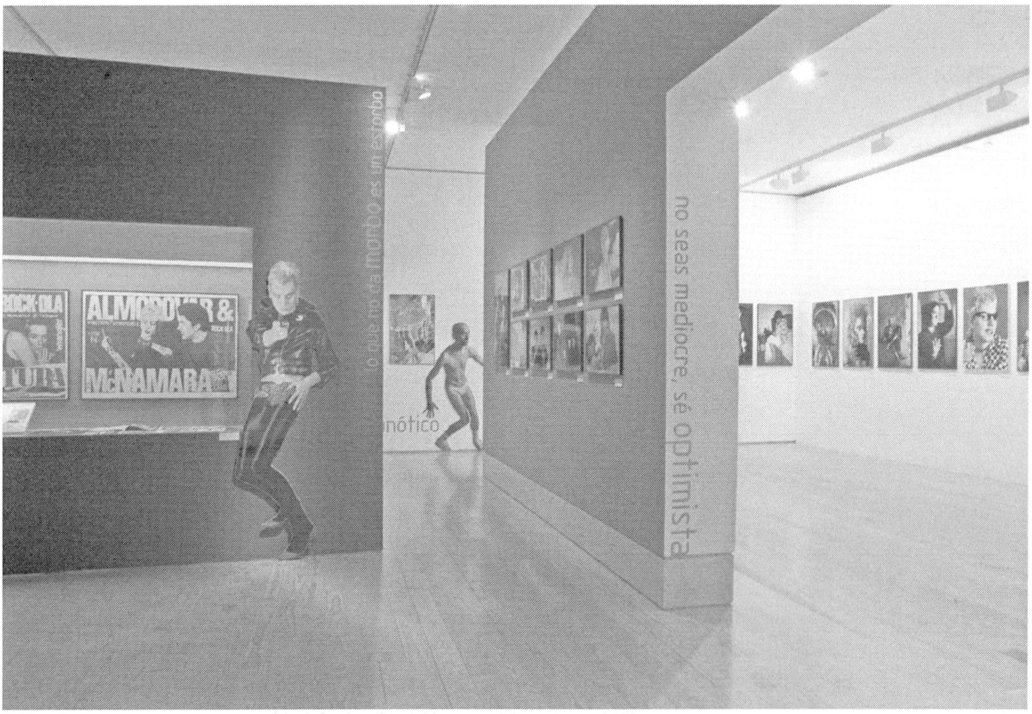

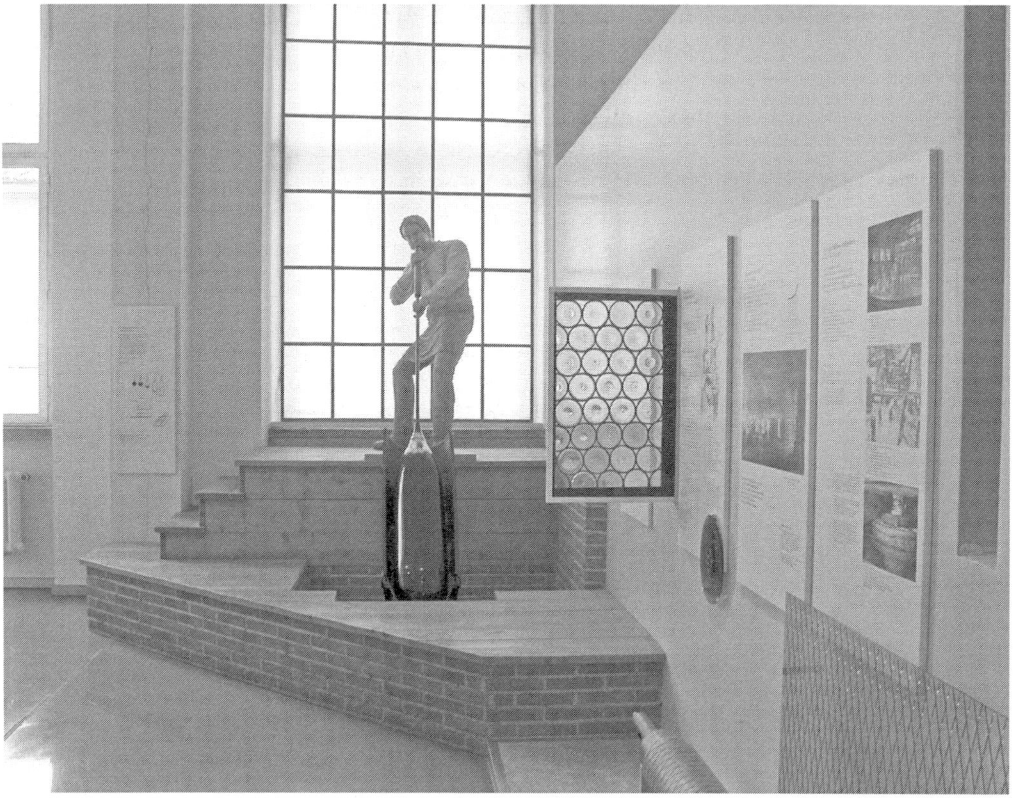

Foto 63.
Combinación de textos y escenografía. Deutsches Museum, Múnich.

palabras, y se colocan en paneles como ampliación del título y subtítulos de la exposición. Los textos *identificativos*, finalmente, corresponden a las cartelas de cada una de las obras u objetos [Fotos 61, 62 y 63].

En este sentido, el conservador de museo y el diseñador de exposiciones deben realizar una escrupulosa actuación en la confección de los textos escritos —de ellos depende gran parte de la comprensión del mensaje—, y observar ciertas normas y sugerencias de los expertos, así como también sobre la evaluación de la exposición.

Berverly Serrell (1996: 234-235) expone 14 puntos contrastados con estudios de visitantes sobre la efectividad de los textos de los que hemos seleccionado los siguientes:

- Cuando los visitantes se orientan bien conceptual y espacialmente, tienden a estar más tiempo en la exposición y ser más receptivos.

- La mayoría de los visitantes leen más las cartelas cortas y las leen más exhaustivamente que las largas.
- Las cartelas o textos colocados a más altura de 180-200 cm no suelen verse. Las cartelas que están colocadas al lado del objeto al que hacen referencia se leen más que aquellas que los identifican con un número y están colocadas lejos de los objetos.
- Los textos que están cerca de elementos bidimensionales se leen más que los textos planos sobre la pared sin objetos cercanos. Estos textos incluyen información de introducción y orientación.
- Dividir la información en párrafos cortos de 25 a 75 palabras aumenta la probabilidad de que sean leídos.
- En los textos donde exista una combinación de palabras e imágenes son más interesantes y serán más recordados por el visitante.

Publicidad y mercadotecnia (*marketing*)

Dice Michael Belcher ([1991] 1994: 41):

> Para muchos museos el márketing no es un fenómeno nuevo. De hecho, algunos museos, desde sus primeros momentos, han sido conscientes del beneficio de la publicidad y se han preocupado de una forma muy activa de ella. Hoy en día, muchas personas entre el personal técnico de museos piensan en la publicidad y en el trabajo de promoción de los museos como si el márketing fuera eso, identificándolos como la misma cosa. Están equivocados, ya que la publicidad, por muy importante que sea, no deja de ser más que un aspecto del márketing.

La publicidad es un instrumento valioso que tiene a su alcance el museo para promocionar su perfil de entidad sociocultural (imagen de entidad corporativa), sus actividades, servicios y exposiciones. Para ello, deberá utilizar los medios más efectivos a través de los cuales conseguir que el público perciba esa imagen antes incluso de haber visitado el museo.

La exposición, en concreto, como parte vital de la actividad del museo ante la sociedad, necesita cuidar informativa y publicitariamente su imagen, tanto desde la perspectiva visual como desde el componente textual con que configurará el mensaje. De las características de su imagen y mensaje (atractivas, festivas, austeras, atrevidas, normales, etc.) dependerá la clase de público que se sentirá atraída por aquéllos. A veces, de la falta de publicidad o de un enfoque desacertado se siguen consecuencias negativas para la proyección del museo y de sus actividades ante el público, se haya generado la publicidad de modo directo o provenga espontáneamente de una situación externa al museo.

> El márketing en los museos está directamente relacionado con el desarrollo de la audiencia. Su objetivo es consolidar una base amplia de visitantes y al mismo tiempo contribuir a estrechar las relaciones con los visitantes asiduos. De esta manera, el márketing constituye una parte integrante del complejo sistema de comunicación del museo con el público. El márketing es un aliado fiel de los programas de actividades, aunque en muchas ocasiones dependa de la división de administración del museo.
>
> B. & G. D. Lord [1997] 1998: 129

Y añaden (130):

> El márketing del museo atiende a los aspectos siguientes:
>
> — Identificación de los mercados presentes y futuros del museo y consiguiente comunicación efectiva de mensajes a los mismos.
> — Exigencia dentro del museo de una mejora continuada de los productos y servicios ofrecidos al público.
> — Implementación de medidas que favorezcan una mayor asistencia de público y un incremento de los ingresos por visitante.

El *marketing* o mercadotecnia es una concepción del mundo de los negocios que coloca al cliente en el epicentro de su ejercicio comercial. Cuando se traslada este concepto al museo o a sus actividades como son las exposiciones, los profesionales de estas instituciones deberán asumir las exigencias de los mercados reales y potenciales en función de su cliente real y potencial, que es el público; tendrán que realizar los

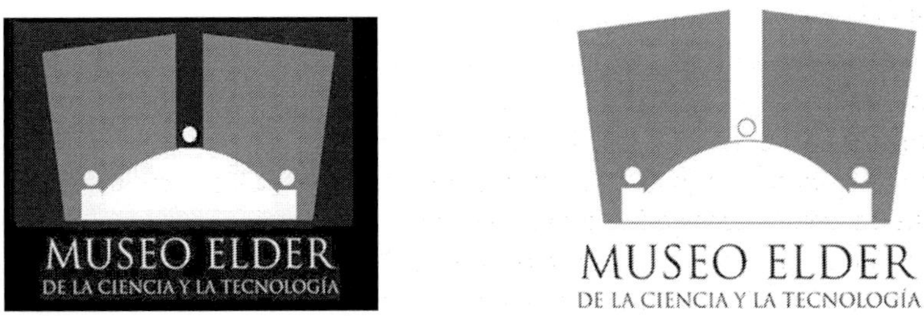

Figura 27.
Imagen corporativa del Museo Elder, Las Palmas de Gran Canaria.

oportunos estudios de público, seleccionar el «mercado asequible» y establecer las estrategias con que mejorar su comunicación con él; y, por último, deberán estudiar la mejor atención al visitante, tanto en la admisión y receptividad como en el ofrecimiento de los servicios socioculturales, comerciales y personales [Figura 27].

12
Evaluación y mantenimiento

La evaluación es un instrumento muy valioso en el proceso de diseño de una exposición. Puede tomar muchas formas y realizarse a muchos niveles: a) ser una simple revisión del trabajo realizado por el equipo de exposición; b) constituir unas observaciones rápidas de las reacciones del público a lo largo de la visita a la exposición del museo; c) formalizarse como un estudio más detallado que implica una observación estructurada utilizando observadores preparados y en algunos casos cámaras; d) puede ser, finalmente, un estudio que utiliza cuestionarios relacionados con diversos aspectos concretos de la exposición, a los que el público debe contestar expresando sus impresiones particulares.

En las dos últimas décadas, las evaluaciones han adquirido, técnica y procedimentalmente, un destacado desarrollo. Se ha estudiado y escrito mucho sobre este tema, debido sobre todo —y esto afecta a instituciones culturales también—, a la importancia de cuestiones como la calidad del producto y la relación del binomio coste/beneficio.

El público

El interés creciente de los museos por su público se debe a varios factores, que pueden resumirse, en líneas generales, principalmente en una mayor responsabilidad de aquéllos hacia sus visitantes, y que se cifra en un intento por mejorar la comunicación y en un deseo de proporcionar un mayor y mejor servicio público.

¿Quién es el público? Muchos, o la mayor parte de los estudios se han enfocado desde estos cinco puntos principales: 1) las características físicas; 2) el estatus social; 3) la motivación y percepciones del museo, y 5) la asiduidad y comportamiento del visitante en el museo.

En resumen, se ha comprobado que el visitante de los museos es un adulto que visita el museo generalmente en compañía (en los museos de arte es más probable la visita individual). Posee un buen nivel cultural y gran parte de ellos son universitarios.

Respecto de sus motivaciones, el público tiene muchas razones para visitar un museo. En general, se trata de una variada mezcla de motivos: aprendizaje, entretenimiento, curiosidad, motivos sociales... Sin embargo, la mayoría son visitantes «natos», que van al museo regularmente porque se sienten atraídos en su tiempo libre por las distintas actividades programadas.

Por lo que se refiere al comportamiento, el público suele enfocar la visita, como norma general, de una manera sistemática y queriendo ver todo el museo, sintiéndose a menudo confundido o perdido, al tener que volver sobre sus pasos una y otra vez. La mayor parte de la visita consiste en deambular de área en área, parándose ante los objetos o elementos que llaman su atención. La duración media es de una a dos horas, dependiendo más del tema y tipo de exposición, que del tamaño o localización del área de exposición. Otro tipo de comportamiento o reacción de interés por parte del público es el que se produce ante la comunicación escrita de la exposición (paneles informativos, cartelas, catálogos, etcétera).

¿Por qué el público no visita el museo? La respuesta puede ser compleja, pero depende fundamentalmente de qué actividades quieran realizar en su tiempo libre y cuáles elijan entre las diversas posibles, contando con que una de ellas sea la visita a exposiciones. En general, puede decirse que la gente busca en estas actividades los siguientes atributos, características o condiciones: 1) que puedan estar con otras personas, o la interacción social; 2) poder hacer algo que merezca la pena; 3) sentirse cómodo y a gusto en el medio ambiente; 4) tener nuevas experiencias; 5) aprender algo, y 6) una participación activa.

En su actuación en el museo, el público suele manifestar, al menos, unas mínimas pautas o normas de comportamiento general:

1. Si el museo o galería tiene varios pisos, el público va a visitar el primero antes de ascender a los otros. Es allí, por tanto, donde se produce la mayor concentración de personas y donde más atención hay que poner en la organización del espacio.
2. El público pasa más tiempo en la primera de las exposiciones o salas del museo que visita.

3. Se ha comprobado que el visitante presta menos atención a las exposiciones o a las salas del museo cuanto más cerca están de la salida.
4. Existe una preferencia por los espacios con salidas visibles.
5. Hay también una preferencia de elección del recorrido por la ruta más corta.
6. En condiciones de igualdad, el público tiende normalmente en nuestro entorno a girar a la derecha cuando se entra en la exposición.
7. Los objetos colocados junto a las paredes suelen recibir más atención que los situados en el centro.
8. El tiempo medio que un visitante pasa delante de una obra es de 20 a 30 segundos, dedicando la mitad de este tiempo a leer la información.

Mientras que ciertas características específicas y comportamientos del público pueden variar de un museo a otro, algunos aspectos generales presentan implicaciones similares para todos los museos, pudiendo englobarse éstas en unas determinadas, como las siguientes: en las características físicas específicas, en las sociales, en la motivación, la asiduidad, la acccesibilidad y el comportamiento. Lo cual se reduce en último término a la relación de la comunicación del visitante con el tema de la exposición.

Estudio del público

El público, y no sólo el visitante, es el elemento justificador, la razón última de la existencia del museo y del ejercicio de sus funciones y servicios a nivel sociocultural, como son las exposiciones. El servicio de la comunicación es primordial, y se establece esencialmente en la exposición de los objetos; de ahí, la atención dedicada al visitante real o potencial, al estudio del público, de su perfil y características sociodemográficas, de sus motivaciones, de sus expectativas y condiciones sociales.

Como medio de comunicación y diálogo que es, la exposición de los objetos crea una interacción entre ella misma y el visitante, que se manifiesta en la repercusión o impacto de aquélla y en el comportamiento de éste. Entra este aspecto de lleno en la responsabilidad de los comunicadores, en los métodos de análisis que se realizan sobre el aprendizaje y la educación, y especialmente sobre el público visitante, incluidos los aspectos psicológicos. Entre los comportamientos del público visitante que deben tenerse en cuenta en la planificación de las exposiciones, añadimos a los comentados, los siguientes:

1. El aprendizaje en las exposiciones es un proceso constructivo donde el espectador debe participar, «interactuar», para aprender.
2. La claridad del hilo conductor, la idea argumental, la conceptualización de la exposición favorecen la comprensión del visitante. La exposición debe ponerse al servicio del mensaje. Los estudios de Screven y Shettell (1993) manifiestan una gran preocupación por la finalidad comunicativa.
3. Se confirma la tendencia del visitante en nuestro entorno de comenzar la visita por la derecha.
4. Cuando se produce la llamada fatiga del visitante —que consiste en el inicio de desinterés a partir del momento de máxima atención—, da mayor importancia a las piezas que encuentra en su camino de salida al exterior.
5. La exposición es un medio de comunicación para transformar la actitud del espectador.
6. Debe entenderse el objeto como un soporte de ideas: se construyen frases, con la interrelación de los objetos; son portadores de sentido y significado.

Por muy reacios que hayan sido los museos en épocas pasadas, los estudios sobre el público de estas instituciones son absolutamente necesarios para conseguir los fines informativos, comunicativos y hasta formativos que se persiguen. Como escribe Belcher ([1991] 1994: 215):

> [...] los métodos empleados para conseguir información sobre el público del museo son variados. Los principales son: entrevistas formales, discusiones informales, cuestionarios escritos, tests (afectivos y cognitivos) y estudios de observación. Cada técnica se adecua a una situación y necesidad particular y ofrece un tipo específico de información. Dado que cada técnica también tiene sus limitaciones, puede utilizarse una combinación de ellas para ofrecer un conjunto más amplio de información. Sin embargo, garantizar que los espectadores estudiados sean una muestra representativa de la población de visitantes en general es mucho más difícil de lo que parece. No sólo ha de ser representativa de cosas como sexo, edad y otros, sino que también ha de estar relacionada con el tiempo de la visita. Muchos museos registran acusadas diferencias de público visitante entre el verano y el invierno, períodos vaca-

cionales y períodos escolares, días laborables y de fin de semana e incluso entre diferentes horas del día y con diferente climatología, en días de lluvia o de sol. Así pues, los métodos de compilación de datos habrán de tener en consideración estas variables.

Cualquiera que sea el esquema o combinación de las técnicas empleadas, lo importante es que se atienda suficientemente y de manera comprensiva todos los factores y variables de la investigación sobre el público en el museo.

Evaluación

Existe mucha información bibliográfica sobre el «cómo» y el «porqué» de las evaluaciones. Extendernos en este tema excedería el objetivo de este volumen. Por lo que tan sólo vamos a recordar, a modo de introducción, el proceso de evaluación sumativa, poniendo de relieve cómo se relaciona éste con las exposiciones en general.

Las evaluaciones son muy útiles para la comprensión de aspectos tales como:

1. La visión del museo en conjunto, de galerías individuales y de exposiciones específicas.
2. Cuál es la percepción del objetivo de la exposición.
3. Los conceptos presentados y la apreciación de los objetivos que se muestran.
4. Qué aspectos han gustado y, por el contrario, cuáles son los que necesitan mejorarse. En pocas palabras, la evaluación es una actividad que busca descubrir en qué medida una exposición ha alcanzado con éxito su propósito.

Desafortunadamente, las evaluaciones no revelan en muchos casos el porqué de que ciertos aspectos dan resultado o son satisfactorios para algún tipo de público y otros no. Todo ello es consecuencia de múltiples variables, las cuales se pueden discutir en el plano teórico, pero no pueden llegar a conocerse de manera integral. No obstante, lo que se busca en las evaluaciones es una consistencia de unos criterios que puedan aplicarse a las diversas áreas de la exposición, dando como resultado el establecimiento de unas directrices en relación con el contexto, las cuales van a asegurar el éxito de exposiciones futuras.

Hacer evaluaciones sólo por hacerlas, resulta una pérdida de tiempo y dinero injustificable. Éstas deben llevarse a cabo con un propósito definido y procurar, por otro lado, la obtención de resultados prácticos. Los métodos de evaluación utilizados en museos y galerías de arte son:

1. La *observación directa* (este método es el más efectivo a la hora de estudiar las pautas de comportamiento del público).
2. Las *observaciones estructuradas* (planificadas o informales), llevadas a cabo por observadores cualificados o por otros medios electrónicos (vídeos, fotografías, etcétera).

¿Quién realiza las evaluaciones?

Existe la figura del *evaluador profesional*, que es en gran medida resultado de la nueva era de los museos y del patrocinio de muchas exposiciones a través de fuentes privadas. Ello demanda un mayor conocimiento de los resultados y si han sido efectivas desde el punto de vista de su costo. El evaluador profesional es una persona plenamente cualificada para su tarea, siendo una de sus características más importantes a poseer la de su imparcialidad. Su labor puede ser muy impopular, ya que a nadie le gusta ser criticado por sus fallos, y la evaluación busca precisamente eso: identificar lo que no funciona para poder corregirlo de cara a futuras exposiciones.

Centrándonos en la evaluación en sí, han de considerarse los siguientes aspectos en el proceso de diseño y desarrollo de la evaluación:

1. *Objetivos*. Qué clase de información queremos obtener de la evaluación y de qué manera esta información va a ser válida para la organización de futuras exposiciones y la revisión de la presente.
2. *Información*. Determinar qué datos sobre los visitantes son importantes para nuestro estudio y determinar asimismo la muestra; grupos, número, edad, sexo, etcétera.
3. *Medios*. Establecer el programa de evaluación: costes, tiempo, personal.
4. *Proceso de evaluación*. Tipo de método a utilizar.
5. *Análisis de los resultados*. Referencia a los objetivos iniciales, identificación de las deficiencias y aciertos. Interpretación de los resultados y aplicación a situaciones reales.

Métodos de evaluación

Existen dos categorías importantes de métodos: los conceptuales y los físicos. Sobre los primeros, no nos vamos a detener en su explicación, ya que es difícil definirlos en términos simples. Sin embargo, preguntas como ¿qué significa el éxito de una exposición? ¿es una exposición educativa? han sido debatidas durante mucho tiempo por los evaluadores. Y es éste el tipo de preguntas de las que se ocupa el método conceptual. En esta segunda categoría entran métodos tales como la observación directa, entrevistas, cuestionarios, etcétera.

Independientemente del método o de la combinación de varios, de los cuales vamos a hablar a continuación, la evaluación es un proceso que requiere gran cantidad de tiempo y dedicación si se quieren obtener resultados útiles. Deben analizarse los métodos teniendo en cuenta los resultados que queremos conseguir y los medios disponibles tanto humanos como materiales. Y siempre, teniendo cuidado de incluir un segmento suficientemente amplio de visitantes. La parte administrativa es la más laboriosa de la evaluación, y el aspecto determinante a la hora de elegir el método y el tiempo empleado para ello.

Método cualitativo

Un tipo simple de evaluación cualitativa son los libros de galería y los buzones de sugerencias, que pueden proporcionar información valiosa. Sin embargo, deben utilizarse con precaución, ya que las ideas expresadas no representan necesariamente las de una muestra representativa del público.

Generalmente, en el método cualitativo se entrevista de forma intensiva a un número pequeño de individuos. No existe cuestionario formal, y se les da plena libertad a los informantes para explorar áreas introducidas por el entrevistador. Este método se conoce con el nombre de «entrevistas abiertas» y duran generalmente de una a dos horas. Las entrevistas pueden realizarse en grupo o de forma individual. A menudo, a estos estudios se les consideran exploratorios, y suelen hacerse antes de llevar a cabo evaluaciones cuantitativas. Los problemas que surgen con este tipo de evaluaciones son: por un lado, el hecho de que el individuo no está dispuesto a conceder más de 20 minutos para una entrevista; y por otro, que dependen decisivamente de la personalidad del entrevistador. Las críticas que suelen hacerse a este tipo de evaluación son la falta de objetividad y que no son representativas. Sin embargo, si se diseñan bien, de acuerdo a métodos utilizados para la evaluación cuantitativa, este tipo de evaluaciones puede resultar de gran ayuda.

Método cuantitativo

El método cuantitativo más simple es el recuento de visitantes en una exposición, que muchos consideran un indicativo del éxito de la exposición. Sin embargo, hay que tener cuidado a la hora de evaluar estos datos, ya que en la mayoría de los casos el número de visitantes viene dado por la publicidad que se ha hecho de la exposición; y esto no es determinante de su calidad.

Los métodos cuantitativos son mucho más complicados de lo que acabamos de describir. En general, se trata de estudios formales, estructurados, que se llevan a cabo entre una muestra representativa de individuos escogidos al azar. Se necesita un mínimo de métodos estadísticos, teniendo en cuenta que el resultado de estos análisis sólo se pueden aplicar a las condiciones y circunstancias dadas en el momento del análisis. Entre las consideraciones más importantes a tener en cuenta en este tipo de análisis, entrarían el diseño del cuestionario y la habilidad adecuada para llevar a cabo una entrevista de forma satisfactoria, así como la preparación de los datos y los análisis e interpretación realizados por ordenador.

Instrumentos

• La *observación estructurada*. Es la más adecuada a la hora de determinar la efectividad de la exposición, ya que ésta va a mostrar las reacciones y el comportamiento del público a lo largo de la exposición. Es el método más directo y aparentemente el más antiguo —tenemos referencias de que sir Francis Galton (1822-1911) observaba al público en sus visitas a los museos de la Inglaterra victoriana. Se puede llevar a cabo mediante la observación directa hecha por personal preparado o utilizando métodos electrónicos, tales como vídeos o cámaras fotográficas.

Teniendo en cuenta que los objetivos de la evaluación se han determinado desde el principio, el primer paso que debe realizarse en este método es la identificación del rango limitado de comportamiento a observar como relevante en el proyecto de evaluación. El segundo paso es categorizarlo (por ejemplo, la parada o la no parada ante una exposición). A las distintas categorías se les van a dar valores que son relativos al objetivo de nuestras observaciones.

• El *cuestionario técnico*. La exposición es evaluada con el propósito de saber si la exposición ha sido educativa. Al referirse a algunos aspectos, lo hacen al contenido y al diseño. Los cuestionarios combinan la información sobre el público en general (edad, educación, sexo, etc.) y los datos sobre sus percepciones y actitudes ante la exposición.

El cuestionario es probablemente el método más común; en ocasiones se utiliza en conjunción con la observación estructurada. El uso del cuestionario se asocia a la entrevista, y ésta puede ser de tres tipos: no estructurada, semiestructurada y estructurada. En la no estructurada, el entrevistador se prepara para dejar que el informante lleve las riendas, haciendo comentarios sólo de vez en cuando. Las semiestructuradas se pueden considerar análogas a los procedimientos de observación, si tenemos en cuenta las consideraciones necesarias para llevarlas a cabo. Se dirige teniendo en cuenta una serie de categorías especificadas de antemano y que se pueden ir ampliando dependiendo de las respuestas del informante. Finalmente, las estructuradas se caracterizan porque las preguntas son más precisas; en este tipo de entrevistas, el informante lee el cuestionario y el entrevistador no puede intervenir.

El diseño del cuestionario es un tema muy complicado, particularmente cuando se evalúan exposiciones didácticas. El proceso de evaluación es más sencillo si los objetivos de la exposición son claros y se han establecido al principio y a lo largo del proceso expositivo. El aspecto principal a la hora de diseñar el cuestionario es saber lo que se quiere descubrir; por ello, las preguntas deben estar hechas de manera que las respuestas resulten útiles para el propósito establecido. El público es, en general, paciente y desea compartir sus experiencias; sin embargo, las preguntas vagas o aparentemente inútiles pueden acabar con esta ayuda.

Existen guías generales para seguir en el desarrollo de los cuestionarios, que se concretan en estos cuatro aspectos:

1. Contenido de las preguntas.
2. Formulación de las mismas.
3. Orden.
4. Categorías de respuesta.

Sobre el contenido de las preguntas, debemos saber cuáles son las relevantes, si necesitan dividirse en varios niveles, si el visitante posee suficiente información para responderlas, si son demasiado generales o abstractas y si ponen demasiado énfasis en ciertas áreas. En la formulación de las preguntas se deben evitar los términos técnicos, a no ser que sean absolutamente necesarios. Deben evitarse asimismo las ambigüedades e ir directamente al asunto.

En el orden y la categoría de las preguntas, la recomendación es tener sentido común. Por ejemplo: las preguntas sobre opinión deben hacerse después de las realizadas sobre hechos, en el caso en que vayan juntas. Y esto debe ser así porque la opinión sobre un asunto influye en la manera en que se responden las preguntas sobre hechos. Las cuestiones familiares deben preceder a las no familiares, y las preguntas deben ser ordenadas cronológicamente.

Dos son los tipos de cuestionarios que pueden utilizarse: los de respuesta corta y los de elección de respuesta ya dada; ambos tienen sus pros y sus contras. Los primeros han de ser elaborados de tal manera que no se adivine la respuesta; a veces son difíciles de formular para que surja una sola respuesta. Los segundos se consideran los mejores para medir el aprendizaje; al igual que en el anterior, debe tenerse cuidado de que la respuesta no se adivine por eliminación. Algunos cuestionarios, sobre todo los referidos a los elementos de diseño, pueden hacerse proporcionando escalas (por ejemplo, muy bueno, bueno, regular, pobre, etcétera).

¿Cómo se puede saber si una exposición ha tenido éxito o no? No existen criterios claros en los que todo el mundo esté de acuerdo. Los criterios de los profesionales de los museos muchas veces no coinciden con los del público. De evaluaciones que se han llevado a cabo en museos europeos, se desprende que la visión de los profesionales en los museos sobre la exposición es más formal y menos indicativa que el de las actitudes del público. Entre las dos visiones, se encontraron sin embargo muchas similitudes, que se pueden resumir en la apreciación de aspectos como lo de «atractiva», «facilidad de comprensión» y «capacidad de mantener la atención de la audiencia» [Figura 28].

Por último, la evaluación no pretende evaluar si el conservador o el diseñador ha tenido éxito o ha fallado a la hora de producir una exposición efectiva. Por el contrario, da una indicación de los elementos que han cumplido su función y los que no lo han conseguido. Cada exposición es única e implica un enfoque creativo diferente a la hora de comunicar con el público. A veces, esa comunicación falla, pero gracias a la evaluación es posible saber por qué ha fallado,

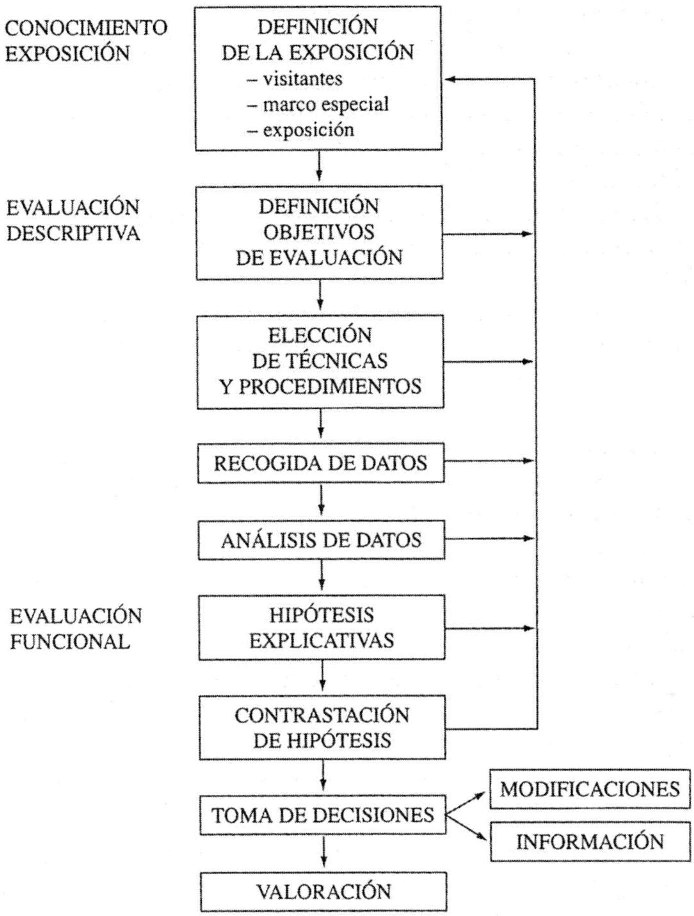

Figura 28.
Proceso de evaluación de exposiciones (esquema utilizado en el «Magíster en Museología y Exposiciones» de la UCM.

o por el contrario cómo se ha conseguido. Todos estos descubrimientos pueden ser aplicados a proyectos futuros.

Mantenimiento

El mantenimiento de las exposiciones es un aspecto fundamental en todo proyecto, que forma parte del proceso del diseño, construcción e instalación. El mantenimiento comprende desde el hecho de cambiar una lámpara hasta reemplazar las partes que no funcionan de cualquier equipo eléctrico o mecánico. Tiene que estar integrado en un programa que garantice la operatividad de todos los elementos y debe llevarse a cabo por profesionales del museo. Del mantenimiento depende muchas veces el éxito o el fracaso de un proyecto. Las exposiciones descuidadas o dañadas no favorecen el acercamiento del espectador, sino que pueden predisponerlo incluso en contra, por cuanto fallan en el propósito educativo o de entretenimiento. No cumplen, en definitiva, sus objetivos.

Destacamos que entre los aspectos o condiciones fundamentales a tener en cuenta en el diseño de las exposiciones, se cuentan estos tres:

1. Los materiales deben ser capaces de aguantar el desgaste diario de su uso.
2. Es preferible gastar más dinero en materiales y equipos fiables que comprar aquellos más baratos que van a requerir un mantenimiento continuo.
3. Todos los elementos de exposición deben ser accesibles para su reparación y repuesto.

En el mantenimiento de exposiciones deben considerarse como puntos esenciales los siguientes:

a) Se deben hacer inspecciones diarias para asegurarse de que las exposiciones se mantienen en los mismos estándares que se instalaron.
b) Se debe llevar un registro de cada exposición en el que se especifique: 1) la fecha en que fue instalada; 2) el equipo utilizado (códigos de fabricantes y direcciones); 3) colores usados (marca y fabricante); 4) una lista de todos los objetos con los códigos de inventario y catálogo; 5) copias de todos los textos (si es posible también de las ilustraciones que acompañan al texto —el *art work*— originales); 6) una lista de las referencias para todas las ilustraciones utilizadas; 7) un registro de los derechos (*copyrights*) obtenidos, así como, 8) una lista con los códigos de los negativos.
c) Se debe llevar también un registro de todo el trabajo de mantenimiento identificando los elementos que se rompen, la frecuencia con que lo hacen y cuánto tiempo se tarda en repararlos. Deben existir repuestos de cada componente.
d) El personal de mantenimiento debe estar disponible durante todo el tiempo que dura la exposición.
e) Se debe habilitar un espacio para almacén de equipos y repuestos.

f) En el presupuesto debe preverse la sustitución de los elementos de exposición, como textos y gráficos, que se hayan estropeado. También deben contemplarse gastos de restauración.
g) Respecto de los sistemas audiovisuales, deben existir al menos dos equipos de vídeo, proyectores, etc., en previsión de fallo o rotura. Igualmente, hay que contar que todo el software, al igual que los equipos informáticos necesitan mantenimiento.
h) Los compartimentos que contengan los equipos audiovisuales deben estar fuera del alcance del público y bien ventilados.
i) Deben revisarse periódicamente los equipos de medición y control de clima —humedad relativa y temperatura ambiente—, así como los sistemas de cierre, alarmas, extintores y sistemas de extinción de incendios.
j) Por último, los espacios expositivos y todos los elementos deben estar limpios y en buen estado durante todo el período que dura la exposición.

Glosario de términos y profesionales de la exposición

accesibilidad (*Accessibility*). Adaptación del diseño y organización de un museo o una exposición a las necesidades de un público considerado «especial», como son los ancianos, los deficientes visuales, los sordos, los minusválidos, etcétera.

adaptación transitoria (*Transitory adaptation*). Acción de acomodo no definitivo a circunstancias diversas. Cada uno de los momentos, acciones o circunstancias que rectifican en la exposición o el museo situaciones accidentales. En el caso de las personas, acomodación a las circunstancias temporales o de modo no definitivo.

audiencia (*Audience*). Aplicado este término (y concepto) en el ámbito del museo y la exposición, significa o se identifica con el visitante, incluido el público potencial. O con la gente que es atraída y conducida al interés de aquélla.

audiovisuales (*Audiovisual [AV]*). Técnicas que utilizan el sonido y la luz para transmitir una comunicación. Los audiovisuales incluyen desde sistemas simples de tratamiento de imágenes y sonidos (luces que se accionan mediante botones o sensores, proyectores de diapositivas sincronizados, vídeos) a sistemas multimedia, que se basan en la integración y combinación de sistemas de vídeo, fotografías, gráficos, textos y sistemas sonoros, donde el usuario es parte activa en la recepción del mensaje e interactúa con el medio. La comunicación es, pues interactiva.

blockbuster exhibition. «Exposición bomba-demoledora», cuya tipología o modelo está basado en el factor del impacto sobre la sociedad, y en la correspondiente utilización de presupuestos casi prohibitivos para la presentación del mayor número de obras maestras excepcionales. Entre sus funciones, se cuentan como esenciales la consagración del espectáculo y la atracción del mayor número de visitantes posible. Son paradigmas de este tipo, exposiciones como «Tesoros de Tutankamon» (sin duda, la más conocida, itinerante por Estados Unidos entre 1977 y 1979).

cartela (*Card*, o *writing tablet*; o *label*, rótulo). Instrumento de comunicación escrita, a modo de tarjeta, realizado en materiales tan diversos como el cartón, la madera, el metacrilato o la placa de aluminio anodizado, etc., que acompaña con los datos específicos o ficha técnica a los objetos en la exposición. Texto corto y su tarjeta directamente concerniente a las características del objeto en la exposición: título, cronología, origen, medidas, número de inventario, etcétera.

centros de exposiciones (*Exhibitions Centers*). Denominación de profesionales: director de exposiciones (*Exhibitions Director*); director del programa (*Program Director*); gerente administrativo (*Administrative Manager*); comisario (conservador) de exposiciones (*Exhibitions Curator*); coordinador de exposiciones (*Exhibitions Coordinator*); diseñador de exposiciones (*Exhibitions Designer*); instalador de exposiciones (*Exhibitions Installer*); jefe de almacén (*Store Chief-Manager*).

circuito (*Circuit*). 1. Modelo o grupo completo de exposiciones sobre temas y asuntos relacionados. 2. Eléctrico.

circulación (*Circulation*). Itinerario o itinerarios fijados o sugeridos en el diseño espacial de la exposición para el mejor recorrido de la visita por parte del público. El flujo del público en torno a una exposición.

comisario/conservador o ***curator***. Es el especialista en la materia de la que se ocupa la exposición. Debe proporcionar toda la información necesaria relativa al tema y a los objetos de la exposición. Identifica, localiza, selecciona y, si es necesario, negocia la adquisición o préstamo de las obras. Prepara la lista de objetos (inicial y final) y es el encargado del control de toda la información, ya sea en el espacio físico, ya sea en los textos asociados (guías, catálogos, etc.). En países hispanoamericanos utilizan la palabra «curador», transcripción automática de la palabra inglesa *curator*, que significa «conservador», «encargado (de museo)» o «encargado (de exposición)».

compendio o **plan de la exposición** (*Exhibition brief* o *Exhibition policy*). Explicación o expresión abreviada de lo más importante de la exposición o de su planteamiento. Se dice también de las instrucciones en detalle o del esbozo informativo proporcionado al diseñador de la exposición por el cliente (promotor, productor, comisario, etcétera).

comunicación (*Comunication*). Acción o efecto de transmitir y hacer participar al público en el mensaje de la exposición.

cono de visión (*Vision Cone*). La visión humana describe un cono cuya máxima abertura ideal encuentra su correspondencia con la posición que respecto del suelo y de la obra se sitúa el punto de vista humano. El ángulo visual normal humano es de 54° (27° por encima de la línea del horizonte + 27° por debajo de la línea del horizonte, o visual). La apertura final (base) del cono de visión humana está directamente relacionada con la distancia del espectador respecto de la obra a contemplar. (A mayor distancia, mayor amplitud final del campo de visión humana). La línea de horizonte —y de interés visual— mantiene siempre la horizontal respecto del suelo desde el punto de vista del espectador hasta señalar el centro de interés de la obra. Con independencia de las variaciones de estabilidad del espectador respecto del suelo (puede haber una variación de ±6° por encima o por debajo de la visual), siempre se mantendrán los 54° del ángulo visual humano; es decir, del cono de visión humana.

conservador/«curador» (*Curator*). Es el especialista en una particular disciplina académica y científica relevante de las colecciones del museo. Es el responsable directo del cuidado/conservación y de la interpretación académica de todos los objetos, materiales, especimenes, propiedades o préstamos existentes en el museo. De sus recomendaciones y competencias dependen la adquisición, catalogación, atribución y autenticación de las piezas, así como la investigación de las colecciones y la publicación de los resultados. El conservador puede tener también responsabilidades administrativas en la exposición, y debe ser sensible a las prácticas de una cuidada conservación.

conservación preventiva. Su objeto es reducir el deterioro y mantener la integridad de las colecciones de forma asequible y asegurar su existencia y acceso a la sociedad actual y futura (ICCROM, 2004). Todas aquellas medidas y acciones que tengan como objetivo evitar o minimizar futuros deterioros y pérdidas. Se realizan sobre el contexto o el área circundante al bien, o mas frecuentemente un grupo de bienes, sin tener en cuenta su edad o condición. Estas medidas o acciones son indirectas —no interfieren con los materiales y la estructuras de los bienes—. No modifican su apariencia. Algunos ejemplos de conservación preventiva incluyen las medidas y acciones necesarias para el registro, almacenamiento, manipulación, embalaje y transporte, control de las condiciones ambientales (luz, humedad, contaminación atmosférica e insectos), planificación de emergencia, educación del personal, sensibilización del público, aprobación legal. (ICOM-CC, 2008).

construcción (*Construction*). Acción y efecto de realizar con los materiales y elementos necesarios la estructura de la exposición diseñada en todas sus fases.

consultores (*Consulting, Exhibition Advisors*). En ocasiones se contratan los servicios de un consultor externo para revisar la propuesta de la exposición con la idea de que el consejo de profesionales expertos pueda prevenir errores. Los consultores aconsejan sobre el proyecto, pero no tienen autoridad sobre el personal del museo.

deslumbramiento (*Blinding by glaring light*). Efecto de ofuscación de la vista por luz directa o repentina sobre el visitante, debido tanto a la inadecuada instalación (dirección) de la fuente de luz, como por la intensidad y brillo de la luz emitida.

difusión (*Diffusion*). Aplicada al museo o a la exposición, debe entenderse la acción encaminada a extender, divulgar o propagar en la sociedad el mensaje y contenidos de la institución museística o de un proyecto de exposición concreta.

dimensión humana (*Human Dimension*, o *Human factors in exhibition design*). El aspecto de la dimensión humana es un factor determinante en el diseño de la exposición. Los diseñadores, conservadores y museólogos deben ser conscientes de la magnitud del espacio y conseguir emplazar los componentes de manera correcta desde el punto de vista dimensional. Este aspecto es fundamental para el bienestar del público en las exposiciones y en el museo. La gente se siente cómoda en espacios que permiten libertad de movimientos y no se encuentra confinada ni expuesta a peligros o angosturas. El espacio mínimo confortable para una persona se define por el espacio comprendido alrededor del individuo cuando éste extiende los brazos a cada lado perpendicularmente al cuerpo. Ésta es la dimensión humana mínimamente adecuada y a tener en cuenta en el espacio del museo y la exposición.

director de exposiciones (*Exhibitions Director* o *Show Director*). Persona que ejerce dentro de los organizadores el último control de la exposición.

director del museo (*Museum Director*). En la exposición, resulta indispensable para iniciar el proyecto, ya que debe dar el visto bueno y conseguir las autorizaciones necesarias, proporcionando y asegurando a su vez los recursos económicos y físicos que provienen del museo. Es la persona que recibe los informes sobre el progreso de los trabajos, controla el proyecto y actúa de árbitro en caso de que se produzca alguna disputa entre los responsables de la exposición.

director del proyecto (*Project manager*). Supervisa y controla todo el proceso de la exposición. Facilita la comunicación entre profesionales que trabajan en el proyecto y proporciona los recursos necesarios para que se lleve a cabo. Es, en definitiva, el máximo responsable del proyecto y el que sustituye a la figura del director del museo cuando ésta no exista.

diseñador (*Designer*). Profesional perteneciente al equipo del museo, o contratado, que diseña la exposición, realiza los dibujos (planos, bocetos, etc.) y coordina las actividades de fabricación e instalación. La complejidad del diseño de la exposición plantea funciones de muchos de los profesionales implicados en el proyecto: en su concepto, en su producción, en su construcción, en su instalación y en su montaje. Por ello, muchos de estos profesionales proceden de fuera del museo.

diseñador de iluminación (*Lighting Designer*). Diseña los sistemas de iluminación de la exposición. Supervisa su instalación y es el responsable de todos los ajustes posteriores.

diseñador gráfico (*Graphic Designer*). Trabaja con el diseñador en la confección de todos los elementos gráficos.

diseño de exposiciones (*Exhibitions Design*). Diseñar una exposición es la actividad de delinear, planificar, producir, instalar y montar una comunicación expositiva a través de los objetos de la cultura material, y en sus tres fases: preliminar, esquemática, final. El diseño de una exposición, como el museo en sí, es resultado de una actividad colectiva y cooperativa, que afecta a todos los campos y funciones internos del museo.

editor (*Editor*). Revisa y prepara todo el material escrito de la exposición.

educador/comunicador (*Educator/Comunicator*). Se ocupa de todas las cuestiones didácticas: textos y materiales educativos. Es también el organizador de las ideas dentro de la exposición. Para ello opina sobre la secuencia o discurso expositivo intentando que éste sea racional y educativo.

eficacia luminosa (*Luminous Efficacy*). La eficacia luminosa se define como el producto que resulta de dividir la emisión de la radiación visible en lúmenes (lm) por el consumo de energía eléctrica (W) de una lámpara. Esta característica es muy importante a la hora de elegir las lámparas e iluminantes (o «luminarias», según algunas denominaciones comerciales) ya que el consumo tiene su relación directa con el presupuesto de los proyectos. La iluminación es, junto con el espacio, la forma, el modelo, el color y la textura, uno de los componentes fundamentales del diseño de una exposición; el más determinante desde el punto de vista de la percepción de los objetos. La eficacia luminosa en sentido «práctico» en el museo o en una exposición depende de su calidad técnica (del valor de los equipos y de su buena utilización), pero sobre todo, de la habilidad en el dominio de los cálculos técnicos indispensables para obtener los efectos deseados en el conjunto global y particular de la comunicación expositiva. Y ello, respetando las normas de preservación de las obras.

elementos de sujeción (*Anchorage tools*). La sujeción y el anclaje de las obras en una exposición necesitan elementos e instrumentos diversos, dependiendo de su carácter o naturaleza bidimensional (para sujetar o anclar en el muro o panel; para «colgar» —*hanging*—, como tradicionalmente viene haciéndose en museos y galerías), o tridimensional (sobre diversos soportes exentos o no del muro o panel, normalmente ubicados en el suelo; pueden incluso colgar del techo, o fijarse directamente al suelo). Estos elementos van desde el simple clavo con cabeza, la escarpia o la alcayata con o sin rosca, el gancho sujeto con clavo oblicuo, a los rieles de los que se cuelgan barras en forma de gancho y que sujetan un cuadro (por medio de anillas, hembrillas u otros elementos de enganche), y a otros sistemas de fijación especial por medio de tirafondos o tornillos de seguridad. El sistema de barras proporciona, frente al de la alcayata con taco en el muro o en el panel, un medio de anclaje que no los modifica y salvaguarda (normalmente no hay necesidad de emplastecer y volver a pintarlos) al graduar sólo las alturas por los ganchos de sus extremos. Pero resulta estética y museográficamente menos adecuado y más inestable. El anclaje debe ser lo más desapercibido, permanente y seguro posible, además de funcionalmente eficaz; el sistema del taco y la alcayata en el muro, y la hembrilla en el bastidor de un cuadro, por ejemplo, continúa siendo uno de los más eficaces. Cuando se trata de sujetar una obra tridimensional al muro o panel (a modo de alto relieve), también funciona este sistema; si se fija la obra directamente en el suelo, su peso y configuración determinarán el modo; si su sujeción se hace en plintos o pedestales, éstos deben lastrarse para que resulten difícilmente movibles, y en cualquier caso deberán sujetarse las obras por medios diversos (espigos, adhesivos removibles y no deteriorantes, etc.) a los soportes de exposición.

ergonomía (*Ergonomy; Human Scale*). Adaptación de los elementos a las condiciones y escala del cuerpo humano.

espacio expositivo / lugares-territorio (*Exhibition Space / places-territory*). El espacio expositivo es una parte determinada del conjunto, el lugar para la muestra de los objetos. El lugar debe considerarse, además de un ámbito contextualizador como un otro objeto museístico, al menos desde la perspectiva de que la exposición no representa sino el valor que le es atribuido al lugar. En el caso de los lugares-territorio de exposición (los ecomuseos, o los parques naturales, por ejemplo) resulta muy clara la atribución, pero también en las demás situaciones, ya que el lugar está ligado a la experiencia vital. Y la exposición implica siempre una puesta en escena de los objetos y un proyecto de desarrollo en y por medio del lugar, que debe ser respetuoso con el espíritu que lo habita. La exposición es interrogada (o debe ser) por el espíritu que anima al lugar. Éste es, sin duda, un medio de exaltación y consagración de los objetos, pero también un enraizamiento de la memoria.

especialista en mercadotecnia (*Marketing Specialist*). Se ocupa de la evaluación, la investigación de mercado y la publicidad.

espectro luminoso. Distribución de la intensidad de radiación de una fuente de luz a través de la longitud de onda. De la distribución espectral resultan tanto el color de luz como también la reproducción cromática. Según el tipo de producción de la luz, se podrán diferenciar los espectros de acuerdo con unos tipos básicos: el espectro continuo (luz diurna y Proyector térmico), el espectro de rayas (descarga de baja presión) así como el espectro de bandas (descarga de alta presión) (fuente: ERCO).

estrategia de comunicación (*Comunication Strategy*). Es el plan que ofrece el modo a través del cual el museo o la exposición pueden transmitir su mensaje y llegar más al público, con el fin de prestarle un mejor servicio de conocimiento, educación, cultura, entretenimiento y desarrollo comunitario. En la medida en que conozcamos el contexto cultural en que nació el objeto, en esa misma medida se producirá su comunicación. Las exposiciones son las encargadas de transmitir al público ese soporte material actualizado en una comunicación cultural que es el objeto o el conjunto de los objetos en una exposición.

evaluación de la exposición (*Exhibition Evaluation*). **Evaluación formativa** (*Formative Evaluation*). Sirve para evaluar la efectividad de algunos elementos expositivos, se lleva a cabo durante el proceso de diseño y se utilizan maquetas y prototipos. El estudio de mercado (*Front-end Evaluation*) se hace antes de la exposición para conocer el público potencial que la visitará y su interés en el tema tratado. Ello ayudará a plantear mejor los contenidos y objetivos. La evaluación final (*Summative Evaluation*) es una estimación cuantitativa y cualitativa del programa y proyecto de la exposición en relación a los objetivos previstos. La evaluación es un instrumento muy valioso en el proceso de diseño de una exposición. Puede tomar muchas formas y realizarse a muchos niveles: a) ser una simple revisión del trabajo realizado por el equipo de exposición; b) constituir unas observaciones rápidas de las reacciones del público a lo largo de la visita a la exposición del museo; c) formalizarse como un estudio más detallado que implica una observación estructurada utilizando observadores preparados y en algunos casos, cámaras; d) puede ser, finalmente, un estudio que utiliza cuestionarios relacionados con diversos aspectos concretos de la exposición, a los que el público debe contestar expresando sus impresiones particulares. Es, en cualquier caso, una valoración de muchos aspectos de la realización y de la efectividad de la exposición.

exhibición (*Display*). Museológica y museográficamente, debe distinguirse entre exhibición (display) y exposición (*exhibit* o *exhibition*). (Véase Exposición.)

exposición (*Exhibition, Exhibit*). Es el acto o el hecho de exponer colecciones, objetos o información al público para fines de estudio, educación, entretenimiento, deleite y desarrollo sociocultural. «Una exposición es una exhibición más interpretación; o, una exhibición es muestra [*showing*], una exposición es (de)mostración y relato [*telling*].» (G. Ellis Burcaw, 1975, 2ª ed. 1983: 115). La exposición es, además, una puesta en escena de los objetos interpretados con los que se quiere contar y comunicar una historia.

fatiga museística (*Fatigue in the museum*). La fatiga museística se produce en el museo o en la visita del público a las exposiciones cuando la instalación de los objetos contiene numerosas limitaciones físicas y visuales, que hacen imposible una percepción sosegada, clara y distinta por parte del visitante.

fibra óptica (*Fibre Optics*). Los sistemas de fibra óptica consisten en docenas de pequeñas fibras cubiertas de un funda de plástico, formando una serie de colas que se insertan en una caja de luz, que a su vez contiene generalmente una lámpara halógena, un transformador, un ventilador, controladores de intensidad y la opción de filtros. La luz que transmiten las fibras ópticas tiene una cualidad brillante, y de ella han desaparecido las radiaciones UV e infrarroja. El de la fibra óptica es un sistema muy flexible y versátil que permite lograr efectos múltiples, siendo su utilización generalizada en las vitrinas.

flujo luminoso (*Luminous Flux*). El lumen es la unidad de flujo luminoso. Cuando su acción es uniforme sobre la superficie de un metro cuadrado constituye un lux. El flujo luminoso, frecuentemente denominado «resplandor de la lámpara», se define como la cantidad de luz emitida por un foco de luz proveniente de una fuente luminosa en todas direcciones. Se expresa en lúmenes (lm).

gestión (*Management*). Es la actividad consistente en que se realice del modo más fácil la toma de decisiones en el proyecto y ejecución de la exposición a fin de obtener adecuadamente los objetivos de ésta.

Iluminación, luz natural/luz artificial (*Natural o Sunlight, Artificial Lighting*). Son los dos tipos generales de iluminación en un museo o en una exposición. La iluminación en museos y galerías hasta mediados de este siglo se basaba en el aprovechamiento de la luz natural, siendo ésta la que imponía los horarios de visita. Desde entonces, se han llevado a cabo muchos estudios para explorar las posibilidades de la luz del día como fuente satisfactoria de iluminación. La realidad es que, en la actualidad, aunque existen edificios capaces de captar la luz natural de forma más o menos correcta, se necesita algún tipo de iluminación artificial que corrija sus carencias (entre ellas su variabilidad y falta de control para producir efectos diferentes). La combinación de ambos tipos de iluminación —natural y artificial— es lo ideal. De este modo, teniendo en cuenta el efecto de la luz sobre la respuesta psicosomática de las personas, la luz del día puede ayudar a estimular la concentración del espectador, mantener vivo el interés y disminuir la fatiga museística. La luz artificial, por otra parte, ofrece un mayor control sobre la iluminación, lo que revierte en una mejor valoración de los objetos y obras de arte.

iluminancia (*Illuminance*). Es la relación entre el flujo luminoso (lm) que incide en una superficie (m^2). El luxómetro es el instrumento utilizado para la medición de la iluminancia; es un aparato esencial para el diseño de cualquier exposición.

iluminante (*Illuminating*). En alguna casa comercial se utiliza el término no muy ortodoxo de «luminaria» por el de iluminador o iluminante.

índice de reproducción cromática (*Chromatic Reproductive Index*). Es una medida de la distorsión de los colores que producen las distintas fuentes de luz, definida de forma sencilla como la capacidad de la lámpara para producir la apariencia de un color, de la misma manera que lo hace la luz del día. Los valores establecidos llegan a un máximo de 100, que correspondería a la luz natural. Un índice de reproducción cromática alto es esencial para una visión correcta.

ingenieros o arquitectos. Asesoran sobre elementos estructurales, sobre todo en las grandes exposiciones o en espacios nuevos.

instalación (*Installation*). Es el conjunto de operaciones constructivas que, realizadas con los elementos o presentadores expositivos, crea una situación espacial nueva adecuada al diseño y al escenario previstos para la presentación de los objetos y la circulación del público. La instalación, aunque su significado más inmediato o coloquial sea el de colocar en un lugar o edificio los aparatos o accesorios para un servicio determinado, sólo se produce en rigor cuando «altera o transforma estructuralmente el espacio». De modo análogo, la «instalación» como obra artística, tan utilizada en nuestro tiempo por los creadores plásticos, sólo debiera adquirir tal denominación cuando transforme, no aparente sino estructuralmente, el espacio; la mayor parte de las así llamadas «instalaciones» no pasan de ser montajes o colocación de «piezas» en un sector determinado del espacio, que sí lo modifican —como cualquier objeto introducido en un lugar—, pero no profunda y estructuralmente.

interactivo/a (*Interactive*). Interactivo significa mutuo, recíproco. La interactividad es interacción física o intelectual que se produce entre el público y las exposiciones, dependiendo sobre todo de las características y naturaleza de la instalación y el montaje. Las exposiciones «realmente interactivas son aquellas que pueden modificar su presentación según la percepción que el diseñador tenga de la respuesta del espectador». (Hill y Miles, 1987).

interpretación (*Interpretation*). Es la actividad de comunicación que se establece entre el museo y el público sobre el contenido, el valor, la significación y la representatividad de los objetos de una colección o de la exposición concreta. Una de las apuestas permanentes de la actividad difusora del museo a través de sus departamentos de educación y acción cultural debe ser la concienciación de una comunidad sobre el valor que representa el descubrimiento e interpretación de su patrimonio, y sobre los beneficios educativos que de todo ello pueda recibir. Ese descubrimiento e interpretación por parte de los visitantes tienen que ser propiciados tanto por la estructura y organización del museo, como por la calidad y preparación de sus profesionales, medios e instalaciones, objetivos y tareas, y por los programas concretos de acción educativa.

jefe de registro (*Registrer*). Controla rigurosamente el movimiento o circulación y la condición física de los objetos dentro del museo (circulación vertical), y la que se produce de dentro a fuera, y de fuera a dentro del museo (circulación horizontal).

jefe de seguridad (*security chief manager*). Trabaja con el comisario y diseñador aconsejando sobre todos los aspectos de seguridad.

lámparas (*lamps*) Fuente de luz eléctrica (incandescentes, halógenas, fluorescentes, de alta presión de vapor de mercurio, de halogenuros metálicos, de vapor de sodio...).

lámpara de descarga. Fuente de luz en la que la luz es generada mediante descarga eléctrica en gases o vapores metálicos. Hay que distinguir entre lámparas de descarga de baja presión y lámparas de descarga de alta presión. A las lámparas de descarga de baja presión pertenecen las lámparas fluorescentes y las lámparas fluorescentes compactas. En ellas la luz es generada mediante excitación de radiación de los fluorescentes. A las lámparas de descarga de alta presión pertenecen las lámparas de vapor de mercurio, lámparas de halogenuros metálicos y lámparas de vapor de sodio de alta presión. Debido a la alta presión de servicio emiten un intenso espectro de luz. (Fuente ERCO).

lámpara incandescente. La luz se genera mediante calentamiento de un filamento incandescente de wolframio. El filamento incandescente se encuentra en una ampolla de vidrio llena de un gas inerte (nitrógeno o gas noble) para evitar la oxidación del filamento y retardar la evaporación del material del filamento. Las lámparas incandescentes existen en múltiples formas; los grupos principales son la lámpara A (lámpara estándar) con ampolla en forma de gotas, clara o mate, la lámpara reflectora con diferentes metalizados interiores y la lámpara reflectora parabólica de vidrio prensado con reflector parabólico integrado (fuente: ERCO).

LED (Siglas de *Light Emitting Diode*). Proyector electroluminiscente que emite luz mediante la recombinación de los pares de portadores de carga en un semiconductor. Los LED emiten una gama espectral de banda estrecha. La luz blanca se obtiene mediante mezcla RGB o conversión de luminiscencia. (Conversión de un espectro existente en otro espectro mediante polvos fluorescentes.) Esta técnica se utiliza en los LED o en las lámparas fluorescentes, para generar luz visible a partir de radiación ultravioleta (fuente: ERCO).

luminancia. Describe la intensidad luminosa de una superficie, que emite luz como fuente de luz o por transmisión o reflexión. La luminancia se define como la relación entre la intensidad luminosa y la superficie proyectada verticalmente a la dirección de observación. La unidad de medición es cd/m^2 (fuente: ERCO)

luminaria. Contenedor de lámparas, éstas se fijan mediante portalámparas. Pueden instalarse de forma fija en la arquitectura o de forma móvil en raíles electrificados.

lux (*Lux*). Unidad internacional de intensidad luminosa. Esta unidad es equivalente a la iluminación de la superficie de un metro cuadrado bajo el flujo uniforme de un lumen (unidad de flujo luminoso). La iluminancia (es decir, el grado de intensidad de la luz) se expresa en unidades lux.

luxómetro (*Luxometer*). Como hemos indicado, el luxómetro es el instrumento utilizado para la medición de la iluminancia; esto es, para medir la cantidad de iluminación que recibe un objeto o número de luxes. Resulta esencial para controlar y calibrar la iluminación en el diseño de la exposición.

Marvelseal®, Claryskin® *(Barriers, Coating for display).* Son un tipo de filtros barrera de poliuretano y nailon aluminizado que bloquean la emisión de gases nocivos. Este material termosellable es ideal para forrar el interior de cajas de embalaje y vitrinas de exposición fabricadas con madera.

materiales de construcción (*Construction Materials*). El conjunto de elementos (estructurales, de control o barreras, decorativos, etcétera) que se necesitan para la realización física del diseño, la instalación y el montaje de las exposiciones es lo que se conoce como materiales de construcción. Estos materiales empleados en el diseño de exposiciones abarcan desde los llamados estructurales a aquellos que son específicos para el empaquetado y el transporte. Entre los que reciben una mayor atención en la actualidad son los materiales sintéticos, que han desplazado en muchas ocasiones a los «naturales», ya que debido a las posibilidades que ofrecen son más apropiados para muchos usos, sobre todo para embalaje, soporte y almacén. Pero no todos los productos sintéticos, al igual que todos los materiales naturales (orgánicos e inorgánicos) resultan adecuados. Las principales razones en contra de su uso son: algunos presentan superficies abrasivas, se degradan con el paso del tiempo perdiendo sus propiedades físicas y son químicamente inestables; lo que significa que van a liberar sustancias nocivas dando lugar a procesos de degradación. Su estabilidad e inocuidad son características esenciales que van a determinar su elección. Además de la construcción en sí y de las cualidades de los materiales, el acabado de los elementos resulta un ingrediente esencial para el diseño final.

mantenimiento (*Maintenance*). El mantenimiento de las exposiciones resulta fundamental en el proyecto y en todo el proceso del diseño, construcción, instalación y montaje. El mantenimiento comprende desde cualquier aspecto mínimo al más esencial. Tiene que estar integrado en un programa que garantice la operatividad de todos los elementos y debe llevarse a cabo por profesionales del museo o la exposición. Del mantenimiento depende muchas veces el éxito o el fracaso de un proyecto. Y ello exige tanto que los materiales aguanten el desgaste de uso diario, como que se compren los materiales y equipos fiables, y el que todos los elementos de la exposición deben ser accesibles para su reparación y repuesto.

método del lumen (*Lumen Method*). Para determinar el número de iluminantes (focos o proyectores de iluminación) y su distribución en el espacio, una vez que los niveles de iluminación han sido elegidos, se pueden utilizar varios métodos, entre ellos, el «método del lumen» (lumen method), que toma en consideración el número de iluminantes, su eficacia, el espaciado de las lámparas en relación con la altura y las superficies a iluminar, e incluye también factores relevantes como el tipo de iluminante y el grado de mantenimiento. Consiste o resulta, como se ha indicado, en obtener la eficacia luminosa, que se define como el producto que resulta de dividir la emisión de la radiación visible en lúmenes (lm) por el consumo de energía eléctrica (W). No olvidemos que el lumen —unidad de flujo luminoso— es una medida de la energía fotométrica tal como la percibe el ojo humano. Otro de los métodos utilizados a este fin es el «método de la traza del diseño». (Véase más abajo.)

método de la propuesta del diseño (*Method of the Design Process*). La producción de una exposición es una fase que requiere un método de trabajo para realizar el triple diseño preliminar, esquemático y final. Consiste esencialmente en elaborar inicialmente unos bocetos conceptuales, pasando después a la obtención de todo tipo de dibujos, incluidos los alzados y plantas, secciones y maqueta. Pero todo ello, de acuerdo con las previsiones, objetivos y necesidades del proyecto de la exposición, que incluye la triple área de conceptualización, instalación y montaje.

método de la traza del diseño (*Design Appearance Method*). Es otro método utilizado, que se basa en la brillantez deseada y predeterminada por el diseñador, por cuanto esas luminosidades o brillanteces se pueden convertir en las correspondientes luminancias, teniendo en cuenta el valor de reflexión.

Moistop®. Film barrera constituido de tres o cuatro capas de poliéster, aluminio y polietileno. Se utiliza para detener las emisiones gaseosas dañinas procedentes de la madera utilizada para la construcción de vitrinas.

montaje (*Assembly Line, Installation*). «Montar», que en su significado más directo quiere decir «ponerse o subirse encima de una cosa»; desde una utilización académica o coloquial del término significa también «colocar, armar o combinar debidamente las piezas de cualquier aparato o máquina». En el medio expositivo, es la operación dedicada a la ubicación, colocación, anclaje y ensambladura museográfica de las obras en la estructura de cada instalación expositiva, siempre variable de acuerdo con el perfil de la exposición y la naturaleza de las piezas a exponer. En el caso de los objetos artísticos, por ejemplo, la variedad de procedimientos, técnicas y materiales que han conformado y conforman su realidad a lo largo de la historia, pero especialmente en nuestro tiempo, particulariza en cierto modo la tipología, los problemas y las soluciones museográficas de la instalación y el montaje de una exposición.

multimedia (*Multi-medias*). Conjunto o sistema que utiliza los más diversos medios de comunicación de forma simultánea, con el propósito de reclamar la atención de varios sentidos al mismo tiempo. Hacen posible esta actividad las nuevas tecnologías de la electrónica y la informática. Su uso en la exposición requiere una cuidadosa ensambladura con el mensaje de la cultura material de los objetos.

museo (*Museum*). «Un museo es una institución que colecciona, documenta, preserva, expone e interpreta testimonios materiales e información asociada para beneficio del público.» (The British Museums Association. Asamblea anual de 1984.)

museografía (*Museography, Museum work*). «Es la técnica que expresa los conocimientos museológicos en el museo. Trata especialmente sobre la arquitectura y ordenamiento de las instalaciones científicas de los museos.» (Definición de ICOM News, 1970.)

museología (*Museology, Museum Studies*). «Museología es la ciencia del museo; estudia la historia y razón de ser de los museos, su función en la sociedad, sus peculiares sistemas de investigación, educación y organización, relación que guarda con el medio ambiente físico y clasificación de los diferentes tipos de museos». (Definición de ICOM News, 1970.)

Performance (*Realización*). Se utiliza especialmente en los sentidos de «actuación», «representación» (teatral, artística, etc.), «espectáculo», «función». Está muy presente no sólo como «obra» artística en sí, sino como elemento integrante de la expotecnia actual.

personal de mantenimiento (*Maintenance Personnel*). Aconseja al diseñador sobre métodos de mantenimiento y sus costes. Cuando la exposición está montada se ocupa de mantener el funcionamiento y de la mejor apariencia de todos los elementos de la exposición.

política de exposiciones (*Exhibition Policy*). Se entiende por ello el plan u organigrama que establece los objetivos y la estrategia del programa de exposiciones de un museo, así como el perfil de cada uno de estos acontecimientos desde la perspectiva del número, frecuencia, magnitud, tipología, etcétera.

preparador técnico (*Technical Preparer*). Como hemos comentado, es un profesional que trabaja estrechamente con el diseñador. Entre las cualidades requeridas se señalan el conocimiento y la experiencia en manipulación y embalaje de objetos y obras de arte. Debe poseer conocimientos técnicos en carpintería, electricidad e iluminación, así como algunas nociones sobre diseño para poder trasladar las soluciones constructivas a una instalación con resultado satisfactorio.

producción (*Production*). La producción de una exposición comprende el desarrollo del «proceso» de la exposición en todas sus fases («conceptualización», «diseño», «construcción», «instalación», «montaje», «mantenimiento» y «evaluación»), así como la «conformación» del «equipo humano» de realización y la «aplicación» de los «materiales» e «instrumentos» con los que ejecutar el «proyecto museográfico», y culminar el «proyecto expositivo» con el análisis del público y la evaluación final.

proxémica (*Proxemic*). Es la disciplina que estudia la percepción y uso del espacio humano como elaboración especializada de la cultura. Trata de la noción de distancia fuera del campo de la conciencia. La manera que tiene el hombre de estructurar el tiempo y el espacio constituye una forma de comunicación común a todos los miembros de una cultura de un modo tácito e implícito.

público (*Audience*). Referido tanto al visitante como al no visitante o público potencial en el ámbito del museo y la exposición. Es el destinatario natural de la actividad del museo y de las exposiciones. El estudio del público se considera imprescindible a la hora de proyectar un museo o una exposición.

radiación IR (*Infrared, IR Radiation*). Emisión de radiación de infrarrojos. Son invisibles, y su longitud de onda es inmediatamente superior a las de las radiaciones luminosas; tiene una onda más larga que los rayos visibles y constituyen el 55 % de la luz solar. Las radiaciones de IR producen calor, por lo que luminotécnicamente deben controlarse, al producir un lógico calentamiento del objeto.

radiación UV (*Ultraviolet, UV Radiation*). La emisión de radiación UV. Este tipo de radiación (la de los rayos ultravioleta) es la más dañina, ya que puede afectar seriamente a la conservación de los objetos, por lo que es necesario eliminarla en todos los casos. El contenido de radiación UV varía de una fuente a otra, así mientras que en las lámparas incandescentes de tungsteno es apenas apreciable (1%), las lámparas fluorescentes contienen de un 3% a un 7% y la luz del día puede alcanzar hasta un 25%.

reflectores. Sistema que dirige la luz basándose en superficies reflectoras. La característica de un reflector se basa primeramente en su grado de reflexión y dispersión. Los reflectores parabólicos dirigen paralelamente la luz de una fuente de luz que se encuentra en el foco, los reflectores esféricos la envían de vuelta al foco, los reflectores elípticos la concentran formando un segundo foco (fuente: ERCO).

restauración. Todas aquellas acciones aplicadas de manera directa a un bien individual y estable, que tengan como objetivo facilitar su apreciación, comprensión y uso. Estas acciones sólo se realizan cuando el bien ha perdido una parte de su significado o función a través de una alteración o un deterioro pasados. Se basan en el respeto del material original. En la mayoría de los casos, estas acciones modifican el aspecto del bien. (ICOM-CC, 2008).

restaurador. Prepara para la exposición los objetos seleccionados por el comisario. Aconseja sobre las condiciones medioambientales dentro del espacio expositivo y también sobre las normas de manipulación, embalaje y desembalaje. Asimismo asesora sobre la utilización de soportes y fijaciones.

sección áurea (*Golden Section*). Los griegos ya descubrieron la justa proporción o sección áurea y el número de oro. Los pitagóricos llegaron a concretarlo prácticamente. Puede enunciarse así: «Un segmento queda dividido en dos partes bien proporcionadas cuando la relación de la menor a la mayor es la misma que la de ésta al total». El centro de interés de un lienzo, por ejemplo, no es el punto geométrico o simétrico del cuadro, sino el resultante del cruce de dos coordenadas que parten de los lados mayor y menor del cuadro —horizontal y vertical—. Al multiplicar la totalidad de un segmento por la fracción 0,618 se obtiene la parte mayor del fragmento.

seguridad. Para un museo se define como su capacidad inmediata para cumplir una de sus funciones elementales, a saber, proteger a sus empleados, sus visitantes, sus colecciones, su patrimonio mueble e inmueble y su reputación (ICOM 2007:179).

señalética (*System of Signals*). El contenido informativo a nivel visual en un museo o exposición se basa esencialmente en los textos y los rótulos, con el fin de transmitir información sobre un objeto o sobre una exposición en conjunto. La técnica que estudia y aplica un sistema adecuado a la señalización para beneficio del visitante, indicando itinerarios, sugerencias de símbolos y signos, comunicación de datos, formulación de gráficos generales, etc., es la conocida como señalética.

sistemas flexibles (*Flexible Systems*). Por sistema se entiende un equipo para la construcción de una exposición prefabricada. Con unidades modulares flexibles, las exposiciones resultan más fáciles de planificar e instalar, y requieren menos tiempo y dinero. Actualmente, es amplia la oferta comercial de sistemas modulares en serie (tipo «estándar»), pregonando su mayor flexibilidad y en muchos casos su menor coste, su menor peso, su facilidad para instalar y desmontar sin la necesidad de personal especializado, y de que tienen la posibilidad de crear diseños atractivos posibles de cambiar en el último minuto. Pero en general, estos sistemas resultan caros y la mayoría de ellos presentan estructuras muy condicionantes. En todo caso, es fundamental que no dominen la exposición, y que sean muy funcionales.

soportes (*Supports, Stands*). Apoyos o sostenes de las obras para su presentación expositiva (plintos, pedestales, peanas, paneles, plataformas, etcétera).

técnicos de la exposición (*Exhibition Technicians*). En este grupo se engloba el personal de producción. Son los profesionales que van a transformar el proyecto de un estadio de diseño a su concreción espacial. Dentro de este grupo podríamos incluir a dibujantes, fotógrafos, electricistas, maquetistas, carpinteros, informáticos y preparadores o instaladores.

temperatura de color (*Colour Temperature*). La temperatura de color se define como la apariencia de la fuente de luz; y se mide en grados Kelvin (°K). No tiene nada que ver con la intensidad de la luz ni con su apariencia. La mayoría de las personas asocian las lámparas incandescentes con una apariencia cálida, cuando su temperatura de color es más baja que la de las lámparas halógenas y fluorescentes a las que se considera frías. Teniendo en cuenta que el color es una cualidad que tienen los objetos para reflejar o dejar traslucir ciertos rayos de la luz y absorber otros, produciendo así en la retina una sensación específica, la temperatura de color podría ser el grado mayor o menor de «calor» que tiene el color de los objetos; es decir, de acuerdo con la escala cromática ascendente que va desde los neutros (blanco, grises y negro), pasando por los fríos (azules y azul-verdosos) hasta llegar a los cálidos (rojos, anaranjados y amarillos), la temperatura del color está íntimamente relacionada con el brillo, la saturación y el tono de los objetos. Y esta característica es muy importante para fondos, formas y textos en una exposición.

tipografía (*Typography, Typesetting, The Print*). Aplicada al museo y la exposición, la tipografía resulta un medio específico de gran importancia. Las letras que constituyen las palabras deben ser «manufacturadas» y generalmente impresas. Hay que atender a varios elementos para que el público pueda leer con facilidad los textos: la forma, el tamaño y escala, y la relación adecuada del conjunto.

vitrina (Showcase). La vitrina es un contenedor diseñado para exponer y asegurar los objetos, eliminar riesgos y mantener buenas condiciones medioambientales. La vitrina es, por tanto, un elemento de exposición a la vez que de preservación.

vitrina climatizada *(Clima-box)*. Modalidad de vitrina como caja climática, que mantiene para la obra unas condiciones ambientales de temperatura y humedad aceptables, gracias a su característica de envolvente o contenedor estanco.

Bibliografía comentada

AAM (1992): *Evaluation in a Museum Setting,* Washington D. C., Professional Practice Series, Technical Information Service, Washington, D.C.

— (1995): *Standard Manual for Signs and Labels.* Professional Practice Series, Technical Information Service, Washington, D.C.

Este manual fue creado dentro de un proyecto que tenía como objeto de aplicación los diferentes textos encontrados en museos de arte como el MET. Los estándares propuestos se basan en recomendaciones hechas por organizaciones nacionales que representan a colectivos de discapacitados.

— (1998): *Informe Estándar de Instalaciones Revisado.* Professional Practice Series, Technical Information Service, Washington, D.C.

Es una guía para realizar este tipo de informes sobre las características de la institución con énfasis en áreas como la seguridad y la conservación preventiva que determinan su capacidad como entidad prestataria. Estos informes son utilizados por el personal del museo y las empresas de seguros.

— (2000): *Exhibition Planning and Management: Reprints from NAME's Recent and Recommended.* Professional Practice Series, Technical Information Service, Washington, D.C.

Adler, S. (ed.) (1981): *New Metric Handbook*, Architectural Press, Londres.

Alonso Fernández, L. (1988): *Museos y Museología, dinamizadores de la cultura de nuestro tiempo,* Madrid, Editorial de la Universidad Complutense, 2 vols.

— (1999): *Museología y museografía*, Ediciones del Serbal, Barcelona.

Es un completo manual sobre estos campos que incluye una amplia y útil recomendación sobre los temas tratados.

Alt, M. B. (1977): «Evaluating didactic exhibits: a critical look at Shettel's work», *Curator*, 6, I: 45-47.

Alwood, J., y Montgomery, B. (1989): *Exhibition, Planning and Design. A Guide for Exhibitors, Designers and Contractors*, Londres, B. T. Batsford Ltd.

Resulta especialmente interesante en la parte tercera, dedicada a «Información esencial»: documentos, dibujos explicativos, ejemplos de prácticas de diseño de exposición, listados de verificación, impresos o formularios y otros materiales prácticos.

Ames, K. L., y otros (eds.) (1992): *Ideas & Images: Developing Interpretative History Exhibits*, AltaMira/American Association for the State and Local History, Nashville, TN.

Interesante desde la perspectiva concreta del tema: desarrollo interpretativo de la historia de las exposiciones.

Appelbaum, B. (1991): *Guide to Environmental Protection of Collections,* Sound View Press, Madison, CT.

Escrito para aquellas personas que tengan poco o ningún conocimiento técnico. La autora indica cuáles son los diferentes fenómenos que afectan a los objetos, señalando cuál es su respuesta y cuáles son los procedimientos a seguir.

Azuar Ruiz, R. (2005): «Nuevas tecnologías aplicadas a la exposición permanente. El MARQ de Alicante», *Revista museos.es*, n° 1, pp. 100-111.

Barclay, R. L., Bergeron, A. y Dignard, C. (1998): *Mount-making for museum objects*, Canadian Conservation Institute, Ottawa.

Belcher, M. (1991): *Exhibitions in Museums*, Washington, D. C., Smithsonian Institution Press, [ed. cast.: *Organización y diseño de exposiciones. Su relación con el museo*, Gijón, Trea, 1994.

Recomendado, por su visión global conceptual y por el suministro de información muy completa sobre todos los aspectos y fases del proceso de exposición.

Bitgood, S. (ed.) (1988): *Visitor Studies: Theory, Research and Practice, Proceedings of the Visitor Studies Conferences*, Jacksonville, AL, Psychology Institute, Jacksonville State University.

Recopilación de las distintas ponencias presentadas en las conferencias sobre estudios de visitantes organizadas desde 1988. Cubre gran variedad de aspectos y experiencias a nivel internacional.

Blackall, S. y Meek, J. (eds.) (1992): *Marketing the Arts*, International Council of Museums Watermark Press.

Profesionales de museos y galerías de todo el mundo cuentan sus experiencias relacionadas con las estrategias para identificar y atraer al público, cómo encontrar patrocinadores y otros aspectos que tienen que ver con el márketing y la gestión.

Blackshaw, S. M., y Daniels, V. D. (1979): «The Testing of Materials for Use in Storage and Display in Museum», *The Conservator*, 3, pp. 16-19.

Teniendo en cuenta que algunos materiales emiten gases y vapores cuando son utilizados en museos, sobre todo en espacios con poca ventilación, y éstos pueden ser muy dañinos para objetos y obras de arte, los autores hacen una descripción de los métodos de análisis de materiales que ayudan a determinar su inocuidad o su naturaleza dañina.

Blais, A. (ed.) (1995): *Text in The Exhibition Medium*, La Societé de Musées Québécois, Québec.

Bolaños Atienza, M. (2006): «Desorden, diseminación y dudas, el discurso expositivo del museo en las últimas décadas», *Revista museos.es*, nº 2, pp. 12-21.

Boyce, P. R. (1981): *Human Factors in Lighting*, MacMillan, Nueva York.

Bradley, S. M. (1984): «Safe Fabrics for Permanent Exhibitions», *Conservation News*, 23, pp. 16-18.

Brawne, Michael (1982): *The Museum Interior. Temporary and Permanent Display Techniques*, Londres, Thames and Hudson; Nueva York, Architectural Book Publishing Company.

Resulta un libro clásico, pero fundamental sobre las técnicas de la exposición temporal y permanente, muy de acuerdo con la mentalidad y la euforia expositiva de los años ochenta.

Brill, T. B. (1980): *Light. Its Interaction with Art and Antiquities*, Nueva York, Plenum Press.

Explica desde el ámbito científico la influencia de la luz en el deterioro de los materiales que conforman los objetos y obras de arte.

Buck, R. A. y Gilmore, J. A. (eds.) (1998): *The New Museum Registration Methods*, Washington, D. C., American Association of Museums.

Escrito por el Comité de Registradores de la Asociación Americana de Museos, está considerado como la biblia para los registros de los museos de América; en él se describen de manera exhaustiva todas las tareas que se llevan a cabo a través del departamento de registro y documentación.

— (2003): *On the Road Again: Developing and Managing Traveling Exhibitions*, American Association of Museums, Washington, D.C.

Burcaw, G. Ellis (1975): *Introduction to Museum Work*, The American Association for State and Local History, Nashville, TN, 2.ª ed. 1983, 6.ª reimpresión, 1990.

Uno de los primeros manuales de museología norteamericanos, destacándose entre sus méritos su claridad de conceptos y su carácter profundamente didáctico. Su acogida innegable se pone de manifiesto en las numerosas ediciones y reimpresiones que vienen apareciendo desde mediados de los años setenta.

Burke, R. B., y Adeloye, S. (1986): *Manual of Basic Museum Security*, International Council of Museums, International Committee on Museum Security, París.

Este libro contiene muchos de los métodos y técnicas que los museos pueden aplicar para satisfacer los problemas de seguridad. Los métodos van desde muy básicos a muy sofisticados para cubrir toda la gama de necesidades.

Brunn, M. y White, J. (eds.) (2002): *Museum Mannequins. A Guide for Creating the Perfect Fit*, Alberta Regional Grove of Conservators (ARG), Edmonton, Alberta.

Guía muy útil para el diseño y fabricación de maniquíes y soportes de objetos textiles para exposición. Incluye ejemplos desarrollados paso a paso.

Casal López-Valeiras, J. M. (1988): «Pinacotecas: iluminación y conservación de los cuadros», *Informes de la Construcción*, 395, mayo-junio, pp. 17-46.

Case M. (ed.) (1988): *Registrars on Record: Essays on Museum Collections Management*, Registrars Committee of the American Association of Museums, Washington, D. C.

Contiene 13 ensayos que nos dan una idea muy aproximada sobre el trabajo y responsabilidades de los profesionales que trabajan en registro y documentación.

Caulton, T. (1998): *Hands-on Exhibitions. Managing interactive museums and science centres*, Londres y Nueva York, Routledge.

Plantea la importancia de la interactividad en las exposiciones sobre todo en museos de ciencias y centros de interpretación y su papel educativo. Pone de relieve las diferencias de diseño, gestión y mantenimiento respecto a otro tipo de exposiciones más tradicionales.

Cliff, S. (1992): *Diseño de Stands, Galerías, Museos y Ferias*, Barcelona, Ed. Gustavo Gili.

Libro sobre exposiciones con muchas ilustraciones de proyectos expositivos de museos y galerías, exposiciones corporativas, itinerantes, montajes modulares y ferias de muestras. Casi todos los ejemplos los toma del mundo anglosajón (Reino Unido y Estados Unidos).

Coleman, Laurence Vail (1950): *Museum Buildings, I*, The American Association of Museums, Washington D. C.

Es un autor pionero en los Estados Unidos al abordar la arquitectura, las infraestructuras y el diseño espacial para las exposiciones en el museo. También, fue un destacado historiador de los museos norteamericanos y su renovación desde mediados de este siglo.

Corraliza, J. A. (1987): «La consideración ambiental del espacio expositivo: una perspectiva psicológica», Madrid, *Boletín ANABAD*, 43, pp. 273-282.

Cuttle, C. (1988): «Lighting Works of Art for Exhibition and Conservation», *Lighting Research and Technology*, 20, 2, pp. 43-53.

Basado en estudios hechos en la década de los años cincuenta en el Museo Metropolitano de Nueva York, nos habla de los distintos grados de deterioro que van a producir las variadas fuentes de luz utilizadas en museos.

Davallon, J. (1996): «¿Novelle muséologie *vs* muséologie?», en Martin R. Schärer (ed.), *Museum and Community II*, Icofom Study Series (ISS) 25, Vevey/Suiza, Alimentarium Food Museum, pp. 153-154.

Jean Davallon es uno de los nuevos museólogos más destacados en el panorama internacional. El tema que aborda en este artículo (ponencia) resulta de especial valor y significación.

De Guichen, G. (1980): *Climate in Museums/Climat dans le Musée*, ICCROM, Roma.

En este libro bilingüe de corta extensión se hace una revisión de los parámetros y sistemas de control de los agentes medioambientales en museos.

— (1986): *Claquemurer pour ainsi dir tout l'univers: la mise en exposition*. Textos reunidos bajo la dirección de Jean Davallon, París, Centre Georges Pompidou, Centre de Création Industriel.

Dean, D. (1994): *Museum Exhibition. Theory and Practice*, Routledge, Londres y Nueva York [2ª ed. 1998].

Enfoca el desarrollo de la exposición desde una perspectiva integral que combina la teoría y la práctica. Examina gran variedad de cuestiones desde la planificación de una exposición hasta su evaluación final.

Dernie, D. (2006): *Espacios de exposición*, Art Blume, s.l., Barcelona.

Diffrient, N., y otros (1981): *Humanscale* 1-9, MIT Press, Cambridge, MA.

Las investigaciones sobre factores humanos y antropometría aplicados al diseño llevadas a cabo por Henry Dreyfuss y Asociados y basadas a su vez en múltiples estudios anteriores, han sido sistematizadas en nueve herramientas interactivas que van desde las dimensiones humanas hasta el uso de la luz y el color.

Dierking, L. D., y Pollock, W. (1998): *Questioning Assumptions. An Introduction to Front-End Studies in Museums*. Association of Science-Technology Centers, Washington, D.C.

Estudio introductorio a los llamados «front-end studies» o estudios de mercado que han de llevarse a cabo en las primeras fases de la planificación de exposiciones.

Dreyfuss, H. (1967): *The Measuring of Man: Human Factors in Design*, Whitney.

Dubin, S. C. (1999): *Displays of Power*, New York University Press, Nueva York y Londres.

Presenta los conflictos de intereses que existen en las exposiciones. Analiza ejemplos controvertidos de exposiciones organizadas en los 90 en los museos americanos. Se documenta a través de entrevistas a los protagonistas clave: gestores de museos, activistas, comisarios, críticos.

Durbin, G. (ed.) (1996): *Developing Museum Exhibitions for Lifelong Learning*, The Stationery Office, Londres.

Referencia útil para diseñadores de exposiciones, educadores, directores y estudiantes de museología; en este libro se combina la teoría sobre el aprendizaje con las consideraciones sobre las necesidades de los distintos tipos de visitantes ofreciendo información práctica sobre la producción de exposiciones didácticas.

Edman, P. K. (1992): *Tactile Graphics*, American Foundation for the Blind, Nueva York.

Fahy, A. (1994): *Collections Management*, Routledge, Londres y Nueva York.

Texto muy completo que cubre cuestiones como el desarrollo de estándares para la gestión de colecciones tocando aspectos como la seguridad, seguros, políticas de gestión, etcétera.

Falk, J. H., y Dierking, L. D. (1992): *The Museum Experience*, Whalesback Books, Washington, D.C.

Escrito con un estilo directo y claro, este libro pretende ser una útil introducción para comprender cuestiones tales como por qué el público visita los museos y cuál es su comportamiento dentro de ellos.

Fenn, J. (1990): «Guidelines for Display Case Materials», Museum Quaterly, 18, 3, pp. 23-30.

Útil guía de materiales considerados «seguros» para su uso en la creación de microclimas en vitrinas.

Ferguson, B. Greenberg, R., y Nairne, S. (1996): *Thinking about Exhibitions*, Routledge, Londres y Nueva York.

Una multidisciplinal antología de escritos sobre la práctica de exposiciones actuales, realizados por comisarios/conservadores, críticos, artistas, sociólogos e historiadores de arte de Norteamérica, Europa y Australia. Señala nuevos discursos sobre exposiciones y contiene interesantes debates.

Freeman, R. y Martinovich, P. (2001): *The evolution of an exhibit. Community Museums and Travelling Exhibits*, Ontario Museum Association, Toronto.

Es un pequeño manual para museos locales que tienen que enfrentarse a la organización de exposiciones temporales destacando los procedimientos relativos a las exposiciones itinerantes.

Fitt B. y Thornley, J. (1996): *Lighting by Design*: a Technical Guide, Butterworths-Heinemann, Londres.

Foundation de France & ICOM (1992): *Museums without Barriers-A New Deal for the Disabled*, Routledge, Londres y Nueva York.

Recoge la normativa internacional y la posición oficial del ICOM sobre el problema de los discapacitados y el museo, desde una posición de soluciones positivas.

Fullea García, F. (1987): *Programación de la visita escolar a los museos. Recursos y metodología para un aprovechamiento didáctico*, Ed. Escuela Española, S. A, Madrid.

Fuller, R. L. (1968): «Control of Deteriorating Effects of Light on Museum Objects: Heating Effects of Illumination by Incandescent Lamps», en *Museum News*, Technical Supplement, vol. 46, núm. 9, pp. 39-47.

García Blanco, A. (1994): *Didáctica del museo. El descubrimiento de los objetos*, Ediciones de la Torre, Madrid.

— (1999): *La exposición, un medio de comunicación*, Akal, Madrid.

Excelente publicación sobre el papel de la exposición como intermediaria entre el visitante y lo expuesto. Plantea que la exposición debe estimular y motivar, a la vez que debe facilitar la información necesaria y en los formatos apropiados para que el visitante comprenda lo que está experimentando.

— y otros (1992): «El público y la exposición: ¿existen dificultades de comprensión?», *Boletín del Museo Arqueológico Nacional*, pp. 93-106.

—, Pérez Santos, E., y Andonegui, M. de la O. (1999): *Los visitantes y los museos*, Ministerio de Educación y Cultura, Madrid.

Un estudio de público en cuatro museos: Museo Arqueológico Nacional, Museo Nacional de Artes Decorativas, Museo Cerralbo y Museo Nacional de Antropología. Fundamental por la escasez de estudios hechos en España hasta la fecha

García Fernández, I. M. (1999): *La conservación preventiva y la exposición de objetos y obras de arte*, Ed. KR, Murcia.

Estudio importante donde se combinan dos funciones fundamentales de los museos: conservación y exposición. Contiene numerosas recomendaciones para estas instituciones.

— (2003): «La exposición entendida como creación artística en los museos de arte contemporáneo», *Museología Crítica y Arte Contemporáneo*, Prensas Universitarias de Zaragoza, Zaragoza. pp. 217-230.

General electric lighting (1995): *Lighting Application Bulletin: Fiber Illumination Systems*. 206-51044. General Electric, Cleveland, Ohio.

Green, L. R.: «Selection for Materials and Methods for Display», *The British Museum Report*, 1990/1, 1990, pp. 1-10.

—, y Thicket, D. (1995): «Testing Materials for Use in the Storage and Display of Antiquities - A Revised Methodology», *Studies in Conservation*, 40, pp. 145-152.

Científicos del Museo Británico se han preocupado de aspectos tales como la selección y utilización de materiales inertes dentro de museos ofreciendo directrices prácticas para que los profesionales puedan realizar la selección en su propia institución basándose en el conocido «test de Oddy».

Griggs, S. (1985): «Evaluating Museum Displays», AMSEE Information, AMSEE, Milton Keynes, 1.

Groff, G., y Gardner, L. (1989): *What Museum Guides Need to Know: Access for Blind and Visually Impaired Visitors* American Association Foundation for the Blind, Nueva York.

Guía práctica con sugerencias sobre las necesidades de los impedidos visuales dentro del museo. Contiene directrices para preparar material informativo enfocado a este tipo de público.

Group for Education in Museums (1996): *Developing Museum Exhibitions for Lifelong Learning* y Norwich, Hmso Books, Londres.

Hall, M. (1987): *On Display: A Design Grammar for Museum Exhibitions*, Lund Humphries, Londres.

La autora ha sido diseñadora de exposiciones en el Museo Británico y su libro está considerado todo un clásico siendo lectura obligatoria para todo diseñador. Toca todos los elementos de diseño desde la teoría a aspectos más prácticos incluyendo ejemplos de todo el mundo, aunque obviamente el énfasis recae en museos del Reino Unido.

Hansen, P. (1987): «Designing for Natural and Artificial Light», *International Journal of Museum Management and Curatorship*, 6, 1, pp. 43-48.

Hatchfield, P. B. (2002): *Pollutants in the museum environment: practical strategies for problem solving, exhibition and storage*, Archetype Publications, Londres.

Henderson, A. y Kaeppler, A.L. (eds.) (1997): *Exhibiting Dilemmas. Issues of Representation at the Smithsonian*, Smithsonian Institution Press, Washington y Londres.

Herráez, J. A., y Rodríguez Lorite, M. A. (1991): *Recomendaciones para el control de las condiciones ambientales en exposiciones temporales*, ICRBC, Ministerio de Cultura, Madrid.

Libro corto, práctico y de fácil comprensión para todo profesional de los museos, que tiene como tema la creación y control de las condiciones medioambientales apropiadas en exposición.

Herreman, Y. (2006): «Presentaciones, obras expuestas y exposiciones», en *Cómo administrar un museo: Manual práctico*. UNESCO e ICOM, París, pp. 91-104.

Hill, C. R.; Miles, R. S. (1987): «Development of interactive programmes and maintenance problems», *Bulletin de recherches sur l'information en sciences économiques, humaines et sociales*, 127, pp. 127-129.

Hooper-Greenhill, E. (1991): *Museum and Gallery Education*, Leicester University Press, Leicester.

Ofrece una completa visión de la educación en museos desde la teoría y su aplicación práctica. Desde una perspectiva histórica se examina la profesión del educador en museos y el desarrollo de su función en la actualidad, teniendo en cuenta la diversidad del público.

— (1994): *Museums and Their Visitors*, Routledge, Londres y Nueva York. [ed. cast.: *Los museos y sus visitantes*. Ediciones Trea, S. L., Gijón, 1998].

Esta publicación fue concebida con el propósito de ayudar a los profesionales de los museos a comprender mejor al público. Presenta una serie de ejemplos (exposición, educación, mercadotecnia...) relacionados con audiencias especiales: grupos de escolares, familias o personas con discapacidades.

Hudson, K. (1998) «The Museum Refuses to Stand Still», *Museum International*, 197, vol. 50, nº 1, pp. 43-50.

Es uno de los artículos publicados en la revista del ICOM con motivo de su quincuagésimo aniversario. En él aborda los rasgos esenciales de lo que ha sido el museo y cómo ha ido evolucionando a partir de la segunda mitad del siglo XX.

Iccrom (2004): *Teamwork for Preventive Conservation*. ICCROM, Roma.

Icofom: Icofom Study Series (ISS), publicaciones del Comité Internacional para la Museología en diferentes años.

Son actas de las diversas reuniones y simposios, muy importantes para el conocimiento de la nueva museología y los nuevos museos respecto a éstos y a sus funciones socioculturales, como es la exposición.

ICOM (2006): *Running a Museum: A Practical Handbook*. UNESCO e ICOM, París [Icom (2006): *Cómo administrar un museo. Manual práctico*, UNESCO e ICOM, París].

Con esta publicación el ICOM responde a las necesidades de aquellos que soliciten formación profesional y consejos prácticos relacionados con el desarrollo de las funciones del museo.

Illuminating Engineering Society (1970): *Lighting of Art Galleries and Museums*, Londres, IES Technical Report, núm. 14.

Illumination Engineering Society of North America (1996): *Museum and Art Gallery Lighting: A Recommended Practice*, IESNA, Nueva York.

Guía útil sobre la iluminación en museos y galerías donde se tratan todos los temas relacionados: conservación, fuentes de luz, luminarias, accesorios, instrumentos de medición, cálculos de iluminación, control de deslumbramiento, consideraciones de diseño, mantenimiento y presupuesto.

Karp, I., y Lavine, S. (eds.) (1990): *Exhibiting Cultures: The Poetics and Politics of Museum Display*, Washington D. C., Smithsonian Institute Press.

Keene, S. (1996): *Managing conservation in museums*, Butterworth-Heinemann, Londres.

Este libro plantea que la información y las estrategias sobre gestión pueden ser muy útiles para el personal de los museos. Describe muchos de los métodos que se pueden aplicar a la conservación preventiva y a la gestión de riesgos y que permiten establecer prioridades.

Kennedy, J. (1990): *User Friendly: Hands-On Exhibits that Work*, Association of Science Technology Centers, Washington D. C.

Kennedy es un diseñador con amplia experiencia y gran conocimiento de la interacción del visitante con las exposiciones; en esta publicación se centra tanto en factores antropométricos como en las relaciones físicas y psicológicas entre las personas y las exposiciones.

Kesner, C. W. (1992): «Exhibition Lighting: Expectation versus reality», *The Sourcebook*, American Association of Museums, Washington, D.C.

Klein, L. (1986): *Exhibits: Planning and Design*, Madison Square Press, Nueva York.

Puede considerarse como uno de los manuales o estudios más completos y prácticos sobre diseño y organización de exposiciones actualmente existente, tanto desde el punto de vista conceptual como práctico. Cualquier aspecto relacionado con la historia reciente de las exposiciones, así como con el proceso de diseño, fabricación, construcción, instalación y montaje está presentado con excelente información y repertorio gráfico.

Knell, S. (1994): *Care of Collections*, Routledge, Londres y Nueva York.

Se ocupa de dos aspectos fundamentales en el museo y su interrelación: la gestión de colecciones y su preservación. Con énfasis en la conservación preventiva, especifica una serie de directrices a seguir en el control de clima en museos y la manipulación de los objetos.

Konikow, Robert B. (1984): *Exhibit Design. The Graphics of Trade Show Communication*, PBC International, Nueva York.

Es un clásico en el tratamiento de las exposiciones, especialmente desde una perspectiva de documentación gráfica y visual, que periódicamente aparecía con variantes, como los siguientes:

— (1989): *Design in Motion Exhibits*, PBC International, Nueva York.
— (1990): *Exhibit Design 3*, PBC International, Nueva York.
— (1990): *Exhibit Design 4*, PBC International, Nueva York.
— (1992): *Exhibit Design 5*, PBC International, Nueva York.

Lehmbruck, M. (1974): «Pshycology: perception and behavior», en *Museum*, 26, iii-iv, París, pp. 191-204.

Liston, D. (ed.) (1993): *Museum Security and Protection: A Handbook for Cultural Heritage Institutions.* International Committee on Museum Security, ICOM and Routledge, Londres y Nueva York.

Manual de seguridad aplicable a todo tipo de museos.

Loe, D. L. (1987): «Preferred Lighting for the Display of Paintings with Conservation in Mind», *Lighting in Museums, Galleries and Historic Houses*, Bristol, Bristol Seminar, Museum Association, 9-10 abril, pp. 36-49.

Teniendo en cuenta los estudios publicados en el año 1982 sobre estándares de iluminación y visibilidad, y basándose en las evidencias sobre conservación, propone unas medidas de exposición en las que mucha de la importancia recae en la adaptación.

Lord, B. y Lord G. D. (1997): *The Manual of Museum Management* [ed. cast.: *Manual de gestión de museos*, Barcelona, Ariel, 1998].

Es un libro muy completo sobre esta materia de la gestión de los museos en general, y con importantes informaciones y enfoques prácticos de las exposiciones.

— y — (eds.) (2002): *The Manual of Museums Exhibitions*, AltaMira Press, Walnut Creek, CA.

Es una guía completa para la organización de exposiciones que comprende desde el proceso de planificación, diseño, producción hasta la evaluación. Cada capítulo está redactado por un experto en la materia e incluye una parte práctica que son los estudios de casos de exposiciones escogidas.

— y — (eds.) (2007): *The Manual of Museum Learning*, AltaMira Press, Lanham, MD.

Manual para educadores de museos. Se divide en tres secciones que corresponden a tres cuestiones fundamentales sobre el aprendizaje en museos: ¿por qué es necesario? ¿Quién participa en el aprendizaje? ¿Cómo se lleva a cabo?

Lorenc, J., y otros (2007): *What is Exhibition Design?*, RotoVision, S.A. Mies, Suiza.

Lorente Lorente, J. P. (2008): *Los museos de arte contemporáneo. Noción y dearrollo histórico*, Ediciones Trea, s.l., Gijón.

Interesante ensayo sobre el desarrollo de los museos de arte contemporáneo basados en dos modelos y sus repercusiones que ayudan a comprender el panorama actual.

Losada, R. y otros: «La influencia de la colocación de elementos informativos de una exposición sobre la atención de los mismos», *Boletín ANABAD*, 43, 3-4, pp. 199-208.

Lyotard, Jean-François (1985): *Les Immateriaux: Album et Inventaire, Catálogo de exposición*. París, Centre N. Georges Pompidou/CCI, vol. 1 (álbum), 64 págs., il.; vol. 2 (Inventaire).

Macua, J. I., y García Ramos, P. (1988): «Los elementos expositivos en la didáctica del museo», *II Jornadas de Departamentos de Educación y Acción Cultural de Museos*, Madrid, Ministerio de Cultura.

Marcon, P. J. (1991): «Shock, Vibration and Protective Package Design», *Art in Transit. Studies in the Transport of Paintings,* Washington D. C., National Gallery of Art, pp. 107-120.

Ponencia presentada en la conferencia internacional sobre empaquetado y transporte de pinturas. Muestra una visión general sobre los conceptos básicos, cantidades y definiciones asociados al diseño de embalajes que protejan de choques y vibraciones.

— (1991): «Shock, Vibration and the Shipping Environment», *Art in Transit. Studies in the Transport of Paintings*, Washington D. C., National Gallery of Art, pp. 121-132.

Maure, M. (1996): «La nouvelle muséologie - qu'est-ce-que c'est?», en Martin R. Schärer (ed.), *Museum and Community II*, Icofom Study Series (ISS) 25, Vevey/Suiza, Alimentarium Food Museum.

Marc Maure es otro destacado museólogo y ensayista defensor de la nueva museología, participante habitual en los debates del ICOFOM y MINOM (Movimiento para la Nueva Museología).

McLean, K. (1993): *Planning for People in Museum Exhibitions.* Association of Science Technology Centers. Washington, D.C.

— y McEver, C. (2004): *Are We There Yet? Conversations about Best Practices in Science Exhibition Development.* The Exploratorium, San Francisco, CA.

— y Pollock, W. (2007): *Visitor Voices in Museum Exhibitions.* Association of Science Technology Centers, Washington, D.C.

Melton, A. W. (1996): *Problems of Installation in Museums of Art*, Washington D. C., American Association of Museums, 2ª ed.

Menkes, D. (ed.) (1981): Museum Security Survey, París, ICOM.

Listado básico de cuestiones sobre seguridad en museos, aunque ninguna de ellas se refiere específicamente a exposiciones, sí es posible aplicarlas para el diseño de exposiciones seguras.

Mensch, P. van (1991-1995): «The language of exhibitions», en Martin R. Schärer (reed.), Icofom Study Series, ISS 19, Vevey, Suiza.

Artículo muy interesante sobre el lenguaje de las exposiciones desde la visión de la nueva museología.

Mercado Segoviano, J. L. (1988): *Elementos de Ergonomía y Diseño Ambiental*, Escuela de Artes Decorativas, Madrid.

Describe gráficamente los aspectos fundamentales que hay que tener en cuenta en el diseño para evitar la llamadas «fatiga museal».

Miles, R. S. (1986): «Museum Audiences» *International Journal of Museum Management and Curatorship*, 5, 1, pp. 73-80.

— y otros (1988): *The Design of Educational Exhibits*, Allen and Uwin, 2ª ed.

El autor, basándose en su amplia experiencia museológica, aplica al diseño de exposiciones el método científico de análisis y llega a interesantes conclusiones.

Ministerio de Cultura (2006), *Exposiciones temporales. Organización, gestión, coordinación*. Secretaría General Técnica, Subdirección General de Publicaciones, Información y Documentación, Madrid.

Publicación planteada como una guía de fácil manejo. Editada por el Ministerio de Cultura y elaborada por la Subdirección General de la Promoción de las Bellas Artes donde se explican detalladamente los pasos a seguir en el desarrollo de una exposición. Muchos de los detalles y procedimientos atienden a trabajos relacionados con administraciones públicas.

Mintz, A., y Thomas, S. (1998): *The Virtual and the Real: Media in the Museum*, American Association of Museums, Washington D. C.

La confluencia de palabras, imágenes y sonidos a través de películas, vídeo y tecnología interactiva constituyen un aspecto cada vez más común y aceptado en museos; sin embargo, expertos van a discutir la filosofía de su uso y el mal uso de la tecnología multimedia en estas instituciones.

Murrel, K. F. H. (1965): *Ergonomics: Man in his Working Environment.* Springer, Chapman & Hall, Londres.

Nairne, S.; Ferguson, B., y Greenberg, R. (eds.) (1995): *Thinking About Exhibitions*, Routledge, Londres.

Neal, Arminta (1976): *Exhibits for the Small Museum: A Handbook*, American Association for State and Local History, Nashville, TN.

Es uno de los primeros libros que se publicaron sobre el diseño de exposiciones enfocado a pequeños museos con pocos recursos. Es eminentemente práctico y explica al detalle la construcción de los diferentes elementos expositivos.

— (1969): *Help! For Small Museum. A Handbook of Exhibit Ideas and Methods*, Boulder, Pruett Press.

Nelson, George (1953): *Display*, Whitney Publications, Inc. 2.ª reimpresión, 1956, Nueva York.

Neufert, E. (1991): *Arte de proyectar en arquitectura* [Berlín, 1936], G. Gili, 1983, 13.ª ed., 8.ª tirada, Barcelona.

Palmer, R. H. (1985): *The Lighting Art: The Aesthetics of Stage Lighting Design*, Prentice Hall, Inc Englewoods Cliffs, NJ.

Paolini, G. (1983): Giulio Paolini, *Figures (Intentions)/Images (Index)*, Maubant, Jean-Louis; Paolini, Giulio, Lyon, Le Nouveau Musée, vol. 1.

Parman, A. y Flowers, J. J. (2008): *Exhibits Makeovers: A Do-it Yourself Workbook for Small Museums.* AltaMira Press, American Association for the State and Local History, Nashville, TN.

Concebida como una guía práctica no muy extensa pero muy clara que describe los pasos que han de seguirse en la organización de una exposición. Es adecuada para cualquier persona involucrada de alguna manera en esta actividad.

Patterson, D., y Bitgood, S. (1987): *Exhibit Design with the Visitor in Mind*, Technical Report nº 87-40A, Jacksonville, Al, Psychology Institute, Jacksonville State University.

Patton, M. Q. (1981): *Utilization. Focused Evaluation*, Sage Publications, Beverly Hills.

Cubre con tono de humor importantes temas, entre ellos el enfoque de las encuestas, objetivos de las mismas, debate de los métodos cualitativos/cuantitativos, análisis e interpretación de los datos y redacción del informe.

Pearce, S. M. (ed.) (1989): *Museum Studies in Material Culture* , Leicester University Press, Leicester.

Son fundamentales las publicaciones de Susan M. Pearce, y en concreto este volumen editado por ella, ya que trata la esencia del museo.

— (1992): *Museums, Objects and Collections. A Cultural Study*. Smithsonian Institution Press, Washington, D.C.

Pérez, E., y Muñoz, M. (1991): «Comparación de la eficacia de distintos medios expositivos en distintas exposiciones», en E. de Castro R. (comp.), «Psicología Ambiental: intervención y evaluación del entorno», III Jornadas de Psicología Ambiental, Sevilla, Arquetipo.

Pol, E., y otros (1991): «El ambiente expositivo: un análisis de los problemas ambientales en museos y exposiciones temporales», en E. de Castro R. (comp.), «Psicología Ambiental: intervención y evaluación del entorno», III Jornadas de Psicología Ambiental, Sevilla, Arquetipo, pp. 591-602.

Pritchard, D. C. (1995): *Lighting*, Longman, Londres.

Raphael, T. y Davis, N. (1999): *Exhibition Conservation Guidelines*. National Park Service, Harpers Ferry.

Magnífica publicación en la que se desarrollan todos los aspectos de la producción de una exposición, teniendo como punto de partida la conservación de los contenidos. Proporciona información útil y detallada sobre todos los elementos que pueden ser utilizados.

Reeve, James K. (1992): *The Art of Showing Art*, Tulsa [1986], Council Oak Publishing, Inc.

Libro muy elemental, pero práctico para los no iniciados en el arte de la exposición.

Reinhardt, U. W. y Teufel. P. (2008): *New Exhibition Design 01*, GmbH Ludwigsburg Verlag für Arkitektur und Design.

Richard, M., y otros (eds.) (1991): *Art in Transit: Handbook for Packing and Transporting Paintings*, National Gallery of Art, Washington D.C.

Manual práctico sobre transporte de pinturas basado en aspectos técnicos desarrollados por los más prestigiosos investigadores en este campo.

Rico, J. C. (1996): *Montaje de exposiciones. Museos, arquitectura, arte*, Sílex, Madrid.

— (2006): *Manual práctico de museología, museografía y técnicas expositivas*, Sílex, Madrid.

— (ed.) (1999): *Los conocimientos técnicos. Museos, arquitectura, arte*, Sílex, Madrid.

Rosenberg, P. (1995): «Una cuestión de tiempo y espacio», *Museum International*, 185, vol. 47, nº 1 pp. 6-8.

Rotaeche, M. (2007): *Transporte, depósito y manipulación de obras de arte*, Síntesis, S. A., Madrid.

Rouard-Snowman, M. (1992): *Museum Graphics*, Thames and Hudson, Londres.

Publicación ejemplar sobre el tema concreto del elemento gráfico en el museo y las exposiciones, especialmente por la variedad de aportaciones internacionales que ofrece a este respecto, destacando su magnífico diseño y reproducción gráfica.

San Andrés Moya, M., Chércoles Asensio, R., Gómez González, M. L., De la Roja, J. M. (2009): «Materiales sintéticos utilizados en la manipulación, exposición y almacenamiento de Obras de Arte y Bienes Culturales», Actas X Jornadas de Conservación de Arte Contemporáneo, Grupo Español-IIC (GEIIC). Pendiente de publicación.

Schwarz Frey, B. (2006): *Designing exhibitions. A Compendium for Architects, Designers and Museum Professionals / ausstellungen entwerfen. Kompendium für Architekten, Gestalter un Museologen. Birkhäuser Publishers for Architecture*, Basel-Boston-Berlin.

Screven, C. G. (1974): *The measurement and Fancilitation of Learning in the Museum Environnment: an experimental analysis*, D. C., Smithsonian Institution, Washington.

Sease, C. (1988): «Exhibition Conservation», *Field Museum of Natural History Bulletin*, 59.

Serrell, B. (1983): *Making Exhibit Labels*, American Association for State and Local History, Nashville, TN..

— (1996): *Exhibit Labels: An Interpretative Approach*, AltaMira Press, California.

Autora de varios libros sobre la producción de gráficos y textos en museos, el aquí reseñado supone una valiosa referencia desde el punto de vista de la conceptualización y realización de este material. Amplía y actualiza la información publicada en los textos anteriores.

— (1998): *Paying Attention: Visitors and Museum Exhibitions*, American Association of Museums, Washington D. C.

El presente informe contiene los métodos, resultados e implicaciones de los estudios sobre visitantes realizados en un número significativo de exposiciones educativas. El método utilizado analiza exhaustivamente el comportamiento del público ante los distintos elementos de la exposición, y los datos se encuentran indexados en varios modelos, permitiendo la comparación entre distintas situaciones.

— (2006): *Judging Exhibitions. A Framework for Assessing Excellence.* Left Coast Press, Inc. Walnut Creek, CA.

Aborda la evaluación de exposiciones exponiendo lo difícil que es juzgar la calidad de la exposición, ya que en ello hay grandes dosis de subjetividad. Sin embargo, la autora hace el esfuerzo por enfocarlo hacia la identificación y evaluación de las características de las exposiciones educativas.

Shelley, M., y otros (1987): *The Care and Handling of Art Objects: Practices in the Metropolitan Museum of Art*, Harry N. Abrams, Inc, Nueva York.

Contiene información sobre la manipulación y el cuidado de todo tipo de objetos artísticos en exposición, almacén o tránsito. Ofrece asimismo recomendaciones relativas al control de los parámetros ambientales.

Shettel, H. H., y otros (1968): *Strategies for Determining Exhibit Effectiveness*, Proyecto nº V-011; Contrato nº OE-6-10.213, Pittsburgh, American Institute for Research, 2.

Shiele, Bernard, Perraton, Charles, y Boucher, Louise (1987): *Ciel, une expo!: Approche de l'exposition scientifique*, Expomedia (col. «Cahiers», 3), París.

Sixsmith, M. (1995): *Touring Exhibitions. The Touring Exhibition Group's Manual of Good Practice*, Butterworth-Heineman, Londres.

Smithsonian institution (1996): *Smithsonian Guidelines for Accessible Exhibition Design*, Smithsonian Institution, Washington, D.C.

Snyder, J. (1996): *Caring for Your Art*, Allworth Press, Nueva York.

Sousa, J. L. (1997): *Telling Images: Stories in Art*, The Art Institute of Chicago, Chicago.

Staniszewski, M. A. (1998): *The Power of Display: a History of Exhibition Installations at the Museum of Modern Art*. MIT Press, Cambridge, MA.

Stolow, N. (1987): *Conservation and Exhibitions: Packing, Transport, Storage and Environmental Considerations*, Butterworths-Heinemann, Londres.

Estudio clásico y exhaustivo que ha servido de modelo para publicaciones posteriores. Muestra una amplia visión de la conservación preventiva aplicada a todos los aspectos de la organización de exposiciones.

Taylor, S. (ed.) (1992): *Try It! Improving Exhibits Through Formative Evaluation*, Association of Science-Technology Centers.

Ofrece una gran variedad de ideas y métodos útiles en la aplicación de la evaluación formativa durante el desarrollo de una exposición. Varios expertos del campo de la museología y museografía han analizado casos particulares donde este tipo de evaluaciones han jugado un papel esencial.

Tétrault, J. (1994): «Display Materials: The Good, the Bad and the Ugly», *Exhibition and Conservation*, Edimburgo, Preprint of the Scottish Society for Conservation and Restoration, 21-22 abril.

Ponencia basada en análisis científicos sobre la emisión de sustancias nocivas de algunos materiales realizados en el prestigioso Instituto Canadiense de Conservación; explica cuáles son los materiales válidos a utilizar en exposición y cuáles han de evitarse.

— (1999): *Coatings for display and storage in museums*. Canadian Conservation Institute Technical Bulletin, nº 281 CCI-ICC, Ottawa.

Una fuente importante de contaminantes son las pinturas, lacas y barnices que se aplican a los distintos elementos expositivos y equipamientos para almacén. Se explican los daños que pueden llegar a producir y se dan recomendaciones para su elección y su uso.

Thomson, G. (1986): *The Museum Environment*, Ed. Butterworth-Heinemann, Londres [ed. cast.: *El Museo y su entorno*, Ediciones Akal, Madrid, 1998].

Manual de conservación preventiva centrado en el estudio de los parámetros ambientales (HR, luz y contaminantes). Se divide en dos partes: la primera está dirigida a conservadores y restauradores, allí se describen los principios y técnicas para controlar el medio ambiente; en la segunda se presentan todos los datos técnicos sobre métodos de conservación muy útiles para investigadores de este campo.

Tillotson, R. G. (1977)(1978): *Museum Security / La Securité dans les Musées*, París, ICOM, [ed. cast.: *La seguridad en los museos,* Ministerio de Cultura, Madrid].

Es un libro imprescindible para el tema de la seguridad en los museos, elaborado por los mayores especialistas en su tiempo del Comité Internacional de la Seguridad (ICSM), del ICOM, coordinados por R. G. Tillotson. Aunque algunos aspectos estén técnicamente superados, el grueso de su doctrina se mantiene.

Turner, J. (ed.) (1985): *Light in Museums and Galleries*, Concord Light, Londres.

— (1994): *Lighting: An Introduction to Light, Lighting & Light* Use, Bastford, Londres.

Unesco. AA. VV. (1953): *Manual of travelling exhibitions*, Museums and monuments-V, Unesco, París.

— (1963): *Temporary and Travelling Exhibitions*, Museums and Monuments-X, Unesco, París.

— (2006): *Cultural Heritage protection Handbook, nº1. Security at Museums*, París.

Es el primero de los manuales bilingües en inglés y francés editado por la UNESCO en el que se detallan una serie de instrucciones que se aplican en la mayoría de las situaciones de seguridad en museos.

— (2007): *Cultural Heritage protection Handbook, nº 3. Documentation of Artefacts' Collections,* París.

Velarde, G. (1984): «Exhibition design», en John M. A. Thompson, *Manual of Curatorship: A Guide to Museum Practice*, Butterworths/The Museum Association, Londres.

— (1988): *Designing Exhibitions. The Principles and Process of Contemporary Show Space Design*, Watson-Guptill Publications, Whitney Library of Design, Nueva York.

Este tratado resulta fundamental para casi todas las materias relacionadas con las actividades y funciones a realizar tanto por el museo como por los museólogos, conservadores y demás profesionales del ámbito museístico y las exposiciones. Se ha convertido en un libro de referencia básico. Posee un útil glosario de términos.

Verhaar, J., y Meeter, H. (1989): *Project Model Exhibitions*, Ámsterdam, Hogeschool voor de Kunsten, Reinwardt Academie, Faculteit Museologie. [Cuaderno de estudio]. Den Haag, Orion.

Veron, E., y Levasseur, M. (1991): *Ethnographie de l'exposition: l'espace, le corps, le sens* Bibliothéque Publique d'information, Centre Georges Pompidou, París.

VV. AA. (1980): *Lighting of Art Galleries and Museums*, Chartered Institute of Building Services, Londres.

— (1986): Exposiciones temporales. *Revista Museum*, nº 152, UNESCO, París.

— (1987): Exposiciones permanentes. *Revista Museum*, nº 154, UNESCO, París.

— (1990): *Instrucciones para la Redacción del Inventario General, Catálogos y Registros en los Museos Servidos por el Cuerpo Facultativo de Archiveros, Bibliotecarios y Arqueólogos*, ANABAD, Madrid.

— (1992): *The Audience in Exhibition Development: Course Proceedings*, Resource Report. American Association of Museums, Washington D. C.

Planificado y estructurado para ayudar a los diseñadores, propone modelos de organización de exposiciones teniendo en cuenta la filosofía educativa en museos.

— (1993): *The Accessible Museum: Model Programs of Accessibility for Disabled and Older People*, American Association of Museum, Washington D. C.

Compendio de experiencias recogidas en 19 museos americanos con abundantes ilustraciones que ofrecen una amplia visión de cómo estas instituciones centran el tema de la accesibilidad teniendo en cuenta su influencia en las políticas museológicas y museográficas.

— (1996): *Normalización documental de museos: elementos para una aplicación informática de gestión museográfica* [equipo dirigido por Andrés Carretero Pérez], Ministerio de Educación y Cultura, Madrid.

Fundamental para conocer y aplicar una adecuada gestión museográfica con la utilización de la nueva tecnología de la informática. Los contenidos, esquemas, gráficos y estructura general del estudio resultan indispensables para la buena gestión del museo. Es homologable a los tratados más rigurosos a escala internacional.

— (1998): *Introduction to Museum Evaluation. Resource Report*, American Association of Museums/Committee on Audience Research and Evaluation (CARE).

Colección de artículos que explican cómo los estudios de visitantes pueden influir en la mejora de la organización de exposiciones y en el diseño de programas públicos. Sin utilizar tecnicismos, los artículos cubren aspectos tales como la elaboración de diferentes tipos de evaluación, lo cual se completa con estudios prácticos.

— (1995): *La exposición en el museo, Revista Proserpina*, 12, Madrid-Mérida.

— (2005): *Tate Modern: The First Five Years*, Tate, Millbank, Londres.

— (2008): *Conservación preventiva. Exposiciones Temporales. Procedimientos*, Grupo Español IIC y Fundación Duques de Soria. Madrid.

Publicación detallada que incluye todos los documentos necesarios para el desarrollo de exposiciones temporales tendiendo como objetivo la protección en todo momento de los bienes culturales.

Weintraub, S., y Anson, G. O. (1990): «Museum Lighting», Progressive Architecture, 5, pp. 49-54.

Excelente revisión de los factores que afectan a la iluminación en espacios expositivos respaldada por datos publicados en artículos científicos.

Witteborg, L. P. (1981): *Good Show! A Practical Guide for Temporary Exhibitions*, Washington D. C., Smithsonian Institution Traveling Exhibitions Services (SITES).

Diseñado como una guía práctica para la producción de exposiciones en museos e instituciones culturales pequeñas. Su sencillez de estilo, claridad del lenguaje, así como las numerosas ilustraciones presentadas le proponen como un instrumento de fácil comprensión.

Zunzunegui, S. (2003): *Metamorfosis de la Mirada. Museo y Semiótica*, Ediciones Cátedra, Madrid.

Índice analítico